Christian Graf von Krockow:
Die Reise nach Pommern
Bericht aus einem verschwiegenen Land

Mit 35 Fotos und 2 Karten

Wolfgang ......
Lessingstr. 41
6367 Karben 5

April 1991
in Bad Wiessee

Deutscher
Taschenbuch
Verlag

dtv

Die im Band enthaltenen Abbildungen stammen mit Ausnahme des Fotos »Kartoffellegen«, auf Seite 192 (Alice O'Swald-Ruperti, Hamburg) aus der Familie des Autors oder wurden von ihm im Sommer 1984 aufgenommen.

Von Christian Graf von Krockow
sind im Deutschen Taschenbuch Verlag erschienen:
Politik und menschliche Natur (11151)
Die Stunde der Frauen (11340)

Ungekürzte Ausgabe
April 1988
4. Auflage Januar 1991
Deutscher Taschenbuch Verlag GmbH & Co. KG,
München

ISBN 3-421-06251-X
Umschlaggestaltung: Celestino Piatti
Umschlagfoto (Titelseite): Dirk Reinartz; Abdruck mit freundlicher Genehmigung der Deutschen Verlags-Anstalt, Stuttgart,
aus dem Band: Christian Graf von Krockow/Dirk Reinartz, Die Reise nach Pommern in Bildern, Stuttgart 1987
Umschlagfoto (Rückseite): Yvel Hyppolite, Berlin
Gesamtherstellung: C. H. Beck'sche Buchdruckerei, Nördlingen
Printed in Germany · ISBN 3-423-10885-1

Das Buch

Diese Reise in die Vergangenheit ist kein verklärender Rückblick auf eine versunkene Welt, hat nichts mit Geschichts-Nostalgie und Vertriebenen-Ideologie zu tun und klammert nicht den selbstverschuldeten Verlust der deutschen Ostgebiete aus. Indem er die jetzigen Gegebenheiten akzeptiert, gewinnt Krockow die Freiheit, sich ohne Larmoyanz an das Leben in seiner alten Heimat zu erinnern, wie es Jahrhunderte hindurch nach festen Regeln ablief. Arbeitsreich und karg war dieses Leben auf dem Lande damals und streng gebunden an den Kreislauf von Saat und Ernte, an eine feste Ordnung nicht nur für die Landarbeiter und Bauern, sondern auch für den Gutsherrn und seine Familie. Aber auch Feste konnte man feiern, ausgiebig und mit Hingabe. So ersteht vor den Augen des Lesers ein außerordentlich plastisches Bild von diesem Land und seinen Bewohnern, vom Gutshaus des Grafen Krockow und seiner Geschichte, vor allem aber von den Menschen, die darin aus- und eingingen, von knorrigen, liebenswerten und kauzigen. Aus den erzählten Geschichten kristallisiert sich die Geschichte dieses Landes, seiner Schlösser, Dörfer und Städte. Die Reise des Autors, im Sommer 1984 unternommen, führt noch einmal in das verlorene Land der Kindheit, das nun Heimat für andere Menschen geworden ist. In der gemeinsamen Liebe zu Pommern oder Pomorze sieht der Autor eine Grundlage für Versöhnung und Frieden zwischen Deutschen und Polen.

Der Autor

Christian Graf von Krockow, 1927 in Ostpommern geboren und dort aufgewachsen, studierte Soziologie, Philosophie und Staatsrecht. 1961 wurde er Professor für Politikwissenschaft in Göttingen, 1965 in Saarbrücken, 1968 in Frankfurt am Main. Seit 1969 freier Wissenschaftler und Publizist. Neuere Buchveröffentlichungen: ›Warnung vor Preußen‹ (1981), ›Gewalt für den Frieden?‹ (1983), ›Der Wandel der Zeiten‹ (1984), ›Politik und menschliche Natur‹ (1987), ›Die Reise nach Pommern in Bildern‹ (1987), ›Die Stunde der Frauen‹ (1988), ›Heimat‹ (1989), ›Das Jahrhundert der Deutschen. 1890–1990‹ (1990).

Inhalt

Die Reise nach Pommern – Erster Teil
Das verschwiegene Land 7
Ein Stolper Jungchen auf großer Fahrt 8
Klein-Paris in Hinterpommern 14
Wo alles beginnt 19

Im Schweiße deines Angesichts
Gerüche der Kindheit 22
Die Mühsal der Arbeit 24
Die uralte Ordnung der Dinge 26
Lasten der Frauen 32
Vom kargen Lohn und vom Deputat 35
Wie transportieren? 42
Falls Überleben denn möglich war 48
Vom Klee und von anderen Revolutionen 55
Geschichten vom Dampfpflug 61

Verzagt man nicht, es geht auf Ostern
Das Geheimnis der Schloßmamsell 67
Pommersche Hochzeit oder Vom Nötigen 69
Eine »große Leiche« 78
Traktat über das Essen 81
Die Feste des Kirchenjahres 88
Warum, warum? Kinderfragen zum Brauchtum 92
Nichts geht über das Erntefest 96
Was uns trägt 102

Das werden wir ihr schon noch abgewöhnen
Ein seltenes und sonderbares Wild 104
Kein Zuckerschlecken 105
Dat is üm's Nest 108
Vom Doktern 113
Erinnerungen einer alten Frau 116
Die patriarchalische Ordnung 120
Wie's Gescherr, so der Herr 122
Pommersche Dorfkirche 128
Der Mann und die Frau im Pfarrhaus 131

Zauber und Schrecken im Schloß 135
Jagdszenen 141

Mit Mann und Roß und Wagen
Ein europäisches Leben 150
Pommern und Preußen 154
»Majestät, sie sind alle tot« 160
Wo stammen denn all die Kaschuben her? 165
Ach, immer solch alte Geschichten 174
Blitzkrieg 178
Sieh hin, höre, behalte 182
Der Vorhang der Nacht 185

Pomorze: Die Reise nach Pommern – Zweiter Teil
Was für ein Land! 187
Słupsk nun also 193
Perspektiven einer Woiwodschaft 198
Reisebilder und russisches Roulette 200
Auf den heimischen Höfen und Feldern 204
Die Treppe ins Nichts 210
Zwei Geschichten zum Abschied 214

Anhang
Kurze Chronik von Pommern 221
Anmerkungen 225
Ein Wort zum Dank 239
Karten 240

Die Reise nach Pommern – Erster Teil

Das verschwiegene Land

> Maikäfer, flieg!
> Dein Vater ist im Krieg.
> Deine Mutter ist in Pommernland,
> Pommernland ist abgebrannt.

Ein Singsang der Kinder, vertraut, verweht – und erfüllt, als sei's die Weissagung selber. Die Maikäfer flogen fort und kehrten nicht wieder. Die Väter, die Brüder und Söhne blieben im Krieg. Pommernland aber ist nicht bloß abgebrannt. Es ist für immer dahin.

Hinterpommern jedenfalls, das Land jenseits der Oder, gibt es nicht mehr. Zwar das Gebiet ist noch da. Wie in den Kindertagen säumt Wald oder Heide die Seen und die Flüsse; das Meer ist noch da und die sanfte Dünung der Felder. Die Natur hält stand, besser sogar als im Triumph unseres Fortschritts. Chausseebäume spenden weiterhin Schatten, die Hornissen schwärmen genau dort, wo sie es stets schon taten; Störche schreiten ernst in den Moorwiesen wie je.

Aber es ist Pommern nicht mehr, sondern Pomorze, fremd nun und fern. Andere Menschen leben jetzt dort, nach ihrem eigenen Maß. Und Pomorze ist ihnen zur Heimat geworden, schon in der zweiten, der dritten Generation.

So führt die Reise nach Pommern ins Vergangene, und es verkehrt jener einzige Zug, der Erinnerung heißt. Seine Schienen laufen ins Weite; Hinterpommern dehnt sich; dreihundert Bahnkilometer sind es von Stettin bis Groß Boschpol – und noch viereinhalb dazu, um genau zu sein. Auch die Zeit dehnt sich. Vier Stunden und sechs Minuten braucht man zum wenigsten, mit dem schnellsten der Schnellzüge, der bloß in Stargard, Belgard, Köslin, Stolp und Lauenburg Station macht.

Doch es geht nicht bloß um ein weites, sondern vor allem um ein verschwiegenes Land. Die Natur liebt hier keine Sprünge, weder ins Schroffe noch ins Verspielte; sie macht nicht von sich reden. Vielleicht darum handelt es sich noch in einem zweiten, buchstäblichen Sinne um ein verschwiegenes Land: Anders als von Ostpreußen, Schlesien, der Mark oder Mecklenburg ist von ihm kaum erzählt worden. Und immer sehen wir nur, was das Wort schon beschwor. Darum braucht das Erinnern seine eigene Weite und Zeit, Traum und Genauigkeit zugleich.

Die Reise mag sich lohnen. Pommern, Hinterpommern: das war eine besondere Gestalt, Sprache und Ordnung des Lebens; man kann es nicht verwechseln noch irgendwo eintauschen. Aber im Besonderen steckt zugleich das Beispiel; es verbirgt sich darin eine Ordnung der Welt, die einst überall galt. Wir nennen diese Ordnung die vormoderne: ein kränklich blasses Wort, das unsere Verlegenheit anzeigt. Denn überall drängt gebietend das Neue sich vor; eine reißende Bewegung trägt schnell und immer schneller von dem Alten uns fort, bis es unkenntlich wird und kaum mehr verstehbar. Mit Rilke zu reden: Wir sind vielleicht die Letzten, die noch solche Dinge gekannt haben.

In Pommern dagegen behielt das Alte seine Kraft, bis alle Bewegung gefror. Darum hebt die Erinnerung auf, wie die Welt einmal war. Ergriffe uns dies, so lernten wir womöglich im Abschied uns selber begreifen.

Ein Stolper Jungchen auf großer Fahrt

Berlin, Stettiner Bahnhof, acht Uhr siebenundzwanzig*. Herzklopfen vor der großen Reise, die den Jungen nach Hause bringen soll. Dabei ist die Fahrkarte im Brustbeutel wohlverwahrt, wie das Brot in der Umhängetasche, und der Onkel hat dem Schaffner eine Mark gegeben, damit er sagt, wann es Zeit ist zum Aussteigen. Als wenn man das nicht wüßte!

Acht Uhr achtundzwanzig. Der Zug ruckt an, zweimal, dreimal drehen die mächtigen Räder der Lokomotive durch; vor Anstrengung stößt sie Dampfwolken aus, bis vom Mann

* Sternchen im laufenden Text verweisen auf die Anmerkungen ab Seite 225.

mit der roten Mütze bloß noch die grüne Kelle zu sehen ist. Das war es also: Zoo und Zeughaus, der Ausflug nach Sanssouci, der Funkturm und die Schupos, die den Verkehr regieren oder wenigstens es versuchen. Und das Strandbad am Wannsee. Aber was ist das schon gegen den wirklichen Strand in Stolpmünde, in Rowe oder Leba? Überhaupt ist es schwer zu verstehen, wie so viele Menschen so dicht beieinander es aushalten. Immer geht dem Jungen die Bilderbuchzeile im Kopf herum: »Im Ameis'haufen wimmelt es.«

Jetzt fliegt der Zug, so als sei es ganz eilig, nach Pommern zu kommen. Eine Stunde und sechsundvierzig Minuten nur bis Stettin. – Stettin: Hakenterrasse und altes Schloß, in dem einmal die Herzöge aus dem Greifengeschlecht regierten. Meistens hießen sie Wartislaw, Barnim oder Bogislaw. Und war nicht der Urgroßvater, Robert von Puttkamer, als Oberpräsident gewissermaßen ihr Nachfolger?

Sechs Minuten Aufenthalt, Abfahrt zehn Uhr zwanzig. Gleich danach ein dumpfes Rumpeln – die Oderbrücken. Darum noch einmal Herzklopfen: Hier beginnt es, ab hier ist Hinterpommern. Irgendwo in der Nähe soll einmal der Triumphbogen gestanden haben, den man für den König von Preußen errichtete, als Seine Majestät erst Vorpommern bereiste und dann den Strom überquerte. Triumphbogen mit der Aufschrift: »Wardst Du im Vordern freundlich aufgenommen, dröhnt aus dem Hintern Dir ein donnerndes Willkommen!« Aber das haben die Leute natürlich nur erfunden, um uns zu ärgern.

Altdamm zieht vorüber. Hier zweigt eine Bahnlinie nach Norden ab, über Gollnow und Wietstock führt sie auf die Insel Wollin, nach Misdroy an die See. Nach Swinemünde allerdings vertrödelt man viel Zeit mit der Hafenfähre und fährt ums Haff besser links herum, über Pasewalk und Usedom. Von Berlin erst recht; der berühmte Wochenend-Eilzug braucht bis Swinemünde keine drei Stunden. Und gerade vier, um alle Fahrgäste über Ahlbeck, Heringsdorf und Bansin bis Zinnowitz zu verteilen.

Der Herr aus Berlin auf dem Platz gegenüber zeigt gönnerhaft nach rechts: »Ihr habt ja sogar einen Flughafen!« »Ja, und gleich doppelt, für Land- und für Wasserflugzeuge. Und in Stolp haben wir auch einen. Und dicht dabei die Luftschiffhalle; der General Nobile war da, mit seinem Zeppelin, auf dem Flug zum Nordpol.« »Was du nicht sagst.

Seid ihr denn so nah bei den Eisbären?« »Aber damals, 1928, sind schon 125 Fluggäste angekommen und 139 abgeflogen!« »Pro Tag?« »Nein, das nicht. Im Jahr.« Diese Berliner.

Zum Trost wird dem Jungen eine Banane angeboten, und er kaut und schluckt mit Todesverachtung statt Genuß. Wat de Buer nich kennt, dat fret hei nich.

Zehn Uhr siebenundvierzig: Stargard an der Ihna. 39000 Einwohner, Marienkirche, Reichsbahnausbesserungswerk und Likörfabrik Mampe. Siebzig Jahre lang, bis 1720, war dies sogar die Landeshauptstadt. Denn Vorpommern und Stettin gehörten vorher zu Schweden, wie das Land nördlich der Peene mit Stralsund, mit der Universitätsstadt Greifswald und der Insel Rügen sogar noch bis zum Wiener Kongreß, 1815. Daher »Schwedisch-Pommern«; daher die Unterschiede zwischen den Landesteilen; die Vorpommern sprechen ihr Platt eher wie nebenan in Mecklenburg. Und sie heiraten dorthin, die Hinterpommern am liebsten unter sich.

Von Stargard nach Südwesten hin dehnt sich der Pyritzer Weizacker, Pommerns fruchtbarstes Gebiet. Lang hingestreckt der Madüsee, ein Fischparadies mit der sonst so seltenen Maräne.

Eine dreiviertel Stunde über Ruhnow nach Labes. »Nischt wie Gegend«, sagt der Herr aus Berlin, ungeduldig, endlich nach Kolberg in die Sommerfrische zu kommen. Zugegeben: Außer Kiefern und Kartoffeln auf fliegendem Sand sieht man hier nicht gerade viel. »Aber in Labes ist das Landgestüt, mit all den Hengsten, verstehen Sie?« »Meinetwegen. Bloß, verrückte Hengste, die ha'm wir in Berlin sowieso jede Menge.«

Der Mann sitzt im falschen Zug. Erstens hätte er in Berlin den anderen nehmen sollen, nur zehn Minuten später. Dann wäre er direkt nach Kolberg gekommen, ohne in Belgard erst umsteigen zu müssen. Und noch vier Minuten früher am Ziel.

Zweitens, noch besser, wäre er in Ruhnow umgestiegen, nach Dramburg, Falkenburg, Tempelburg, Neustettin. Später dann nach Rummelsburg und Bütow. Was für ein Land hätte er da zu sehen bekommen: nicht mehr flach, sondern immer bewegt, manchmal fast bergig, je weiter nach Osten, je mehr. Der baltische Höhenrücken; beinahe alle hinterpommerschen Flüsse schlängeln sich von hier nach Norden oder nach Süden. Und Hunderte von Seen gibt es, kleine und große, buchtenreich verzweigt zwischen Heide und Moor, zwischen den Feldern und dem Wald. Manche Leute reden von der pommerschen Schweiz.

Aber das ist wirklich Gerede. Warum sich verstellen und hinter anderen verstecken, als hätte man nur die zweite Wahl, bloß den Abglanz zu bieten? Dieses Land ist nicht eng und nie wirklich steil, nicht großartig oder gewaltig – und lieblich erst recht nicht. Es prahlt nicht, es mag keine Reklame. Vielleicht sollte man es spröde nennen. Still und versponnen ist es, bedächtig und fest. Weiter nördlich, zum Lauenburgischen hin, gibt es »das blaue Ländchen«. Das paßt viel besser als hier eine »pommersche Schweiz«.

Bussarde kreisen über dem Hang; man sieht den Habicht, den Falken, den roten Milan. Wildenten gibt es in Scharen. Wer die Dämmerung am Morgen so wenig scheut wie am Abend, entdeckt das Schwarz- und das Rotwild. Übrigens wimmelt es von den richtigen, den roten Waldameisen. Manchmal mannshoch türmen sie ihre Haufenburgen. Man behauptet, daß es gegen das Reißen hilft, wenn man sich nackt hineinsetzt. Aber das sollte man besser erst mit dem kleinen Finger probieren.

Von Menschen freilich wimmelt es nicht. Ungefähr vierzig sind es auf dem Quadratkilometer, im Kreise Rummelsburg nur dreiunddreißig, die Stadt eingerechnet. Für Stunden kann man wandern – oder vielleicht besser noch reiten –, ohne jemanden zu treffen, außer vielleicht den Schäfer mit seiner Herde oder einen Forstmann. Ja, was für ein Land!

Aufwachen, der Zug hält: Belgard, zwölf Uhr achtundzwanzig, Berliner Ausstieg. Beinahe fühlt der Junge sich jetzt wie sein eigener Großonkel. Der war nämlich im diplomatischen Dienst und, wie man so sagt, weit herumgekommen. Eines Tages, vielmehr in der Nacht, im Schlafwagen, fährt er nun in den Urlaub, schläft und träumt. Wohin nur hat es ihn verschlagen, nach Amsterdam, London, Lissabon, Athen? Schweißgebadet wacht er auf, reißt das Fenster auf, schaut und ruft: »Gott sei Dank, ich bin in Belgard!« Wahrhaftig, ein Pommer, wie er sein soll, nach dem alten Wahlspruch: In Treue fest.

Einst berühmte Pferdemärkte und noch immer ein Zentrum des Pferdehandels, Sägewerke und Holzverarbeitung,

Marienkirche, fast 15000 Einwohner: Die Stadt an der Persante bildet sozusagen das Tor zum hinteren Hinterpommern. Denn hier im Tal der Persante liegt eine Klimascheide.* Im vorderen und mittleren Pommern ist es zwar etwas trockener, aber auch milder. Von jetzt an aber wird es rauher; der Frühling zögert, ehe er weiterwandert. Er spürt, wie er vom ozeanischen Einfluß sich entfernt und gegen die Macht der Kontinentalmassen samt allen Eisheiligen ankämpfen muß. So liegt die Durchschnittstemperatur des April in Stettin bei 7,1, in Lauenburg dagegen nur bei 5,7 Grad. Und während man hier im Jahresmittel 7,2 Grad

Seen, schilfumstanden, von Libellen überschwirrt, von der weißen Wasserrose geziert. Flüsse, unterm überhängenden Gezweig fast verborgen. Von der Abenddämmerung bis in die Morgenfrühe steigen weiße Schleier auf.

mißt, bringt es der deutsche Westen, zum Beispiel Frankfurt am Main, auf 9,6 Grad. Um es handfester, also genauer zu sagen, als Regel fürs Überleben:

Ein rechter Bauer alter Art
trägt seinen Pelz bis Himmelfahrt.
Und vierzehn Tage nach Johann,
da zieht er ihn schon wieder an.

Oder sogar: »Ohne Fußsack darf der Pommer nur vom 27. Juli bis zum 3. August reisen.« Dabei sind die Sommer eigentlich trocken und warm. Aber man kann's ja nie wissen.

Zwölf Uhr achtundvierzig: Köslin. 33 500 Einwohner, Regierungs- und Beamtenstadt, Marienkirche. Und gleich hinter Köslin der mächtige, walddunkle Gollenberg, um den sich die Sagen und die Räubergeschichten ranken.

Dann, eine halbe Stunde später, die vorletzte Station: Schlawe, gerade noch unter der Grenze von zehntausend Einwohnern. Eindrucksvollstes Bauwerk: die Marienkirche. Immer die Marienkirchen, die ganze Ostsee entlang von Lübeck bis Danzig, mächtige und strenge Zeugnisse der Gotik aus Backstein. Die Wipper hinunter auf die Küste zu käme man ins Rügenwalder Amt, nach dem Pyritzer Weizacker Pommerns fruchtbarstes Gebiet. Und wohl damit hängt es zusammen, daß Rügenwalde und Schlawe Mittelpunkte der Fleischverarbeitung sind, die Teewurst und die geräucherte Gänsebrust voran, die hier Spickgans heißt.

Doch nur weiter jetzt, die Ungeduld drängt, Schloß Zitzewitz grüßt schon herüber; der Schaffner erscheint und sagt: »So, du Stolper Jungchen, nu wird es Zeit. Punkt viertel vor zwei sind wir da.« Als wenn man das nicht wüßte. Und außerdem ist es die Endstation.

Klein-Paris in Hinterpommern

Stolp in Pommern*: Im Jahre 1013 wird der Ort zuerst erwähnt, der Slup heißt – oder auch Slupz, Slupsk, Slupitz, Zlup. Ein slawischer Name also, eine wendische Siedlung. Dreihundert Jahre später, 1310, entsteht daraus eine Stadt nach lübischem Recht, das ihr von den brandenburgischen Markgrafen Waldemar II. und Johann IV. verliehen wird. Ein früher Wohlstand als Mitglied der Hanse, lange Perioden des Stillstands und der Verarmung, Brandkatastrophen, allmählicher Wiederaufstieg: das übliche Schicksal. 1939 zählt man 50377 Einwohner. Der umgebende Landkreis hat 83009, und in der Schule ist man stolz, wenn man erfährt, daß es mit 2226,44 Quadratkilometern der größte Landkreis Preußens ist.

Doch die Stadt selbst kann es natürlich mit jeder anderen aufnehmen. Manchmal wird sie ein »Klein-Paris« genannt, aber wieso klein? Später einmal, im Krieg, wird das Schild am Kurswagen eines Urlauberzuges sagen: Stolp – Paris. Könnte man das gegeneinander auf eine Waage bringen, wohin würde die sich wohl neigen?

Die Bahnhofstraße, derzeit – 1938 – Hitlerstraße, müßte eigentlich Allee genannt werden. Denn es gibt zwischen den beiden Fahrbahnen einen Mittelstreifen mit Bäumen, in deren Schatten man schlendern kann. Außerdem gibt es leibhaftige Straßenbahnen.

Schnell also ist man am Bismarckplatz. Eigentlich ein kleiner Park, mit Springbrunnen, Bänken, mit Blumen, Büschen und Bäumen. An der einen Seite hat der Zahnarzt Dr. Salomon sein Haus. Hier müssen die Zähne gerichtet, mit Spangen versehen werden, »damit sie sich nicht erkälten«. Eine schlimme Geschichte. Angst. Doch die Mutter bringt darüber hinweg; sie beweist, daß es sich um keinen gewöhnlichen Zahnarzt handelt. Denn das steht schon in der Bibel, daß Salomo der weiseste aller Könige war. »Aber der war doch sehr reich?« »Ja, natürlich, frage Dr. Salomon nur; er hat in der Lotterie das große Los gewonnen.«

Auf der anderen Seite ein wirklicher Schrecken: die Großmutter, die »die Eiserne« genannt wird. Stocksteif und steinalt ist sie, Jahrgang 1851. Sie sagt: »Komm, mein Kind, wir gehen einkaufen.« Eine Stunde dauert es, Tücher, Stoffe werden entrollt; der halbe Laden gerät aus den Fugen. Dann: »Komm, mein Kind, hier gibt es überhaupt nichts Ordentliches.« Und der schwitzende Ladenbesitzer dienert noch: »Auf Wiedersehen, Frau Gräfin, beehren Sie uns wieder.« Nein, nie, nie wieder. Gottlob handelt es sich um seltene Pflichtbesuche.

Die Straßenbahn schwenkt nach rechts: Kaufmannswall, links das Café Reinhardt mit der Reinhardt-Diele, Treffpunkt des Schicks. Voraus der Stephansplatz, riesig und leer, eigentlich viel zu groß, Heinrich von Stephan zu Ehren, dem Sohn der Stadt, Organisator des modernen Postwesens, Erfinder der Postkarte und des Weltpostvereins. Freilich, Geschäft ist Geschäft und Stephan lange schon tot. Darum prangt nicht er auf dem Poststempel, sondern: »Die Stadt des Stolper Jungchen.« Das ist ein Käse, ein Camembert; 1928 wurden davon 4427544 Stück hergestellt.

Auf der einen Seite des Platzes das Kaufhaus Zeeck, vier Stockwerke. Und mit einem leibhaftigen Fahrstuhl, mit dem man auf- und niederschweben kann, beim Sprechgesang des Fahrstuhlführers: »Bettwäsche, Herren- und Damenbekleidung, Trikotagen ...« Gegenüber das Rathaus, halb gotisch, halb Renaissance, Jahrgang 1900. Nachdem es bezogen war, hat man das alte, freilich sehr schlichte, umgehend niedergerissen.

Immerhin: Der Platz eignet sich für Aufmärsche und Paraden, und mit Beziehungen ins Rathaus kann man sie von dort aufs beste beobachten. Zum Beispiel am 14. August

Das Rathaus in Słupsk-Stolp, praktisch unverändert erhalten. Als es im Jahre 1900 fertig wurde, hat man das alte, freilich sehr schlichte Rathaus umgehend niedergerissen.

1936 das Kavallerieregiment 5, leider zu Fuß, das vor dem Generalfeldmarschall von Mackensen angetreten ist. Der, in seiner alten Husarenuniform, wird feierlich zum Chef, zum Ehrenkommandeur des Regiments ernannt, das die Tradition der Belling- und Blücherhusaren fortführt.

Anschließend, zwischen Reinhardt und Zecck, rasch durchs alte Stadttor, das das Neue Tor heißt – Heimatmuseum, Zielpunkt von Schulausflügen –, hinein in die Neutorstraße. Laden reiht sich hier an Laden, und rechts Haus Nr. 25 beherbergt das Papiergeschäft Steinbach. Aber außer dem Papier gibt es Spielzeug – und zum Andenken Mackensen, lebensecht von Kopf bis Fuß und sieben Zentimeter hoch. Im gleichen Format ist sogar der Mann in Braun zu haben, noch dazu mit beweglichem rechtem Arm, der erhoben werden kann: »Heil!« Leider funktioniert das nicht lange, ein verborgener Defekt: Der Arm geht ab; nicht einmal unbeweglich ist er noch dranzukriegen. Der Führer armlos und ohne Heil, das schickt sich gewiß nicht. Darum wird er bald aus dem Verkehr gezogen.

Im Herzen der Altstadt ist alles ganz nah beieinander. Nur wenige Schritte zur Marienkirche. Da liegt der Begründer der Stolper Reitertradition begraben: Wilhelm Sebastian von Belling, Husarengeneral des großen Friedrich. 1763, nach dem Ende des Siebenjährigen Krieges, zog er hier ein, ein frommer Mann, der seinen Leuten den Katechismus und um der Bibel willen das Lesen beibrachte. Er kaufte das Gut Schojow, rasch allerdings mit der Kargheit des Landes konfrontiert. Darum soll er bei den abendlichen Andachten sein Gebet so beschlossen haben: »Du siehst, Vater im Himmel, die betrübten Umstände Deines Knechtes Belling, beschere ihm daher bald einen gelinden Krieg, damit er sich verbessern könne und Deinen Namen weiterhin preise. Amen.« Aber Gott hat das wohl überhört – damals.

Den Nachfolger findet man wiederum ein paar Schritte weiter, als Denkmal auf dem Marktplatz: Blücher. Was immer daran sein mag, daß er sich zeitweilig mit einem Elefanten schwanger glaubte, er war der Marschall Vorwärts, der greise Held der Befreiungskriege. Blücher und Wellington, Preußen und Briten, Waterloo oder Belle-Alliance: lange ist's her. Den jugendlichen Blücher haben übrigens die Bellinghusaren sich eigenhändig gefangen, als schwedischen

Kornett, der dann bei ihnen zum Fähnrich und später zum Chef wurde.

Am Markt liegt auch das erste Haus am Platze: Mund's Hotel. Zunächst ein langer Korridor, aber dann sieht man sie schon: Lodenmäntel und Hüte unvordenklichen Alters. Also nach rechts ins getäfelte Heiligtum, zu dem beileibe nicht jeder Zutritt hat: das Herrenzimmer, das doppelsinnig seinen Namen verdient. Denn hier treffen sich die wahren Herren des Landes, oder jedenfalls die vom Lande, die Puttkamer und Zitzewitz, die Below, Bandemer, Boehn, Bonin, ins Gespräch vertieft. Schlipsnadeln mit Hirschhaken – Zähnen vom König der Wälder. Wahlverwandtschaft der Platzhirsche. Die Herren reden von dem, worum sich das Leben nun einmal dreht: von Rehböcken und Remonten, von Roggenernte und Kartoffelpreisen. Und über die natürlich, die gerade nicht anwesend sind. Einmal allerdings gibt es beinahe Aufruhr: Einer der Herren beißt im Rehbraten auf Schrot. Schrot! Rehe werden waidgerecht nur mit der Kugel erlegt, also muß dieses gewildert sein. Woher zum Donnerwetter stammt es? Der Inhaber des Etablissements, Carl Dunkel, eilt herbei und muß neben viel Diplomatie seine beste Flasche Rotspon aufbieten, um die Gemüter zu beruhigen.

Ach, Stolp, du ehrenreiche, wo nicht noch überall müßten wir dringend dich besuchen und wiedersehen. Am alten Schloß und der Schloßkirche, im Rosengarten, bei den Ausflugszielen Waldkater und Waldkatze. Oder bei Frau Doktor Heckler und Professor Creite, der mit respektvollem Schauder »der Pommernschlächter« genannt wird, obwohl er – der Junge kann es bezeugen – so gut aufs Blutstillen sich versteht.

Auch das Wiesenbad dürfen wir nicht vergessen, wo Meisterin Josefine Schnabel die hohe Kunst des Schwimmens denjenigen beibringt, die tatsächlich sie erlernen wollen, obwohl das eher wesensfremd wirkt. Denn eigentlich scheut der Pommer das Wasser, das er so reichlich hat, als sei es geweiht und er selber des Teufels. Vielleicht, vorbewußt, daß die altmodische Möglichkeit des Freitodes nicht verriegelt werden soll: ins Wasser zu gehen. Jedenfalls die Schulstatistik sagt, daß nur fünf bis zehn Prozent von all den jungen Pommern, die es anginge, schwimmen lernen.

Ja, und natürlich zur Stolpe müßten wir, zu dem stillen

Fluß, der so erschreckend wüten kann, wenn die Schneeschmelze kommt, ehe das Eis bricht. Und über dem Fluß der Anstieg zu den Kasernen. Doch die können warten; sie haben die Zeit, die jetzt schon so knapp wird.

Wo alles beginnt

Höchste Eisenbahn! Die drei Triebwagen der Kleinbahn – auf Normalspur, versteht sich – sind aneinandergekoppelt, Abfahrt genau zwanzig Uhr. Noch 54 Minuten werden nötig sein für dreißig komma acht Kilometer.

Schmaatz – Schwuchow – Karzin. Karzin! Hier lebt die Großmutter, die andere, mütterliche, die zu allem so herrlich zu gebrauchen ist, ob zum Schmieden treffsicherer Uz-Verse oder dazu, daß sie, die Siebzigjährige, dem stolpern-

Das Haus der Großeltern in Karzin. Der alte Teil in klassisch schlichter Form: einstöckig, neun Fenster breit, im Mittelteil mit aufgesetztem dreifenstrigen Giebel. Zur Unzeit, im späten 19. Jahrhundert, wurde dann ein Neubau angefügt.

den Enkel die Eleganz auf Schlittschuhen vorführt. »Frau Liebe« nennt sie jeder. Das ist sie. Und so wird das Dienstzeugnis für eine Erzieherin geschrieben: »Frl. Edith Wichmann ist uns in diesen 1¾ Jahren ein so liebes Familienglied geworden, hat sich unser Vertrauen, die Liebe ihrer Zöglinge und die Freundschaft meiner erwachsenen Tochter in so hohem Grade erworben, daß wir sie tief bewegten Herzens scheiden sehen und ihr die innigsten Wünsche für ihren demnächst zu beginnenden Ehestand mitgeben.«

Gabel: ein Bahnhof bloß, der so heißt, weil hier die Strekke sich gabelt. Die Triebwagen werden entkoppelt; der eine fährt nach Stolpmünde, der zweite nach Schmolsin, der dritte aber, auf den es ankommt, nach Dargeröse, zwanzig Uhr siebenundzwanzig.

Dominke, Vogelsang, Sorchow; aus ihrer Schlucht grüßt das schmale Band der Lupow herauf. Wendisch-Silkow. Nein, so heißt das jetzt nicht mehr, sondern auf einmal: Schwerinshöhe. Warum, was hat man gegen das Wendische,

Was im Jahre 1984 in Karzcino-Karzin blieb: Der Neubau, der gerade restauriert wird. Das alte Haus aber ist verschwunden; es hinterließ nur seinen gespenstergleichen Abdruck.

aus dem wir doch herstammen? Was gegen die Endung auf -ow? Etwas Fremdes, Unheimliches ist das, ein Berauben, ein Umlügen. Und im Auftrumpfen Panik. Jemand wurde vom Radierwahn befallen, nicht bloß hier.

Ist es gleich Wahn, so hat es wenigstens keine Methode. Die nächsten Stationen ruft der Schaffner noch immer als Neu-Gutzmerow und als Bandsechow aus. Es dämmert schon, und der dunkelnde Wald, in den wir gleich eintauchen, ist der Wossek.

Jawohl, so sind hier die Namen, wer weiß woher und seit wann. Revekol heißt der Sagenberg zwischen Schmolsin und dem Garder See. Und unsere Wälder heißen: Lechow, Dombrow, Birk, Iserge, Kaschnowz, Bojenk. Der Name, den wir an die Natur ausleihen, gibt ihr Gestalt und Charakter; mit ihm kehrt sie in die Herzen zurück.

Noch ein Hohlweg, noch einmal Atemholen. Rechts jetzt Fohlenkoppel, links Gorkenberg. Voraus der Park. Rumbske. Rumbske, Kreis Stolp in Pommern. Nicht Endstation, sondern der Ausgangspunkt einer langen Reise. Hier wurde ich geboren, hier bin ich zu Hause. Hier beginnt alles, auch dieses Buch.

Im Schweiße deines Angesichts

Gerüche der Kindheit

Erinnerungen, die in die Tiefe dringen und unterm Herzen sich einnisten, geduldig, um nach Jahren, Jahrzehnten plötzlich hervorzubrechen, frühe Erinnerungen, Kindheitserinnerungen: sie werden kaum aus Bildern so mächtig. Sie duften – nein, stärker: sie riechen. Sie sind schwer vom Geruch, der dann die Gestalten erst formt. In einer Zeit freilich, die auf Bilder, Abbilder versessen ist, mag man das nicht mehr, nicht einmal das Wort; man desinfiziert und desodoriert, entkeimt und entduftet, wo man nur kann. Vielleicht hängt es damit zusammen, daß die Kraft des Erinnerns schwindet. Und was wohl wird mit den Gerüchen den Kindern gestohlen – oder über sie zurück einem unvordenklichen Erbe, das mit der Kreatur uns verbindet?

Gerüche, im Rhythmus des Jahres. Ein Märznachmittag, sonnig und still. Zwar alles wie tot noch, auf den Wiesen hängt das geborstene Eis überm langsam abrinnenden Wasser. Aber auf einmal sind Botschaften in der Luft, wie am Abend das Meckern der »Himmelsziegen«, der Bekassinen: Botschaften vom Brodeln im Moor und vom frisch gedrillten Acker, auf dem hinter Pferd und Egge die Krähen schwärmen, ihres Anteiles sicher.

Doch mit dem Frühling dauert es in Pommern. Darum über den dampfenden Dungplatz zurück in die weiche Wärme des Kuhstalls. Oder in die stechende bei den Schweinen, die wieder andere bei den Pferden, den Schafen.

Dann regiert schon der Sommer. Er macht tiefer atmen, wenn auf den Wiesen das geschnittene Gras zum Heu trocknet. Dagegen das Modrige am Wasser, wo die Frösche quaken. In den Buchten des Teiches wird es grün von der Kleinen Wasserlinse, Entenflott oder Entengrütze genannt. Kinder harken sie in Eimer hinein, weil nicht nur die Enten, sondern Gans und Gössel sie mögen. Etwas später stehen auf den Feldern die Hocken – anderswo als Stiegen oder Mandeln bekannt –, in denen man sich verkriechen und verträumen kann, unauffindbar. Und kaum zu reden von den Verlockungen möglicher Ausflüge, zum Beispiel an die Küste nach Leba, Rowe, Stolpmünde, Jershöft, Rügenwaldermünde: O du betörender Geruch der fangfrischen und dann frisch geräucherten Flundern! Was sind gegen dich alle die heutigen, künstlichen, teuer käuflichen Düfte aus Flaschen und Flakons, aus Dosen und Tuben?

Herbst: ein anderes Wort für Kartoffelernte und Kartoffelfeuer. Oder für Wege, auf die immer die Gerüche verlokken: zum Dorfladen mit der unscheinbaren Inschrift »Emil Priedigkeit – Kolonialwaren«. Was im verwinkelten Halbdunkel riecht, ist zunächst freilich das Gegerbte. Denn unter der Decke hängen – nein, nicht Stiefel oder Schuhe, die übersteigen den Alltag und lohnen den Weg in die Stadt, doch Holzpantinen, auch Schlurren genannt; ihrem Namen zuwider besteht das Oberteil aus Leder*. Aber mehr und immer mehr mischt sich hinzu. Aus dem Faß das Atemraubende, Augenbrennende gesalzener Heringe. Und aus dem Glas womöglich: Sahnebonbons und gebrannte Mandeln. Dazu die Minze: Pfefferminzstangen zu einem Pfennig das Stück.

Weiter an den Gerüchen entlang: zum Stellmacher, bei dem harziges Holz und frisch gekochter Leim um den Vorrang streiten. Zum Schmied, wenn am Horn des Pferdhufs der glühende Beschlag anprobiert wird. Zur Brennerei, wenn warm die Schlempe in die Bottiche läuft, flüssiges Kraftfutter fürs Vieh aus der Kartoffel. In die Scheune, wo auf der Tenne die Dreschmaschine staubt.

Schnee in der Luft; am nächsten Morgen wird die Welt weiß sein. Aber kein Ende der Verlockungen. Die Schloßmamsell dreht überm Herdfeuer ihre eiserne Trommel, in der die Kaffeebohnen rösten. In der Räucherkammer unterm Dach reifen die Spickgänse; zum Strauch und zum Sägemehl von Buche und Eiche liefert Wacholder die Feinheit der Würze. Aus dem Backofen am Dorfrand prahlt das knustige Brot, und schon werden die Kuchenbleche eingerieben, weil es auf Weihnachten geht.

Das Jahresrad rollt weiter und weiter; niemand hält es auf. Aber aus Gerüchen formt sich Erinnern. Es stiftet die Heimat des Kindes, die noch dem Alternden bleibt.

Erinnerungen vergolden. Manchmal täuschen sie sogar. War denn das Leben ein Spiel oder ein Fest? Gewiß nicht. Was es wirklich war, las der bibelfeste Pommer im Buch der Bücher, langsam mit dem Finger an den Zeilen entlang, bedächtig kopfnickend: »Verflucht sei der Acker um deinetwillen, mit Kummer sollst du dich darauf nähren dein Leben lang. Dornen und Disteln soll er dir tragen, und sollst das Kraut auf dem Felde essen. Im Schweiße deines Angesichts sollst du dein Brot essen, bis daß du wieder zu Erde werdest, davon du genommen bist. Denn du bist Erde und sollst zu Erde werden.«

Das andere allerdings kam hinzu, Verheißung seit Noah und Vertrauen, wenige Seiten weiter nachzulesen am Ende der Geschichte von der Sintflut: »Solange die Erde steht, soll nicht aufhören Saat und Ernte, Frost und Hitze, Sommer und Winter, Tag und Nacht.«

Verheißung und Vertrauen. Nur eben und zugleich und vor allem mit der Gewißheit von kargem Lohn für die immerwährende harte Arbeit.

Der Geruch, den man ein- und ausatmete wie die Luft zum Leben selber, zu alltäglich, um ihn überhaupt wahrzunehmen, das war also der Geruch des Schweißes. Schweiß der Menschen, aber auch der Tiere. Wenn die mächtigsten der Pferde, muskelbewehrt und Kaltblüter genannt – nicht wegen des Blutes, sondern wegen des im Körperbau beschlossenen Temperaments, das nicht zum fröhlichen Galoppieren, kaum zum Traben gemacht war, vielmehr zur bedächtigen Kraftentfaltung –, wenn diese massigen Tiere, zu viert schon, sich in die Sielen des Kastenwagens stemmten, mit dem die Kartoffeln vom Feld geholt wurden, dann färbten sich ihre schwer atmenden Flanken erst dunkel von der rinnenden, dann weiß von der geronnenen Hitze. Denn was wog dieser Wagen, wie tief sanken seine Räder in den klebenden Acker, wenn die noch feuchte Fracht der Knollen ihn füllte! Nicht minder indessen gerieten die ausgesucht jugendkräftigen Männer in Schweiß, die über eine eingehängte Treppe hinauf die »Rummeln« – Holzkästen, in die die Kartoffelkörbe zunächst entleert wurden* – in den Wagen wuchteten: Schwerstarbeit.

Aber, genau besehen: Welche Arbeit hätte sich schon als leicht einstufen lassen? Etwa das Dungaufladen und das Dungstreuen? Etwa das Pflanzen, Verziehen und Hacken der Rüben und Wruken, das so sehr in den Rücken beißt? Oder das Torfmachen im Moor? Oder, unter der Sommerhitze, das Mähen des Korns, das Binden der Garben, ihr Hinaufstaken auf die Erntewagen und unters Scheunendach? Oder im Hause das Scheuern, Waschen, Plätten, Einkochen, Schlachten, Gänserupfen, Buttern, Öfenheizen, Backen, im Stall das Füttern, Melken, Ausmisten? Woher denn wirkten viele der Frauen, kaum daß ihre Kinder aus dem Gröbsten heraus waren, schon so gealtert und krummgezogen?

Die Arbeit kannte kaum einen Anfang und erst recht kein Ende. Wenn im Gutshaus ein Waschkorb voll frischer Socken alle Frauen und Mädchen diskret dazu aufforderte, sich der Löcher stopfend anzunehmen, wenn, schon weniger diskret, auf der Veranda sogar vor den Sommergästen aus Berlin Berge von Schoten zum »Pellen« aufgetürmt wurden, dann mochte das noch als eine besondere Art von Freizeitbeschäftigung hingehen. Aber sonst?

Sollte die Feldarbeit morgens um halb sieben beginnen, mußte der Bauer oder auf dem Gut der Gespannführer natürlich um halb sechs im Stall sein, um die Pferde zu füttern, zu tränken, zu striegeln und ins Geschirr zu bringen. Entsprechend nach der Heimkehr vom Felde. Auf den Bauern wartete ohnehin das Vieh – und nicht bloß vom Montag bis zum Sonnabend. Doch auch die Gutsarbeiter hatten Kuh, Schweine und ihr Deputatland. Wie Herr Hesselbarth, unser alter Inspektor, es anmerkte: »Nach Feierabend ziehen sie die Weste aus und krempeln die Ärmel hoch.«

Gewiß: Niemand hastete. Es gab von alters her, sozusagen gewohnheitsrechtlich oder konstitutionell, eine geruhsame Gangart – wie bei den Kaltblütern. Mit den gebotenen Ausnahmen – etwa vor dem drohenden Gewitter beim Einfahren der Ernte – wäre alles andere unsinnig gewesen; bei der Dauer der Arbeit hätte es nur zum vorzeitigen, sehr unwirtschaftlichen Verschleiß von Pferd und Mensch geführt. Im übrigen schrumpfte die Arbeitszeit natürlich mit dem Tageslicht, wenn der Winter kam. Nicht daß es nichts mehr zu tun gab, keineswegs! Von der Sorge für das Vieh ganz abgesehen, die sich vermehrte, wenn die Weiden kahl oder unterm Schnee lagen und wenn bei Stuten, Kühen, Schafen die Mutterschaft nahte: Jetzt klangen aus dem Wald Axt und Säge, in der Scheune brummte die Dreschmaschine, mit ihrer Garbenfracht an- und abschwellend; die Brennerei kam in Gang. Und weil Müßiggang der Laster Anfang ist, surrten die Spinnräder, wurden die Webstühle aufgebaut, die fürs halbe Jahr auf dem Dachboden geruht hatten.

Arbeit mit kaum einem Anfang und ohne Ende: Bereits die Kinder, sobald sie nur konnten, hatten sich nützlich zu machen. Zum Beispiel beim Gössel- oder Kühehüten – »barft« natürlich, barfuß den Sommer hin. Und Kartoffelferien gab es ganz gewiß nicht zum Spaß. Jede Hand, sei sie noch so klein, wurde beim Einsammeln der kostbaren Erdäpfel dringend gebraucht. Die Alten hingegen, selbst wenn sie auf dem Felde nicht mehr taugten, hüteten die Enkel und das Herdfeuer, kochten, flickten, jäteten im Garten, sahen nach den Hühnern ... Dem Ausgang nahe konnten sie wieder in ihrer Bibel das nachlesen, sofern die Augen es noch hergaben, was sie doch längst schon aus- und inwendig wußten. Denn im neunzigsten Psalm wird so knapp wie genau die von der Urväter Zeiten bis um die Mitte des zwanzigsten Jahrhunderts gültige Weltordnung beschrieben:

»Unser Leben währet siebzig Jahre, und wenn's hochkommt, so sind's achtzig Jahre, und wenn's köstlich gewesen ist, so ist es Mühe und Arbeit gewesen; denn es fähret schnell dahin, als flögen wir davon.«

Die uralte Ordnung der Dinge

Will man die vormoderne Weltordnung begreifen, wie sie in Hinterpommern bis 1945 in ihren Grundfesten bestand, so muß man zunächst bedenken, daß es die mechanischen, motorisierten, automatisierten oder gar elektronischen Heinzelmännchen noch kaum gab, die uns inzwischen selbstverständlich geworden sind. Das Selbst-Verständliche ergreift und formt unser Innerstes; »Auto« gehört heute zu den ersten Worten des Kindes, das bald schon sämtliche Marken am Klang unterscheiden lernt. Künftig dürfte unter die Analphabeten geraten, wer die Sprache der Computer nicht versteht. Um so schwieriger wird es, das Alte zu verstehen.

Wenigstens das Alter des Alten wird aber sichtbar, sobald auch wir einmal die Bibel aufschlagen. Gleich am Anfang, gleich nach der Geschichte von Schöpfung, Sündenfall und Vertreibung aus dem Garten Eden heißt es: »Und Adam erkannte sein Weib Eva, und sie ward schwanger und gebar den Kain und sprach: Ich habe einen Mann gewonnen mit dem Herrn. Und sie fuhr fort und gebar Abel, seinen Bruder. Und Abel ward ein Schäfer, Kain aber ward ein Ackermann.«

Von einer Hirten- und Bauernkultur ist also die Rede, und für die gelten bei allen vordergründigen Differenzen im Elementaren stets ähnliche Bedingungen. Es sind die Bedingungen Altisraels ebenso wie Alteuropas, die Bedingungen überall, wo die große Mehrheit der Menschen auf dem Lande und von der Landwirtschaft lebt, eingebettet in den Rhythmus der Tages- und Jahreszeiten, abhängig von den Verhältnissen des Bodens und des Klimas, von der Gunst oder Ungunst des Wetters und von Arbeitsverfahren, die seit Menschengedenken kaum sich gewandelt haben. »Du sollst dem Ochsen, der da drischt, nicht das Maul verbinden«, übersetzt Luther aus dem fünften Buch Mose. Über die Jahrtausende hin war das nicht bloß Redensart, sondern eine Realität, von der man heute nur in sogenannten Entwicklungsländern noch etwas finden kann. Und diese Realität erscheint als das schlechthin Rückständige.

Doch bis an die Grenzen der alten Weltordnung lieferte die Bibel direkt das Anschaubare, einsichtig für jeden, der sie las. Sie sprach ja aus den Verhältnissen, die es gab – auch oder gerade dann, wenn man sich die Geschichte im Stall von Bethlehem samt Ochs und Esel heimatlich verschneit vorstellte – allenfalls darüber rätselnd, was wohl die Hirten mit ihrer Herde auf dem Felde verloren hatten. »Das Schaf frißt Sand, aber keinen Schnee«, sagt ein Sprichwort; es findet, sollte das heißen, überall noch etwas, sogar auf herbstlichen Stoppelfeldern, die dem Menschen als völlig kahl erscheinen. Aber im Winter braucht es die Fütterung und den Stall.

Und mit dem muß es im pommerschen Klima seine Ordnung haben! Bitter und bibelfest beklagte sich der Schäfer bei meinem Vater über das schadhafte Dach: »Herr Graf!

Die Füchse haben Gruben, und die Vögel unter dem Himmel haben Nester; aber meine Schafe haben nicht, wo sie ihr Haupt hinlegen.«

Doch warum hüteten diese Hirten zu Bethlehem ausgerechnet des Nachts ihre Herde? Auf diese Frage des Pastors an seine Konfirmanden kann es nur eine plausible Antwort geben: Sie wollten nicht gesehen und nicht erwischt werden, denn – »sie hüteten auf dem Herrschaftlichen«.

Nun gab es freilich in Hinterpommern den Ochsen vor seinem Göpel kaum mehr. Die Dreschmaschine hatte Einzug gehalten, angetrieben von der Lokomobile des Dampfpflugs, von dem noch zu reden sein wird, oder gar schon vom Elektromotor. Es gab die Drillmaschine, die das Säen mit der Hand ablöste, und es gab in langsam wachsender Zahl Traktoren. Hier und dort sah man einen Elevator, der das Heu auf den Stallboden beförderte. Als letzte Errungenschaft trat der Selbstbinder auf den Plan, eine Maschine zum Getreidemähen, die zugleich die fertig gebundenen Garben auswarf.

Aber das im wesentlichen war es bereits. Noch handelte es sich um Vorgänge eher am Rande, um ein allmähliches Vordringen von dorther; noch war nichts von dem Neuen im Herzen der Dinge angekommen. Noch immer wurden Akkergeräte und Wagen in erster Linie von den Pferden gezogen, noch wurde weithin mit der Sense gemäht und mit der Hand die Garbe gebunden, kunstvoll mit einem geknoteten Strang der Halme. Noch immer konnte man also die Schnitterkolonnen sehen, diese paarweise Arbeit: vorweg der Mann, der mit breitem Schritt und wiegendem Körper die Sense führt, dahinter die Frau als Binderin der Garben; in schräg versetzter Reihe, so weit die verfügbare Kopfzahl eben reicht, Strohhüte und weiße, zum Sonnenschutz weit über die Stirn vorgebundene Kopftücher.

Darum erhielten sich auch noch die alten Bräuche, zum mindesten bis in den letzten Friedenssommer 1939. Zum Beispiel das »Binden«: Am Tag des Anmähens – dem ersten Tag der beginnenden Ernte im späten Juli – kam der Gutsherr aufs Feld, und es wurde ihm eine farbige Schleife um den Arm gebunden. Das gehörte zu den Pflichten und Vorrechten des Vormädchens, die den Platz hinter dem Vorarbeiter einnahm. Sie sagte dabei einen Spruch auf, etwa diesen:

Ich sah den Herrn Grafen von ferne kommen,
da hab' ich schnell das Band genommen.
Ich schnüre mit diesem blau-(rot-, grün-, gelb-)seidenen Band
um Herrn Grafen seine zarte Hand.
Ich schnüre nicht zu los' und nicht zu fest,
ich schnüre auf das allerbest'.
Ich schnüre nicht um Bier und Branntewein,
sondern nur um die Ehr' allein.

Natürlich ging es nicht bloß darum; mit einem handfesten Trinkgeld aus seiner zarten Hand hatte der Herr Graf sich auszulösen. Und er hatte Frau, Kinder und sonst gerade anwesende Verwandte oder Gäste mitzubringen. Auch der Gutsinspektor erhielt sein Band und mußte sich loskaufen; je größer die Zahl der Gebundenen, desto lohnender fürs abendliche Bier und den Branntewein. Tagsüber unter der Sonnenglut war an Alkohol freilich nicht zu denken; nur eine Milchkanne mit quellfrischem, kühlem Wasser, ein Schuß Essig darin, stand immer bereit.

Verbreitet war neben dem Binden »der Alte«*: eine Strohpuppe, die aus der letzten in die Scheune gefahrenen Garbe gefertigt wurde und damit den Abschluß der Ernte markierte, wie das Binden den Anfang. Der Alte wurde dem Gutsherrn oder dem Bauern wieder mit einem Spruch und mit dem entsprechenden Hintersinn übergeben:

Guten Abend, ihr Herrschaften hoch und fein!
Ich wünsche, bei vielem Glück zu sein.
Wir haben den Roggen gemäht und gebunden,
dabei haben wir diesen Alten gefunden.
Dieser Alte ist nicht von Distel und Dorn,
nur von Blumen und reinem Korn.
Nun bitt' ich für den alten Mann,
unser Herr Graf möchte sich nehmen seiner an.
Er möge ihm geben Butter und Brot,
daß er nicht leidet an Hungersnot.
Mein kurzes Gedicht ist nun zu Ende,
und diesen Alten geb' ich Herrn Grafen in die Hände.

Doch wer wollte behaupten, daß alles nur aufs Bier und aufs verflüssigte Korn hinauslief? »Die Ehr'« des Bindespruchs war nicht bloß Floskel. Man könnte sie übersetzen als: Was sich gehört, das Gültige des Hergebrachten in seiner guten alten Ordnung, im Symbol sinnfällig dargestellt.

Nur eben, noch einmal und erst recht: Diese gute alte Ordnung forderte von Mensch und Tier harte Knochenarbeit und Ströme von Schweiß. Den Kontrast der Welten mag ein Vergleich anschaulich machen. Heute rollt der Mähdrescher übers Feld, ein imponierendes Monstrum. Er erledigt in einem Arbeitsgang, wozu einst nötig waren:

1. das Mähen des Getreides,
2. das Binden der Garben,
3. das Aufstellen der Garben zum Trocknen in den Hocken,
4. das Aufladen der Garben auf den Erntewagen,
5. die Fahrt mit dem Erntewagen zur Scheune,
6. das Hinaufstaken in die Scheune und, später,
7. das Wieder-Hinabstaken zur Dreschmaschine,
8. das Dreschen.

Erst nach diesen acht Arbeitsgängen trifft man sich beim Abtransport des Korns wieder. Dabei ließe sich das Dreschen leicht abermals unterteilen, dreifach, so daß man beim Vergleich der Arbeitsgänge auf ein Verhältnis von eins zu zehn käme. Und nicht selten, nach jedem stärkeren Regen, mußte das Aufstellen der Garben wiederholt werden, das Innere nach außen wendend, weil sonst die Feuchtigkeit sich in den Hocken für lange Zeit festgesetzt hätte. Leider waren ausgerechnet in der Erntezeit die heftigen Gewitter und sonstige Güsse mehr die Regel als die Ausnahme – anders als im eher trockenen Frühsommer, wenn die Rüben gepflanzt werden sollten*. Dann natürlich verzögerte sich der Regen, oft um Wochen, so daß es manchmal nur noch half, wenn herausfordernd alles Bettzeug zum Sonnen ins Freie getragen wurde.

Gegen die Nässe in der Ernte wehrte man sich wohl auch mit dem »Regenwegsaufen«: mit Trinken, bis die Sonne wieder schien. Und wohl bei dieser Tätigkeit ist es geschehen, daß einer meiner Original-Großonkel aus der vielköpfigen Sippe der Puttkamer das Barometer, das noch immer in der Tiefe verharrte, wütend von der Wand riß, darauf herumtrampelte und schrie: »Ich werd' dich Aas steigen lehren!«

Mit der Zahl der Arbeitsgänge ist es freilich bei einer Gesamtrechnung nicht getan. Deren zweiter und wichtigerer Teil muß sich auf die jeweils benötigten Arbeitskräfte beziehen. Der Mähdrescher wird von einer Person gefahren – die grundsätzlich auch eine Frau sein kann. Wie viele mit der Sense geübte Männer aber braucht man, um eine Fläche zu mähen, wie sie heute die Maschine bewältigt? Zwanzig? Oder fünfundzwanzig? Nun verändern sich die Zahlen natürlich von Arbeitsgang zu Arbeitsgang, und beim Mähen mag der Unterschied besonders kraß ausfallen. Das macht eine halbwegs zuverlässige Abschätzung schwierig, um von den Randbedingungen zu schweigen, zum Beispiel von Wartungsarbeiten an der Maschine und vom Füttern und Pflegen der Pferde. Aber alles in allem dürfte es kaum zu hoch gegriffen sein, wenn wir sagen: Um zum gleichen Ergebnis zu kommen, mußten früher zehn Menschen zehn Tage lang arbeiten, wo heute die eine Tagesleistung der einen Person genügt. Das ergibt ein Verhältnis von hundert zu eins!

Wir wollen auf dem Ergebnis nicht mit allzuviel Nachdruck beharren. Bei jeder Arbeit sieht es anders aus, und alles müßte untersucht werden. Beim Pflügen etwa braucht man gewiß keine hundert Gespanne, um einen Traktor aus dem Felde zu schlagen. Es kam nur darauf an, die Maße der Arbeit einmal konkret und damit anschaulich zu machen, um so den Illusionen vorzubeugen, die um so leichter sich einstellen und um so hartnäckiger haften, je weniger man vom Leben der Vorväter weiß.

Also bitte keine Rokoko- oder Aussteiger-Träume von Schäfern und Schäferinnen im zierlichen Reigen, keine Städter-Romantik aus gesichertem Abstand! Wer je mit der Forke statt mit modernen Maschinen den Dung auf den Wagen lud, ihn aufs Feld fuhr und dort streute, der begreift, was ihm die Bibel ankündigt: »Im Schweiße deines Angesichts sollst du dein Brot essen« – und, obwohl das exakt in dieser Form nicht geschrieben steht, mit müden Gliedern.

Arbeit gab es wahrlich nicht bloß auf dem Feld oder beim Vieh. Die vielen verlockenden Gerüche, aus denen die Kindheitserinnerungen wachsen, steigen zu einem großen Teil aus dem Hause auf, und sie besagen, daß sehr weniges fertig und verpackt eingekauft wurde. Fast alles stellte man selber her; gewiß über neunzig Prozent von jeglichem, was zu des Leibes Notdurft und Nahrung nun einmal nötig war, stammte aus der eigenen, nicht aus fremder Arbeit.

Zwar gab es diese lockende Inschrift: »Emil Priedigkeit – Kolonialwaren«. Aber was kaufte man denn im Dorfladen für den alltäglichen Bedarf überhaupt? Salz natürlich, dieses geschichtlich so ehrwürdige und das mit Abstand wichtigste Handelsgut des alten Europa; Salz, mit dem einst als »Kopfstation« der Salzstraße von Lüneburg her die Hansestadt Lübeck ihre Geltung rings um die Ostsee begründete. Heringe wurden geholt, denn Fleisch blieb – mit Ausnahme des Gutshaushalts – durchweg ein Luxusgut für die Sonn- und Feiertage. Dann »Kathreiner« – ein Malzkaffee als Ersatz für den Bohnenkaffee, für den ähnliches galt wie für das Fleisch. Manchmal reichte das Geld sogar dafür nicht; dann behalf man sich mit gemahlener und in der Pfanne gerösteter Gerste, mit Zichorie versetzt. Zu den angekündigten Kolonialwaren gehörten die Gewürze, die vor allem beim Schlachten gebraucht wurden. Im übrigen gab es das Material zum Selbermachen: vom feinen Nähgarn und groben Zwirn bis zu Nägeln und Krampen jeder Größe.

Daß der Kaufmann überhaupt bestehen konnte, hing wahrscheinlich mit einer besonderen Handelsware zusammen: dem Schnaps. Und weiterhin damit, daß er selber über etwas Land verfügte. Außerdem war er der Standesbeamte, und er versah die örtlichen Hilfsdienste für die Post. Die allerdings kam zweimal täglich – eine Tatsache, die im vergleichenden Rückblick uns Wohlstandsbürger einer angeblichen Dienstleistungs-Gesellschaft einigermaßen verblüfft. Dabei lag die Kreisstadt dreißig Kilometer entfernt, und das Postgut, das von dort gebracht und abgeholt wurde, füllte Dorf für Dorf im Regelfall kaum eine schmale Tasche. Aber schließlich stammte der Organisator des modernen Postwesens, Heinrich von Stephan, leibhaftig aus Stolp. Freilich muß man bedenken, daß das Telefon seinen Siegeszug noch vor sich hatte; in dem Dorf mit dreihundert Seelen gab es gerade zwei Anschlüsse: den einen beim Kaufmann und Posthalter, den andern im Gutshaus.

Das Selbermachen begann beim Sinnbild menschlichen Lebens, beim Brot. Wenn nach bekanntem Wort Kunst mit Können zu tun hat, als dem Gegenteil von »gut gemeint«, dann war das Brotbacken nicht bloß Arbeit, sondern eine Kunst. Vom Ansetzen, Anrühren und Kneten des Teigs bis zur genau richtigen Hitze des Backofens – die ja nicht mit einem Knopfdruck sich einstellen ließ, vielmehr mit dem Backstrauch erzeugt werden mußte – kam es auf Erfahrung und aufs Fingerspitzengefühl an. Denn wenn es einerseits einen herzhaften Knust geben sollte und andererseits keinen Klitsch, dann handelte es sich sozusagen immer um eine Wanderung auf hohem und schmalem Grat zwischen steilen Abgründen.

Können war indessen ständig gefordert: beim Stopfen, Flicken und Nähen, beim Sirupsieden und beim Einmachen, beim Schlachten, Rupfen, Ausnehmen der Hühner, Enten, Gänse, beim Pökeln und Räuchern, beim Wurstmachen – mit vielen Zutaten, in streng gehüteten Rezepten von der Großmutter über die Mutter auf Tochter und Enkelin vererbt. Können am Spinnrad und am Webstuhl. Was weiß und was kann die moderne Hausfrau schon, mit der alten verglichen?

Bei allem: Arbeit, Arbeit, Arbeit. Wiederum muß daran erinnert werden, daß es die automatisch-elektronischen Heinzelmännchen unserer Tage noch nicht gab. Am Waschtag wurde in der Waschküche unter dem großen Kupferkessel zunächst einmal ein mächtiges Feuer entfacht, um das am Vortag Eingeweichte zu kochen. Bald herrschte eine Höllenhitze, und in den Schwaden aus Dampf ließ sich kaum mehr etwas erkennen. In dieser Atmosphäre mußte dann am Waschbrett im Trog gerubbelt, dann gespült und gewrungen werden. Nach dem zweiten Waschgang ging es mit Waschkorb und Karre hinaus ans klare Wasser eines Baches, um nochmals zu spülen und schließlich auf einer Wiese die Wäsche zu bleichen.

Ähnlich wie in der Waschküche ging es später in der Plättstube zu. Da stand ein kleiner eiserner Ofen, der sich oben sechs- oder achtkantig verjüngte. Auf den schrägen Flächen wurden die Bügeleisen aufgesetzt und beheizt, die dann mit einem einfachen Mechanismus in den Bügelgriff einklinkten. Während das eine Eisen sich erwärmte, plättete man mit dem anderen, das dann, erkaltet, mit einem Handgriff sich austauschen ließ. Eine sinnreiche Konstruktion; dank des vielkantigen Aufbaus konnten mehrere Frauen gleichzeitig bügeln und so das Ofenfeuer aufs beste nutzen. Nur entstand natürlich wieder eine stickende Hitze. Zwar hätte sich das Fenster öffnen lassen, aber mehr noch als den Höllendunst fürchteten Pommern die Zugluft.

Und wie sollte man kühlen, wie das Verderbliche in und über den Sommer retten? Dafür gab es den Eiskeller. Er war an einem nördlichen Hang in die Erde gegraben, mit starker, doppelter Überdachung – nein, mit der dreifachen, denn hoch in den Himmel reckte sich gegen die Sonne der zuverlässige Schirm alter Buchen. Nach einer scharfen Frostperiode wurde nun im Dezember oder Januar auf dem See – der Dorfteich tat es auch – das Eis aufgehackt, in Schollen zersägt, auf Wagen gewuchtet und als winterliche Ernte in den Eiskeller eingefahren. Dort schmolz es nur ganz allmählich ab. Im Kern hielt es übers Jahr, und so hatte man stets den benötigten Kühlraum – nur eben: keinesfalls ohne die gehörige Portion Arbeit.

Gegen das Frieren die schützende Wärme: Lodernde Herdfeuer und breite Öfen mit der Bank ringsherum mögen heimelig wirken – zumal wenn aus der Röhre gar ein Bratapfel duftet. Doch Herd und Öfen wollen erst einmal beheizt und dann ausdauernd beschickt und gewahrt sein. Dazu brauchte man Torf und Holz, das es im Prinzip reichlich gab. Leider kam es nicht von allein ins Haus. Das Torfstechen im Moor aber, wo das Grundwasser gleich unter der dünnen Haut von Grasnarbe und Birkenanflug stand, bedeutete einmal mehr Schwerstarbeit. Auch Bäume mußten gefällt, zersägt, die Rundstücke mit Keil und Axt gespalten, die Kloben auf dem Hof weiter zersägt und zerspalten werden. Weil die Arbeit so sehr in die Muskeln und ins Kreuz schoß und an der Zeit zehrte, ging man mit dem Heizmaterial sparsam um. In der Regel saß die Familie in der Küche beisammen, und die gute Stube blieb im Wortsinne zumeist »kalte Pracht«: unbeheizt. Ins Bett half dann ein warmer Ziegelstein – in Lagen aus Zeitungspapier eingewickelt.

Überblickt man, was weiter und weiter sich ausmalen ließe, so fiel den Männern gewiß ihr Anteil zu, wie beim Torfstechen, beim Holzfällen und beim Eiseinfahren. Aber der Hauptteil der Arbeit für das Haus und im Hause blieb dennoch den Frauen – vor, neben und nach ihren Pflichten auf dem Feld, im Heu, im Garten, im Stall. Und es fiel ihnen nicht nur der Hauptteil, sondern das Ganze bei der Sorge für die Jüngsten wie für die Ältesten zu. »Die Frauen tragen den halben Himmel«, sagt eine Weisheit aus China. Sie untertreibt. Worauf es ankam, wußte ein Abzählreim der Kinder:

Sechs mal sechs ist sechsunddreißig,
ist der Mann auch noch so fleißig
und die Frau ist liederlich,
geht die Wirtschaft hinter sich.

Vom kargen Lohn und vom Deputat

Wenn wir hören, daß jemand 300 oder 600 Mark verdient – wohlgemerkt nicht im Monat, sondern pro Jahr –, dann schließen wir mit wohligem Schaudern, daß es sich um eine Meldung aus den armseligen Entwicklungsländern Afrikas oder Südasiens handelt, die uns zu Spenden auffordern soll. Aber es sind Zahlen aus Pommern*. Sie sprechen vom durchschnittlichen Reineinkommen landwirtschaftlicher Betriebe in den Größenordnungen bis 25 und zwischen 25 und 125 Hektar Nutzfläche, pro Familien-Arbeitskraft. Dabei stammen die Zahlen nicht aus den bedrückenden Jahren der Weltwirtschaftskrise, sondern aus der für die Landwirtschaft günstigen Zeit kurz vor dem Zweiten Weltkrieg.

Weil die Einkommen so gering blieben, war es schwer zu investieren und damit den Betrieb zu modernisieren – ein fataler Zirkel. Denn triftig kann man auch umgekehrt formulieren: Weil man unzureichend investierte und modernisierte, ließen sich die Erträge kaum steigern. Übrigens erinnert dieser Zirkel wieder an Probleme der sogenannten Entwicklungsländer, ebenso die fragwürdige Alternative, die sich anbietet: dem Kapitalmangel durch Schuldenmachen abzuhelfen. Wenn schnelle Erfolge bei der Ertragssteigerung ausbleiben – was in der Landwirtschaft eher die Regel als die Ausnahme darstellt – oder wenn die Marktpreise zusammenbrechen – wie in den Jahren der großen Depression –, dann kann es rasch zu einer für die Schuldner wie für die Gläubiger gleich ausweglosen Krise kommen.

Zwar in den Großbetrieben lagen die Erträge deutlich höher. Diese Betriebe gingen darum bei der Modernisierung voran. Aber schon die eine Zahl ernüchtert: Der Gutsarbeiter, verheiratet, drei Kinder, trug im Monat etwa dreißig Reichsmark nach Hause – dies wiederum in den späten, für die Landwirtschaft günstigen Jahren.

Davon konnte der Mann natürlich nicht leben, so wenig wie der Bauer mit seinem geringen Einkommen. Er lebte auch nicht davon. Er war vielmehr ein Instmann oder, wie es zumeist genannt wurde, ein Deputant. Das heißt: Natural- und nicht Geldleistungen bildeten die Grundlage seiner Existenz. Das begann bei der freien Wohnung.

Doch sehen wir uns alles genauer an, gehen wir durchs Dorf zu den »Leute«-Häusern hin – mit wetterfestem Schuhwerk, sofern wir gut beraten sind. Denn der größere Teil der Dorfstraße ist noch ungepflastert, gerade jener, an dem sich die Wohnungen reihen. Und nach jedem Regen

Haus für Gutsarbeiter in Rumsko-Rumbske, noch mit Ziegeln gedeckt.

Oben: Altes Fischerhaus in Kluki-Klucken am Lebasee, heute ein Museum.
Unten: Fast alle Häuser tragen heute ein Blechdach. Wie es drinnen einmal aussah, wird ab Seite 38 beschrieben.

stehen auf dieser Straße die Pfützen; im Frühjahr und im Herbst verwandelt sich der Lehm zum Schlamm, der die Stiefel willig einsinken läßt, aber nur unwillig wieder hergibt.

Das Haus, vor dem wir stehen, ist einstöckig niedrig, aber mit hohem Dachstuhl. Denn man braucht Stauraum, besonders fürs Heu. Das Dach ist manchmal mit Ziegeln gedeckt, oft noch mit Stroh. Es gibt zwei Türen, also zwei Wohnungen mit je zwei Fenstern zur Straße hin, zwei Schornsteine.

Treten wir über die Türschwelle. Vorsicht: Wer groß gewachsen ist, möge bitte den Kopf einziehen. Zunächst ein kleiner Vorraum. Hier hängen die Joppen, stehen die Stiefel. Keinen Schmutz ins Haus tragen: Weiter geht es nur auf Socken oder in Holzpantinen. Geradeaus die Küche; gleich zur Seite der Herd und gegenüber der Spülstein. Dann ein Geschirrschrank und schließlich, unterm rückwärtigen Fenster: Tisch, Sitzbank, Schemel. An der Lampe hängen, im Sommer unentbehrlich und voll von Opfern, die klebrigen Fliegenfänger.

Durch die Tür an der Seite des Vorraums kommen wir in die gute Stube. Hier stehen wir auf sorgfältig gebohnertem Holz, während sonst überall der Fußboden aus Ziegeln gefügt ist. Wir sehen: den Ofen mit der Ofenbank, ein breites Bett, Schlafstatt für den Mann und die Frau, die Nähmaschine mit dem Tretantrieb, einen Tisch mit Stühlen, das Vertiko. Wir sehen Fotos: der Mann in seiner stolzesten Zeit – als Soldat, ein Hochzeitsbild, die Kinder und die Großeltern, Schwestern und Brüder mit ihren Familien. Dann: Sammeltassen, Häkeldeckchen, Paradekissen. Und überm Bett, schwer gerahmt, der Öldruck. Vielleicht: Jesus, segnend, mit Engelreigen. Oder: Hirsch tritt aus dem Wald. Aber die Neigung der Besserwisser, von Kitsch zu reden, sollten wir rasch unterdrücken; jedenfalls sieht es überall auf der Welt im einfachen Leben ähnlich aus: bei den Bauern in China und in Rußland oder bei den Indios in Mexiko.

Mit seinem Fenster zur Hofseite die zweite, kleinere Stube. Sie wird im wesentlichen von zwei Betten gefüllt. Im einen schlafen die Großmutter und ihre Enkelin, im andern die beiden Söhne. Wer zur Entrüstung neigt, sollte erst einmal zeitgenössische Bilder und Berichte aus den Massenquartieren Berlins oder aus den anderen überrasch gewachsenen Industriestädten ansehen.

Zur Giebelseite hin schließen sich den beiden Stuben noch Kammern an. Die hintere, fensterlos, dient nur als Abstell- und Vorratsraum. Die vordere ist etwas größer und hat ein schmales Fenster, so daß wohl auch der heranwachsende Sohn hier schlafen kann, wenn es sich für ihn in der Stube neben Großmutter und Schwester nicht mehr schickt.

Eine Wasserleitung gibt es nicht. Falls die Gunst der Brunnenverhältnisse es zuläßt, sprudelt eine Handpumpe neben dem Spülstein in der Küche. Sonst muß das Wasser in Eimern über dreißig, fünfzig, hundert Meter Entfernung von der nächsten Dorfpumpe herangetragen werden. Auch die Toilette fehlt. Den Abtritt – das hölzerne Häuschen mit dem Plumpsklosett – findet man hinter der Wohnung gleich beim Misthaufen. Der Weg durch die Dunkelheit wird freilich gemieden; man könnte sich verkühlen. Darum gibt es den Nachttopf, tagsüber zum Auslüften auf einen Zaunpfahl des Vorgartens gestülpt.

Hinter dem Misthaufen der Stall; wahrlich nicht groß, doch es reicht für die Kuh und ihr Kalb, für Schweine und Schafe, für Hühner, Enten und Gänse. Mit denen hat es übrigens eine eigene Bewandtnis: Nach altem Recht dürfen sie auf dem Gutsland und nach der Ernte auf den Stoppeln weiden. Dafür muß im Herbst, vor den Mastwochen im Stall, jede siebente Gans abgeliefert werden. Nicht selten zählt man darum genau dreizehn Gänse! Dennoch ergibt es sich, daß auf Martini im Gutshaus achtzig oder hundert Gänse geschlachtet werden, manchmal gar zweihundert: eine der Grundlagen für den Ruhm pommerscher Spickbrüste. Und die Bedingung für ein ganz besonderes Festmahl, das wohl nur wenige je gekostet haben oder kosten werden: Gänsezungen auf warmem Apfelmus.

Neben dem Stall noch ein Gebilde, das seinen Namen zu Recht trägt: das Schauer, ein roh aus Brettern zusammengenagelter Schuppen, Teerpappe darüber, hier offensichtlich dem Zusammenbrechen schon nahe, dort gerade um einen Anbau erweitert, Raum für den Torf, für Gerätschaften und für alles, was über die Jahre sich ansammelt, niemals weggeworfen, weil vielleicht und irgendwann doch etwas damit sich anfangen läßt. Irgendwo im Halbdunkel mümmeln in ihrem Verschlag die Kaninchen am frischen Löwenzahn, den die Kinder ihnen sammelten.

Ins Bild gehört noch der kleine Ziergarten vor dem Haus –

manchmal mit Flieder, immer mit Stiefmütterchen. Oft sieht man eine Stockrose, dazu Primeln und Narzissen, Maiglöckchen und Vergißmeinnicht, Tränendes Herz – Dicentra spectabilis –, Pfingstrosen, Montbretien, Dahlien und Astern. Jenseits von Stall und Schauer liegt der weit größere Nutzgarten, mit Weiß- und Rotkohl, Stangen- und Buschbohnen, Sellerie und Zwiebeln, Mohrrüben und Radieschen, Rhabarber und Schnittsalat, mit Petersilie, Thymian und Majoran, mit Johannisbeeren, Himbeeren, Stachelbeeren, mit Eierpflaumen, Kruschken – kleinen Birnen – und den langsüßen Äpfeln. Auf dem Kompost die Kürbisse.

Alles in allem: eigentlich ein Bauernhof im kleinen. Der Eindruck kommt kaum von ungefähr. Natürlich wächst das Bauernhaus mit der Größe des Ackers und damit des Einkommens; ohnehin müssen Magd und Knecht untergebracht werden. Natürlich braucht ein Bauer den weit größeren Stall für seine Pferde und fürs Vieh, das den lebenswichtigen Dung für die Felder und dann und wann beim Verkauf etwas Bargeld liefert. Natürlich gehören zum Bauernhof die Scheune und ein überdachter Platz für die Gerätschaften. Aber die Lebensumstände unterscheiden sich allenfalls dem Grade, kaum dem Prinzip nach. Eigentlich ist der Deputant eine besondere Art von Pächter, der mit seiner Arbeitskraft bezahlt. Er bewirtschaftet zudem selbst ein Stück Feld, das mit Roggen, Kartoffeln, Wruken bestellt wird; zur Arbeit leiht er Pferde, Wagen und Geräte vom Gut. Backstrauch, Torf und Holz bekommt er geliefert, auch zusätzlich noch Korn. Und die Kühe der Deputanten bilden eine eigene Herde, die vom Sommer bis in den Herbst auf Gutsland weidet.

Zum besseren Verständnis hier ein Überblick über Lohn und Deputat:

1. Bargeld im Monat 30 Reichsmark.
2. Freie Wohnung: zwei Zimmer, Vorraum und Küche, zwei Kammern, Heuboden.
3. Der Stall, in dem auf eigene Rechnung gehalten werden durften: zwei Kühe, drei Schweine, vier Schafe, dazu Hühner, Enten und Gänse.
4. Freie Sommerweide für Kühe, Schafe und Gänse auf dem Gutsland.
5. Beim Haus ein Viertel Morgen Gartenland zum Gemüse-

oder Kartoffelanbau. (Der Morgen – die bestimmende Maßeinheit – gleich einem Viertel Hektar.*)

6. In der Nähe der Wohnung ein halber Morgen Hausland, der nach eigener Wahl bestellt werden konnte.
7. Weiter entfernt ein Morgen Ackerland für den Kartoffelanbau und ein Viertel Morgen für Futterrüben oder Wruken. Hausland und Ackerland wurden vom Gut gepflügt und geeggt. Das Säen, Pflanzen und Ernten war eigene Sache.
8. Ebenfalls weiter entfernt ein Morgen Wiese fürs Heu. Dies mußte mit der Sense selbst gemäht werden.
9. Deputatlieferungen pro Jahr: vier Zentner Roggen, ein Zentner Weizen, ein Zentner Schrot, zwei Raummeter Brennholz, zwei Fuder Strauchwerk, zwei Fuder Torf. Stroh nach Bedarf.

Daß man manchmal zusätzlich vom Gut etwas mitgehen ließ – hier etwas Futtergetreide, da den Sack Häcksel, dort ein fürs Schauer gerade passendes Brett –, das war zwar genau genommen Diebstahl. Doch es gehörte dazu, sofern es nicht überhand nahm fast als das Recht, das aus den Umständen und den Gewohnheiten stammt. Wie ein altes Wort es sagte: »Und wenn man gleich oft den Sperlingen ihre Eier wegnimmt, so legen sie doch immer wieder welche und haben Junge; und wenn wir gleich öfters bei der Herrschaft uns nähren, so wird doch unsere Herrschaft reich bleiben und wir werden arm bleiben.«

Zusätzliches Verdienst, ganz mit rechten Dingen sogar, brachte im Herbst die Kartoffelernte. Denn bei der wurde für bares Geld im Akkord gearbeitet. Darum kam jeder herbei, der nur konnte – und nicht bloß vom Gutsdorf. Für drei, vier Wochen nisteten auf dem wärmenden Boden der Brennerei die Fischer aus den abgelegenen Küsten- und Moorkaten sich ein, die man sonst übers Jahr nur vereinzelt zu sehen bekam, mit ihren Kiepen auf dem Rücken, aus denen sie Fisch um Fisch ihren Fang verkauften. Schließlich stand der Winter bevor; die Kinder brauchten jetzt das feste Schuhwerk, für das anders das Geld schwerlich genügte. Und bis zum endlich aufgehenden Eis des Frühjahrs war es für alle ein weiter Weg.

Ob mit oder ohne Zusatz, die Grundformel des ländlichen Lebens im alten Hinterpommern muß wohl lauten, für den Bauern wie für den Gutsarbeiter gleichermaßen: ein gesichertes Dasein, aber mit harter Arbeit für kargen Lohn. Denn beinahe alles, was wir heute für unser Geld so leicht einkaufen, so rasch verbrauchen und oft noch rascher wieder wegwerfen, mußte erst einmal der Natur abgerungen und mit dem eigenen Schweiß bezahlt werden.

Wie transportieren?

Genau und ganz nüchtern betrachtet: Waren diese Verhältnisse eigentlich zum Besten der wirtschaftlichen Leistungsfähigkeit? Waren sie, mit spitzem Bleistift nachgerechnet, mit dem Bandmaß und mit der Stoppuhr gemessen, rationell zu nennen? Wahrscheinlich kaum. Hätten die Miniaturfelder der Deputanten sich nicht einfacher und nutzbringender im großen vom Gut her bearbeiten lassen, wäre ähnliches nicht auch vom Füttern und Melken der Kühe im Gutsstall zu sagen, noch dazu unter der Aufsicht eines Fachmanns, des Schweizers? Vermutlich ja.

Und doch ließe alles gut genug sich verstehen. Man darf die Reise nach Pommern nur nicht vorzeitig abbrechen, so als hätte man jedenfalls das wirtschaftlich Wichtige schon gesehen; man muß sie fortsetzen, geduldig, ins Alte, Gewordene, in die Geschichte hinein. Denn von dort, aus der Weite und Tiefe der Zeiten, stammen die Formationen, die Prägungen des Daseins, die um so zäher sich behaupten und um so mächtiger wirken, je weniger wir sie erkennen.

Eigentlich ist es einfach und in vier Worten gesagt: Es gab keinen Markt. Keinen zum mindesten, der zum launischen Tyrannen taugte, um die Menschen in seinen Bann zu schlagen. Die Natur diktierte die Bedingungen, dies freilich hart genug. Im Markt aber steckt der Ursprung des Rechnens und die Herrschaft des Geldes. Was, wohin und wie hätte man denn liefern sollen? Die Städte des Landes waren und blieben klein; sie schmiegten sich tief ins Ländliche ein. Stolp zum Beispiel, die heimliche Hauptstadt des hinteren Hinterpommern, hatte 1740 2599 Einwohner, ein Jahrhundert später, 1843, waren es 8540. In dieser Größenordnung verharrten benachbarte Kreisstädte wie Schlawe, Bütow und

Rummelsburg sogar noch 1939, als Stolp über die Grenze von 50000 immerhin schon um 377 Seelen hinaus war.

Wo Märkte sind, entstehen weiträumige Beziehungen, und mit ihnen werden Nachrichten wichtig. Denn man muß wissen, was anderswo vorgeht. Welche Ernten reifen heran? Werden sie gut sein, so daß die Preise fallen? Oder gibt es Mißwuchs und Teuerung? Droht irgendwo Krieg? Wer das weiß und entsprechend handelt, kann auf Gewinne hoffen. Wer es nicht weiß, verliert. Darum läßt die Entwicklung des Nachrichtenwesens Rückschlüsse zu auf die Macht der Märkte und das Ausmaß der Marktverflechtungen.

Der pommersche Postbetrieb redet indessen seine eigene Sprache. In Stolp gab es noch um die Mitte des 19. Jahrhunderts nur den einen Briefträger Thiele, der ein geruhsames Dasein führte, weil der Schreib- und Empfangsbedarf der inzwischen doch beinahe zehntausend Bürger offenbar gering war – und weil die Post aus Stettin und Berlin nur an jedem zweiten Tag eintraf. Erst gegen Ende der fünfziger Jahre bekam Herr Thiele einen Kollegen. Und wenn vor dem Bau der Eisenbahnen der nahe Hafen Stolpmünde besonders wichtig hätte sein sollen, dann wurde dorthin zwar 1836 eine befestigte Straße gebaut. Aber der Postverkehr blieb bei der guten alten Art, das heißt: Regulär gab es ihn überhaupt noch nicht. »Die Post wurde damals von einem Stolpmünder Fuhrmann nach Stolp und zurück befördert. Auch Geldsachen gingen auf diese Weise, nur wurde in diesem Falle dem Fuhrmann ein Zolldiener, mit einem Kavalleriesäbel bewaffnet, als Begleiter und Bedeckung mitgegeben.«*

Bis tief ins 19., ja teilweise bis ins 20. Jahrhundert hinein darf man sich die Städte so sehr städtisch ohnehin nicht vorstellen. Viele Bürger wirtschafteten vor den Toren auf ihrem eigenen Acker. Misthaufen dampften, und Hähne krähten; am Morgen und am Abend kündete das Kuhhorn des Hirten vom Auszug und von der Rückkehr der Herde. Erst um die Wende zum 20. Jahrhundert legte sich Stolp – als erste Stadt Hinterpommerns – ein modernes Straßenpflaster, eine zentrale Wasserversorgung und Kanalisation, das im Zeitgeschmack imponierende Rathaus und eine Berufsfeuerwehr zu, während die Äcker allmählich unter Vorstadtsiedlungen oder Grünanlagen verschwanden. Ab 1910 konnte man sogar Straßenbahnen bestaunen. Aber die Stadt selbst gebot im Landkreis weiterhin über bedeutenden Grundbesitz: 17500 Morgen, genug für ein halbes Dutzend Rittergüter. Kurzum und mit anderen Worten: Bis zu den Tagen, in denen die ältesten unserer heute lebenden Mitbürger geboren wurden, blieb der Bedarf der Städte bescheidener, als die Einwohnerzahlen das vermuten lassen.*

Solange die Eisenbahnen fehlten, blieb auch der Weg in die Ferne blockiert. Wie transportieren? Das war stets die Schlüsselfrage.* Wenn die Wegezeiten sich über Wochen, wenn nicht gar Monate dehnen, scheidet ohne Gefriereinrichtungen zunächst alles Verderbliche aus. Obst und Gemüse würden am Ziel nur als fauliger Abfall ankommen. Fleisch, sofern nicht gepökelt und gedörrt, als stinkendes, madenwimmelndes Aas. Ähnlich der Reichtum aus Wäldern, Seen und Flüssen: Wild und Fisch. Und Getreide? Es lastet; die Mühen, die Kosten des Transports fressen den möglichen Ertrag nur zu rasch auf.

Man muß sich das handgreiflich vorstellen: Bis 1945 wurden fast überall die befestigten, überteerten Chausseen noch von unbefestigten Sommerwegen begleitet. Bis in die Zeit des Straßenbaus ein Jahrhundert zuvor hat es überhaupt nur diese gegeben. Sie verdienten ihren Namen; in der wärmeren Jahreszeit ließ sich auf ihnen prächtig fahren, und für die Pferdebeine taugten sie besser als jedes Pflaster. Doch vom Frühjahr bis zum Herbst wurden Pferde und Ochsen auf dem Felde gebraucht. In der dunkleren Jahreszeit aber verwandeln sich Sommerwege rasch entweder in abgründigen Morast oder in beinebrechendes Eis und Barrieren aus verwehtem Schnee. Man denke an Kriegserfahrungen in Rußland – und Rußland lag von Hinterpommern aus so fern oder so nah wie Berlin, weit näher als das Rheinland.

Bei den Pferden darf man ohnehin nicht von den kaltblütigen Kraftpaketen der Spätzeit ausgehen. Ihre Vorfahren waren klein, struppig und mager. Sie waren vor allem genügsam. Sie mußten es sein, wenn sie überleben wollten. Alte Berechnungen ergeben pro Tier und pro Tag den sechsten oder siebenten Teil des Hafers, der heute als Mindestmaß gilt. Dafür konnte man bedeutende Zugleistungen natürlich nicht erwarten.

Aber die schimmernde Küste der Ostsee, die Schiffe unter windschwellenden Segeln! Ihre Abbilder lassen ins Träumen geraten; sie beflügeln die Phantasie. Vielleicht ist es daher zu

Eine Straße alter Art, wie sie – ausnahmsweise – noch zu sehen ist: Unter Jahrhundertbäumen das Kopfsteinpflaster neben dem »Sommerweg«.

erklären, daß so viele Vorstellungen im Schwange sind, die von der Wirklichkeit ums Phantastische sich entfernen. Vielleicht war es schon immer so und nicht erst im Rückblick, seit die Windjammer starben. In einer Chronik aus dem 16. Jahrhundert kann man über Pommern nachlesen: »Das Land trägt überflüssig Getreide, Roggen, Weizen, Gerste, Hafer, Erbsen, Heidekorn und Hopfen, also, daß man nicht den zwanzigsten Teil im Lande bedarf. Darum führt man viel Roggen und Malz aus nach Schottland, Holland, Seeland und Brabant, Hopfen und Malz nach Schweden und Norwegen.«

War das Land einst um so viel mehr gesegnet als später, ein anderer Garten Eden? Oder steckten in den alten Kaschuben schon die Agronomen unserer Tage, die mit all ihrem Aufwand von Wissenschaft und Technik, mit dem höchsten und gewagtesten Einsatz von Chemie und Energie tatsächlich erreichen, daß ein Mensch auf dem Acker für zwanzig Mitmenschen das Brot schaffen kann? Man darf es bezweifeln; der Chronist fabuliert*.

Zwischen dem späten Mittelalter und dem frühen 19. Jahrhundert haben die Produktionsbedingungen der Landwirtschaft sich kaum verändert, also auch nicht zwischen 1600 und 1780. Jedenfalls haben sie sich nicht dramatisch verschlechtert. Aus den letzten Regierungsjahren Friedrichs des Großen aber besitzen wir die zuverlässigen Berichte des Wilhelm Ludwig Brüggemann, der mit der Hilfe von kundigen Beamten und Pastoren eine beispielhafte Bestandsaufnahme durchführte: ›Beschreibung des Preußischen Herzogthums Vor- und Hinter-Pommern‹, zwei Teile, Stettin 1779 und 1784. Brüggemann gibt an, was über die Häfen von Stolp-Stolpmünde und Rügenwalde zwischen 1771 und 1781 exportiert wurde.

Im Jahresdurchschnitt handelte es sich um Werte von 38911 Thalern, dabei zu 74 Prozent um Holz, zu 21 Prozent um Leinwand; die restlichen fünf Prozent verteilen sich auf Bernstein und einige Fleischprodukte. Getreide fehlt. Die Einfuhren dagegen haben einen Durchschnittswert von 29507 Thalern. Unter vielen Posten ist vorab das Salz mit einem Anteil von 36,5 Prozent zu nennen. Es folgen Heringe, Wein, Eisen. Und dann taucht Roggen auf, mit acht Prozent. Roggen, nicht als Export- sondern als Importartikel! Dazu paßt die weitere Nachricht, daß jedenfalls um

1781 der Getreidepreis in Stolp deutlich höher lag als in Stettin, Berlin, Leipzig oder Straßburg.

Was nur hatte so grundlegend sich verändert? Wahrscheinlich kaum etwas. Das Wachstum der Städte setzte im 18. Jahrhundert ein, doch vorerst nur langsam. Daraus mag sich erklären, daß aus dem einst bescheidenen Überschuß ein kleiner Zuschußbedarf geworden war. Alles andere gehört ins Reich der Träume. Als Wahrheit aber dämmert herauf, daß offenbar nicht bloß dem Transport, sondern bereits der Produktion unter vormodernen Bedingungen enge Grenzen gesetzt blieben. Darüber wird gleich zu reden sein.

Zuvor noch ein Wort über den wichtigsten Exportartikel, das Holz. Es stellte natürlich auch ein Transportproblem dar, für das es nur eine Lösung gab: das Flößen. Was von der Leba bis zur Rega an bescheidenen Flüssen in Hinterpommern der Küste zustrebte – oder wie die Ihna dem Ausgang der Oder zum Stettiner Haff, wie Drage und Küddow wenigstens auf Umwegen dem Meer –, das mochte alles für die Schiffahrt nicht taugen. Zum Flößen reichte es, zum mindesten bei gutem Wasserstand.

Freilich: Nur zehn oder vielleicht fünfzehn Kilometer von den Flüssen entfernt sitzt man buchstäblich schon wieder auf dem Trockenen, und die Wertschätzung des Waldes ändert höchst überraschend ihre Perspektiven. Als im Jahre 1658 in den Landen Lauenburg und Bütow das kurfürstliche Brandenburg zur Herrschaft kommt, wird im einstigen Ordensbesitz, der dem Staat zufällt, Inventur gemacht: »Piaschen, ein Wald nach Damsdorf und Zerrin, darin meistenteils Eichen von guter Mast, so können 300 Schweine fett werden. – Von Stepnitz bis Czarn-Damerow, Klontzen gegen Bernsdorf, teils Eichen, teils Buchen, von guter Mast, es könnten 360 Schweine fett werden. – Lupowske und Lipientze, wenig Mastholz – 4 Schweine.« Und so fort und fort: Vom Brennholz oder Bauholz ist weiter nicht die Rede. Das hat man zum Hausgebrauch, aber sonst läßt sich nichts damit anfangen.

Die Wälder sahen also einst anders aus, als wir sie inzwischen gewohnt sind. Statt der dunklen und dichten, schnurgerade angelegten Schonungen aus Fichten oder – auf den Sandböden des Ostens – aus Kiefern gab es weitläufige Bestände aus Eichen, Buchen und Birken, mit üppigem Farnkraut darunter, immer wieder von Lichtungen unterbrochen, auf denen das Heidekraut und der Wacholder gediehen.

An diesem Bilde hat sich im Prinzip nur wenig verändert, bis die Eisenbahnen sich ins Land verzweigen. Das ist so lange noch gar nicht her; die Stolper Kreisbahnen zum Beispiel werden seit 1884 gebaut. Nur wenig älter sind Berichte von Schweinen, die, kaum aus dem Stall gelassen, in den Wald rennen mit jenem Galopp, der nach ihnen benannt ist – und den man ihnen inzwischen wohl nicht bloß abgewöhnt, sondern sogar weggezüchtet hat. Heute wissen wir kaum mehr, was eigentlich gemeint ist, wenn es heißt, daß Eichen und Buchen »Mast« tragen.

Alles in allem: Wer in der vormodernen Welt nicht nahe bei einer bedeutenden Stadt oder an günstigen Transportwegen, also an Flüssen siedelt, der hat kaum Gelegenheit, etwas zu verkaufen. Wer aber wenig verkauft, kann auch nur weniges einkaufen. Es mit diesem Wenigen bewenden zu lassen – mit dem Salz vorab – und im übrigen möglichst alles selber herzustellen, koste das Arbeit soviel es wolle, erweist sich als Bedingung der Existenz.

Über die Jahrhunderte hin – nein: ganz unvordenklich hatte sich ins Bewußtsein der Menschen und, tiefer noch, in die Maßstäbe, die Reflexe ihres Verhaltens diese Erfahrung eingegraben. Sie bestimmte in Pommern die Lebensordnung, die Arbeit und ihre Entlohnung bis 1945.

Falls Überleben denn möglich war ...

»Des Herren Tritt düngt den Boden«, sagt das Sprichwort; wer sich ums Land nicht kümmert, dem wird es wenig Frucht bringen.

Freilich: Auch mit noch so viel Sorgfalt und Mühe ist es schwerlich getan. Etwas Einfaches, Handfestes muß hinzukommen: der Dung selber. Ein ungedüngter Acker erschöpft sich rasch; bald wird er als Ernte nicht einmal das Korn tragen, das zur Aussaat nötig war. Dies nämlich ist die strikte Bedingung, welche die Natur stellt, darum dreht sich alles: Ohne Düngung kein Ertrag. Andernfalls bleibt nur, dem Boden lange Pausen zu gönnen, damit er sich erholen kann.

Vom Mittelalter bis ins 19. Jahrhundert gibt es ein einziges Düngemittel: den Stallmist, den das Vieh den Winter hindurch produziert. Je mehr Vieh, desto mehr Dung – und desto größer die Ackerfläche, die lohnend bestellt werden kann. Je reicher aber die Ernten, desto mehr Vieh kann wiederum gehalten werden.

Doch dieses Verhältnis muß für die vormoderne Landwirtschaft eher umgekehrt, als ein negativer Zirkel formuliert werden. Wenn das Heu knapp ist und das Korn erst recht – von den Kartoffeln weiß man noch nichts, von der Rübe kaum etwas –, dann kann im Winter nur wenig Vieh durchgefüttert werden, sogar das wenige in der Regel bloß mit Hungerrationen, die unabwendbar zugleich die Dungproduktion drosseln. Die Tiere werden mager und immer magerer; oft sind sie am Ende so entkräftet, daß sie gar nicht mehr auf die Beine kommen. Man spricht vom »Schwanzvieh«, das im Frühjahr oder Frühsommer am Stert auf die Weide geschleppt werden muß, weil es selbst nicht mehr stehen und gehen kann. Es versteht sich im übrigen, daß bei solchen Verhältnissen das Schlachtgewicht der Rinder, Schweine und Hammel so gering bleibt, wie die Milchleistung der Kühe oder das Wachstum der Wolle bei den Schafen.

Wir nähern uns hier einem strategischen Punkt, von dem aus die Grenzen der vormodernen Landwirtschaft und damit der Lebensmöglichkeiten überhaupt sichtbar werden. Dem heutigen Verständnis – oder vielmehr wohl Unverständnis – fällt es ja schwer zu begreifen, warum man einst die Landreserven so wenig nutzte, die es scheinbar im Überfluß gab. Für das Land und den späteren Kreis Schlawe zum Beispiel läßt sich schon für die Zeit um 1330 aus Angaben über den Klosterbesitz, den Besitz des Johanniterordens und den sonstigen Sippenbesitz eine Zahl von ungefähr siebenhundert Bauern errechnen. Gestehen wir, großzügig, jedem Bauern 120 Morgen Acker und sechzig Morgen Weide zu, zusammen 180 Morgen Kulturland, dann ergibt sich eine Gesamtfläche von 126000 Morgen. Dreieinhalb Jahrhunderte später, 1784, zeigt die zuverlässige Bestandsaufnahme des Ludwig Wilhelm Brüggemann ganz ähnliche Verhältnisse – kaum eine Veränderung vom Mittelalter bis tief in die Neuzeit! Aber um knapp ein Jahrhundert weiter, schon um 1870, hat sich die bewirtschaftete Fläche dann versechsfacht.

Ähnlich rätselhaft wirken die Kriegsfolgen, an deren Überwindung Generationen arbeiten müssen. Nach 1945 haben wir in wenigen Jahren die Wirtschaftsleistung der Vorkriegszeit wieder erreicht, um sie dann in einem nie gekannten Sturmlauf weit und immer weiter zu überbieten. Der Dreißigjährige Krieg dagegen hat Deutschland unabsehbar zurückgeworfen. Konkret: In einem Gebiet bei Belgard, in dem vor der Katastrophe 65 Bauern lebten, waren es 1684 nur noch fünfzehn – vierzig Jahre nach dem Ende der Kriegszüge, die diesen Raum berührten. Und diese kleine Schar kämpfte ums Überleben: auf gerade fünf Prozent der ursprünglichen Ackerfläche und mit jämmerlichen Erträgen. Land in Hülle und Fülle ringsum, aber Stagnation statt Aufschwung: Wie ist das zu erklären?

Es liegt an der Leistungsfähigkeit von Mensch und Tier. Es gibt alte Erfahrungsregeln, und die Grenzen lassen sich berechnen: Der Bauer kann in jedem Jahr achtzig Morgen Land pflügen und vierzig Morgen düngen. Das sind die schwersten Arbeiten für die Pferde oder Ochsen. Etwa zwei Morgen werden pro Tag gepflügt, ein Morgen wird gedüngt. Das ergibt jeweils vierzig, zusammen achtzig Arbeitstage. Zählt man Sonntage und sonstige Unterbrechungen hinzu, kommt man auf dreieinhalb Monate. Mehr Zeit steht im rauhen hinterpommerschen Klima fürs Frühjahr und den Herbst auf keinen Fall zur Verfügung. Mehr ist darum nicht zu schaffen, hier liegen unverrückbar die Grenzen. Übrigens sind bei den schweren Arbeiten die schlecht ernährten Zugtiere nur halbtags zu gebrauchen; mittags müssen sie ausgewechselt werden. Man muß also vier Pferde oder Ochsen einsetzen, wo in einer späteren Zeit zwei genügen*.

Achtzig Morgen gepflügt und bestellt, davon die Hälfte gedüngt, das ergibt bei einer Hofgröße von 120 Morgen die klassische Dreifelderwirtschaft: ein Drittel Brache, ein Drittel Wintergetreide, ein Drittel Sommergetreide, einschließlich Buchweizen für die Grütze. Nach dem Winterroggen und vor dem Sommerkorn wird gedüngt.

Doch sofort müssen wir das Bild korrigieren: Es setzt ein freies Grundeigentum voraus. Das aber bildet die Ausnahme. In der Regel ist der Bauer seinem Herrn dienstpflichtig; die Hälfte seiner Arbeitsleistungen mit dem Gespann muß er für das Rittergut erbringen. Das heißt: Was er für sich selbst schaffen kann, verkürzt sich ebenfalls um die Hälfte, auf vierzig Morgen bestelltes Land. Die Dreifelderwirtschaft kehrt sich damit seltsam um: zwei Drittel Brache, ein Drittel Getreide.

Daran würde sich nichts ändern, wenn die Hofgröße achtzig Morgen betrüge. Nur würde die Brache sich dann von zwei Dritteln auf die Hälfte der Fläche vermindern; bei sechzig Morgen käme man wieder zur klassischen Einteilung. Ebensowenig könnte sich bei vergrößertem Acker etwas ändern; die Brache müßte bloß immer weiter wachsen. Das wäre sehr unpraktisch; das Land, das über Jahre unbestellt bleibt, verqueckt rasch, es trägt Disteln und Dornen, Birken fliegen an. Um so mühsamer wird die Neubestellung. Besser also, das Überschüssige ganz aufzugeben oder gar nicht erst urbar zu machen; besser, es als »Heide«, als wilden Wald sich selbst zu überlassen. Auf den lichteren Flächen rings um den Wacholder können die Schafe weiden, oder sonst werden die Schweine ihre Mast finden. Man kann Strauchwerk holen und Holz sammeln, ebenso Brombeeren, Preiselbeeren, Blaubeeren, die Pilze nicht zu vergessen. Kundige alte Frauen verschwinden im behexten Schatten und kommen mit den Heilkräutern wieder zum Vorschein, aus denen sie, beschwörend, ihre Säfte und Salben brauen.

Die Pilze, besonders den Steinpilz und den Pfifferling, den man Rietzchen oder Reizker nennt, gibt es gottlob reichlich; man muß nur die Plätze kennen. Und dann erst die Blaubeeren, die anderswo Heidelbeeren oder Bickbeeren heißen! Tagelang sammeln die Frauen und die Kinder sie ein, dunkelmäulig und -händig; in dicker Milch ergeben sie ein herrliches Gericht. Außerdem sollen sie bei Magendrücken und Durchfall nützlich sein. Alles, was den Speisezettel nur irgend anreichern kann, wird ohnehin dringend gebraucht. Nichts ist ein Luxus.

Natürlich steckt in den Dickungen auch das Wild. Daran kann man eigentlich nur mit Seufzen denken, denn immerfort richtet es Schaden an. Es äst auf den Saaten, und die Sauen wühlen alles um. Vom Fuchs nicht zu reden, der Gänse und Hühner stiehlt. Weil aber die Jagd das Vorrecht der Herren ist, über das sie eifersüchtig wachen, kann man wenig tun. Man muß schon froh sein, wenn bei der Hetzjagd nicht noch zusätzlich Schaden entsteht. Doch vielleicht kann man hier und dort wenigstens Schlingen auslegen, um etwas von dem Wild auch für sich zu fangen, sei's Reh, Hase oder Kaninchen: den Festtagsbraten, der dann als der verbotene um so trefflicher mundet.

Zurück zu unseren Berechnungen: Es bleibt ein entscheidender Posten übrig – die Ernteerträge. Nach allen alten Erfahrungen kommen auf durchschnittlich einen Zentner Aussaat pro Morgen etwa vier Zentner Ertrag – oder drei Zentner Zuwachs, über die man verfügen kann*. Den späteren Schwund und den Mäusefraß abgerechnet ergibt das für die vierzig Morgen, die der Bauer für sich bestellt hat, 120 Zentner. Davon geht zunächst ein Drittel für den Verkauf ab; ganz ohne Geld kommt man nun einmal nicht aus. Bleiben achtzig Zentner. Davon fressen Pferde und Ochsen wieder ein reichliches Drittel, wenn nicht bald den halben Bestand. Denn wenigstens die Zugtiere dürfen nicht zu sehr hungern, wenn sie halbwegs leistungsfähig bleiben sollen. Und daran hängt die Zukunft. In den Rest teilen sich alles übrige Vieh und die Menschen. Man kann sich ausmalen, wie reichlich oder vielmehr wie ärmlich der Tisch gedeckt wird.

Leider fehlt in allem Zahlenwerk noch ein wichtiger Posten, womöglich der wichtigste. Er fehlt, weil er jeder noch so klüglichen Berechnung sich entzieht. Man mag ihn das Unheil nennen, die Laune der Natur, den Zorn Gottes, das Schicksal. Wie immer: Es läuft, gewiß nicht im Verständnis der Menschen, wohl aber im praktischen Ergebnis, aufs gleiche hinaus. Und das Schicksal schlägt zu, wieder und wieder.

Die Wintersaat friert aus und ist verloren. Das Frühjahr verspätet sich, oder der Winter kommt vor seiner Zeit. Es gibt zuviel oder zuwenig Regen, Überschwemmung und Dürre; es hagelt. Der Blitz trifft und macht das Haus, den Stall, die Scheune oder alles miteinander zum Raub der Flammen. In der Herde fallen Wölfe ein – erst 1847 werden im Kreise Bütow die letzten erlegt; wenige Jahrzehnte zuvor gibt es noch Bären und Luchse. Krankheiten, Seuchen würgen Mensch und Tier.

Oft bringt schon ein einziges Mißgeschick die dünne Dekke des Normalen, halbwegs Auskömmlichen zum Einsturz. Allein das Ausfrieren der Wintersaat kostet zwanzig Zentner und wendet die Knappheit zum Hunger. Wie rasch so etwas geschehen konnte, zeigen Berichte aus Hinterpommern noch im 18. Jahrhundert. Das Jahr 1755 hatte zu viel Regen gebracht, und 1756 folgte eine totale Mißernte. »Die Armut war genötigt, Blüten von Haselstrauch und Baumknospen getrocknet mit Mehl zu vermengen, um den Hunger zu stillen«, hieß es in einem Behördenschreiben vom Januar 1756. Zwei Monate später erreichte die Regierung das Hilfsgesuch eines Gutsherrn aus dem Kreis Belgard, worin dieser meldete, daß die Bauern das Sommergetreide, das sie jetzt aussäen sollten, aufgegessen hätten und sich nur noch von Wurzeln und Rüben nährten. Da Getreide in der Gegend nicht mehr zu finden und auch für Geld nicht zu beschaffen sei, herrschten Hungersnot und Elend*.

Kommt nun eines zum andern, so setzt sich rasch die Spirale nach unten in Bewegung, ein Zugzwang des Elends, aus dem es kaum noch ein Entrinnen gibt. Vieh muß notgeschlachtet werden; so vermindern sich der Dung, die bestellbare Fläche, der Ernteertrag. Geringere Ernten aber verriegeln jede Möglichkeit, den Viehbestand wieder aufzustokken. Und so fort und fort: Nicht selten ist das Ergebnis, daß die Höfe und manchmal ganze Dörfer wüst werden.

Gewiß: Wie im Mittelalter die Bischöfe von Cammin und die Klöster, so haben in der Neuzeit die Landesherrn, vorab die preußischen Könige, ein Interesse an der Kolonisation, daran, das Land zu »peuplieren«, es mit Menschen zu füllen und neue Höfe, neue Dörfer anzulegen. Mit einiger Beharrlichkeit können sie das sogar tun, wenn sie die Anfangskosten vorschießen. Aber weiter ins schon Bestehende hinein, in die alltägliche Not, reicht weder die Kraft der Kirche noch die des Staates. Schließlich wollen und müssen beide vom Ertrag des Landes zehren. Darum fordern sie Dienste, Abgaben und Soldaten – die wiederum Geld kosten und neben anderem dazu gebraucht werden, das Geforderte nötigenfalls mit dem Argument ihrer Waffen einzutreiben.

Ach, und dann erst der Krieg! Wie soll man sich schützen, wenn Blutlust und Beutegier erwachen? In Hinterpommern findet man bei vielen Dörfern seltsame Umwallungen, mit einer Kuhle, einer Vertiefung in der Mitte. Man findet sie abseits, im Walde versteckt, in Anhöhen vergraben. Warum sie angelegt wurden und wozu sie helfen sollten, macht der überlieferte Name sichtbar: Schwedenschanzen. Verstecke also, in die sich die Bauern mit ihren Familien und mit ihrem Vieh vor der nahenden Soldateska flüchteten.

Bet', Kindlein, bet',
morgen kommt der Schwed' ...

Es konnten natürlich auch die Kaiserlichen sein oder Freischärler unbestimmter Herkunft.

Die Schanzen werden wenig geholfen haben. Beutegier macht findig, Hunde werden auf die hastig kaum getilgte Fährte gesetzt, Kühe brüllen zur Unzeit. Welche Tragödien, nie erzählt, spielten sich wohl ab, wenn die Wut der Jäger über die Gejagten hereinbrach, wenn mit Forken, Äxten und Sensen gegen die Mörder im Harnisch nichts mehr auszurichten war! Aber selbst wenn das Versteck standhielt, hat ganz gewiß die enttäuschte Gier sich an Haus und Hof mit der Brandfackel gerächt.

Wahrlich: ein hartes Leben, falls Überleben denn möglich war; Arbeit im Schweiße des Angesichts mit ungewissem, noch im besten Falle kargem Lohn; Arbeit Tag für Tag, Jahr um Jahr, von der Kindheit bis ans Sterben. Aber gerade darum wie nahe wieder das Buch der Bücher; was gab es nicht zu hören, zu fühlen, zu erkennen bei ägyptischen Plagen und der Geschichte des Hiob. Oder wie mag es die bedrängte Gemeinde bewegt haben, Wort um Wort, wenn ihr Pastor das Gebet las:

»Allmächtiger, starker, hülfreicher Gott und Vater, unser einiger Trost und Zuflucht, Du weißt und siehst, daß wir jetzt in großer Not und Gefahr sind und weder Rat und Hülfe wissen. Wir wissen nicht, was wir tun sollen, sondern unsere Augen sehen nach Dir. Dein Name heißet Herr Zebaoth, groß von Rat und mächtig von Tat ... Ach Gott, Du bist ja unsere einige Zuversicht und Stärke in den großen Nöten, die uns betroffen haben. Unser Herz hält Dir vor Dein Wort: Ihr sollt mein Angesicht suchen. Darum suchen wir nun, Herr, Dein Antlitz. Ach verstoße nicht in Deinem Zorn Deine Kinder und tue Deine Hand nicht von uns ab. Denn alle Hülfe hat uns verlassen; nimm Du uns aber auf, Herr. Wir hoffen ja dennoch, daß wir sehen werden das Gute des Herrn im Lande der Lebendigen. Darum wollen wir getrost sein und unverzagt und des Herrn harren. Laß sich Deine Engel um uns her lagern, die wir Dich fürchten, und uns aushelfen. Es wird ja nicht aus sein mit Deiner Güte, und Deine Verheißung wird ja kein Ende haben. Deine rechte Hand kann ja alles ändern; Deine Hand ist ja unverkürzt. Du bist ja der Gott, der Wunder tut, Du hast Deine Macht bewiesen an den Völkern. Tröste uns, Gott unser Heiland, und laß ab von Deiner Ungnade über uns. Herr, erzeige uns Deine Gnade und hilf uns. Schaffe uns Beistand in der Not, denn Menschenhülfe ist hier keine nütze. Ach Herr, unsere Missetaten haben's ja verdient, aber hilf doch um Deines Namens willen. Du bist ja Israels Trost und ihr Nothelfer. Du bist ja noch unter uns und wir heißen nach Deinem Namen. Verlaß uns nicht, so wollen wir ein Freudenopfer bringen und Deinem Namen danken, daß er so tröstlich ist. Amen.«*

Doch gab es überhaupt einen Ausweg?

Vom Klee und von anderen Revolutionen

Am Anfang war der Klee, besonders der Kopf-, Wiesen- oder Rotklee, trifolium pratense. Natürlich längst bekannt, eine unscheinbare Pflanze, bis zu der hin Betrachter der Natur und der Geschichte sich selten gebückt haben, es sei denn ums vierblättrige Glück. Und doch hat er mehr bewirkt als so mancher Donner der Schlachten oder blutige Umsturz, von dem alle Bücher berichten.

Der Klee beginnt seinen Siegeszug als landwirtschaftliche Nutzpflanze zaghaft im 18., machtvoll an der Wende zum 19. Jahrhundert. Und er erweist sich beinahe als ein Wundertäter. Denn er vereinigt zwei eigentlich widersprüchliche Eigenschaften. Auf der einen Seite wächst mit ihm ein nährstoffreiches Grünfutter oder Heu heran. Auf der anderen Seite gehört der Klee zur Gattung der Hülsenfrüchter oder Leguminosen, das heißt zu den Pflanzen, die mit Hilfe der in ihren Wurzelknöllchen lebenden Bakterien freien Stickstoff aus der Luft sammeln und binden. Während also sichtbar das Futter heranwächst, arbeitet die Pflanze unsichtbar an der Düngung des Bodens, die dann in der Fruchtfolge anderen Pflanzen nützlich wird. Später treten zum Klee verwandte Pflanzen hinzu, zum Beispiel Luzerne oder Serradella. Alle kann man sie übrigens gleich mit dem Getreide einsäen und im

Herbst samt den Stoppeln als wertvolle Gründüngung unterpflügen.

Man sieht: Die Revolution des Klees setzt genau dort an, wo seit Jahrhunderten immer die Engpässe lagen: beim Futter fürs Vieh und bei der Düngung des Bodens. Damit erhalten wir einen ersten und wesentlichen Hinweis zur Erklärung der Tatsache, daß in zwei bis drei Menschenaltern die bebauten Flächen ebenso drastisch ausgeweitet wie die Erträge gesteigert werden konnten.

Dem Klee sozusagen auf dem Fuße folgt Justus von Liebig. 1803 geboren, wird er schon mit einundzwanzig Jahren Professor in Gießen – und bald zum Vater der modernen Ernährungslehre von Pflanze und Tier. 1840 erscheint sein Werk, das Epoche macht: ›Die organische Chemie in ihrer Anwendung auf Agrikulturchemie und Physiologie‹. Aus der wissenschaftlichen Einsicht wächst eine ganz neue Praxis: der gezielte Einsatz künstlicher Düngung und damit eine gewaltige Steigerung der landwirtschaftlichen Erträge.

Gewiß, gegen Mißverständnisse: Es ist nicht die natürliche und künstliche Düngung allein, die den Wandel bewirkt. Zwar steckt in uns allen wohl eine Neigung zum Vereinfachen, wenn nicht gar die Vorliebe für Patenterklärungen, die alles aus einem einzigen Umstand – oder Mißstand – ableiten wollen. Denn dadurch entkommen wir, wenigstens dem Anschein nach, unseren Schwierigkeiten. Hau-Ruck-Verfahren bieten sich an: Man müßte nur dieses oder jenes energisch anpacken, und im Handumdrehen würde alles anders und besser. Aber in der Wirklichkeit sind die Dinge durchweg kompliziert, ebenso gegensätzlich wie miteinander verflochten. So auch hier. Politische, rechtliche, wirtschaftliche, wissenschaftliche und technische Entwicklungen wirken mit den im engeren Sinne landwirtschaftlichen zusammen, und erst wenn wir die Vielfalt erkennen, gewinnen wir ein halbwegs zutreffendes Bild.

Da ist neben der Revolution des Klees und des Kunstdüngers zunächst einmal die politische zu nennen, nicht eine von »unten« freilich – die hatte in den altpreußischen Provinzen nie eine wirkliche Chance, sondern die von »oben«: die Bauernbefreiung. Am 14. Oktober 1806 wird die ruhmreiche preußische Armee bei Jena und Auerstedt von Napoleon vernichtend geschlagen. Der Krieg brandet über das Land, auch nach Pommern. Rittmeister von Krockow bildet ein

Freikorps, das im Kampf um Stolp seine Feuerprobe besteht; Gneisenau und Nettelbeck verteidigen Kolberg. Aber die Entscheidung fällt in Ostpreußen, und der Friede von Tilsit kostet neben dem halben Staatsgebiet die ungeheure Kriegsentschädigung von 150 Millionen Talern.

Eine Wiederaufrichtung des Staates fordert die durchgreifende Erneuerung. Es schlägt die Stunde für Männer wie den Freiherrn vom Stein, Hardenberg, Scharnhorst, Humboldt, die Stunde der preußischen Reformen. Zu ihnen gehören die Städtereform, die Gewerbefreiheit, die Judenbefreiung und die Bauernbefreiung. Nur drei Monate nach Tilsit heißt es in dem Edikt vom 9. Oktober 1807: »Mit dem Martinitag eintausendachthundertzehn hört alle Gutsuntertänigkeit in unseren sämtlichen Staaten auf. Nach dem Martinitag 1810 gibt es nur noch freie Leute.«

Ein schönes, ein großes Wort. Für die Entflechtung von Bauernland und Rittergut folgt freilich ein mühsamer bürokratischer Alltag, und im Zeichen der Restauration verhärten sich die Bedingungen. »Lieber noch drei verlorene Auerstedter Schlachten als ein Oktoberedikt«: Diesem von schlesischen Gutsbesitzern überlieferten Satz werden gewiß auch viele der märkischen und pommerschen Herren heimlich zugestimmt haben. Als Ergebnis des verbissenen adligen Widerstandes bringt die Deklaration vom 29. Mai 1816 wesentliche Rückschritte. Aber gerade nach dieser Deklaration wird die Masse der Verfahren entschieden, denn sie bleibt bis 1850 in Kraft. Die Abwicklung der Entschädigungsleistungen schleppt sich über Jahre, Jahrzehnte hin, verschuldet viele Bauern für lange Zeit und deklassiert andere, die Massen der Kleinbauern, zu Gutsarbeitern ohne eigenen Besitz. Manche Vorrechte der Gutsherrschaft bleiben ohnehin noch erhalten; ihre letzten Rückstände werden nach schweren Konflikten erst im sozialdemokratischen Preußen Otto Brauns zur Zeit der Weimarer Republik beseitigt.

Dennoch bleibt ein wesentliches Ergebnis. Von nun an arbeitet der Bauer auf dem eigenen Boden nur für sich selbst, ganz auf seine persönliche Verantwortung und Tüchtigkeit gestellt. Ebenso entsteht im Grunde erst jetzt ein selbständiger Großbetrieb. Er löst sich aus den starren Regeln, die die Bedingung bäuerlicher Dienstverpflichtung bilden. Das ist die Voraussetzung für die Entwicklung einer dynamischen Landwirtschaft. Man muß sich vorstellen, wie es einmal war;

man lese alte Berichte wie den folgenden aus dem Jahre 1799:

»Man denke sich die Menge der Streitigkeiten und Prozesse, die aus den Fronen hervorgehen; der Bauer ängstlich darauf bedacht, gerade nur das Schuldige zu leisten; der Gutsherr und noch eifriger der Gutspächter stets dahinter her, um das Mögliche herauszuschlagen; Anfang und Ende des Dienstes, Ruhepausen, Verpflegung der Dienenden, Zustand von Wagen, Eggen, Pflügen: lauter Anlaß zu Streit und Zank. – Will der Gutsherr eine nützliche Änderung in der Wirtschaft versuchen, etwa Weizen oder Gerste bauen, wo bisher Roggen oder Hafer stand, und kostet dies im geringsten mehr Arbeit, so wird der Dienstbauer mißvergnügt; soll der Boden einen Zoll tiefer gepflügt werden als bisher, so murrt der Hofdiener. Immer herrscht gegenseitiges Mißtrauen; heimliche Spannung ist stets im Begriff, in offenen Unfrieden auszubrechen. – Die größte Verlegenheit entsteht in der Heu- oder Getreideernte, wo alles darauf ankommt, daß das günstige Wetter ausgenutzt wird. Mit heimlicher Schadenfreude sieht der Hofdiener ein Wetter aufsteigen. Nichts in der Welt bringt ihn zur Eile. Will der Herr den Wagen, solange derselbe beladen wird, ausspannen und die Pferde inzwischen an einen schon vollen Wagen anspannen lassen, so verweigert es das Dienstgesinde; die Pferde müssen sich krumm und lahm stehen, bis der Wagen voll ist, denn auf Wechselfuhren läßt sich der richtige Hofdiener nicht ein.«*

Übrigens waren Gutsland und Bauernland meist in wirrer Gemengelage ineinander geschachtelt, so daß schon dadurch eine rationelle Bewirtschaftung fast unmöglich wurde. In einem Erfahrungsbericht über »Erfolge der Regulierungen in Pommern«, 1820, heißt es dann: »Wir finden, daß da, wo ein Vorwerk sonst täglich 32 Bauernpferde zum Dienst gebrauchte, jetzt nur 10 Hofpferde nötig sind; wir finden, daß da, wo bisher 10000 Menschentage nötig waren, jetzt die Hälfte ausreicht.«*

Freiheit ist nicht bloß ein schönes Wort, sondern eine große Sache. Sie wird nicht erniedrigt, sondern erhöht, wenn sie sich handgreiflich bezahlt macht: als Produktivkraft. Denn damit entsteht ein Schub zur Freiheit, zu dem der gute Wille und die Menschenfreundlichkeit allein schwerlich hinreichen. Und dem Rückfall in die Unfreiheit wird ein starker Riegel vorgeschoben.

Ja, und dann, gerade rechtzeitig zum Neubeginn, tritt eine Erdfrucht ihren Siegeszug an: die Kartoffel. Sie wird die Geschicke Pommerns, speziell Hinterpommerns, mehr und mehr bestimmen; eigentlich hätte man für sie, statt für den König von Preußen, an der Oder einen Triumphbogen errichten müssen: Willkommen! Denn sie und dieses Land sind füreinander geschaffen.

Zwar abstrakt und allgemein müßte man von der Hackfrucht sprechen, die allmählich die Brache verdrängt und damit aus der traditionellen die moderne Dreifelderwirtschaft macht. Aber die Rübe, besonders die Zuckerrübe, ist anspruchsvoll; sie braucht den schweren Boden, wie man ihn allenfalls im Rügenwalder Amt oder im Pyritzer Weizacker findet. Zur pommerschen Regel jedoch gehört der leichte, sandige Boden – und das eher rauhe, trockene Klima. »Herr Graf, die trockenen Jahre sind für uns die besseren«, pflegte unser alter Oberinspektor Hesselbarth zu sagen, wenn mein Vater mit bekümmertem Blick auf Futterrüben und Wruken wieder einmal über den ausbleibenden Regen klagte. Herr Hesselbarth wußte aus langer Erfahrung, wovon er sprach: vom Gedeihen und von der Gesundheit der Kartoffeln, von denen nun einmal abhing, ob es ein gutes oder ein schlechtes Jahr sein würde.

Die Kartoffel nährt Mensch und Tier. Doch sie bringt auch Geld in die Kasse. Die Boden- und die Klimaverhältnisse machten Hinterpommern zum idealen Standort für Kartoffelzüchtungen und für die Saatzuchtvermehrung. Kurz vor dem Ende erreicht die Entwicklung einen Höhepunkt: 1940 liefert Hinterpommern 48 Prozent aller deutschen Saatzuchten und sogar 61 Prozent der Hochzuchten. Kaum weniger wichtig ist die Kartoffelverarbeitung in den Spiritusbrennereien, die im Laufe des 19. Jahrhunderts überall entstehen. Als Nebenprodukte liefert sie Kartoffelflocken und die Schlempe, die für die Winterfütterung des Viehs so viel bedeutet.

An dieser Stelle muß freilich über eines der wohl für alle Zeiten ungeklärten Welträtsel berichtet werden. Der noch unvergällte Spiritus war natürlich ein heißbegehrtes Produkt – und darum die Brennereianlage zollamtlich plombiert. Ein ungetreuer Brennermeister, der heimlich die eigene Anlage anzapfte, konnte die Brennlizenz kosten. Kam nun der Tag der Abnahme heran, so erschienen Zollbeamte. Der eine überwachte in der Brennerei das Füllen der Transportfässer, die wiederum plombiert wurden, der andere auf dem Bahnhof das Einfüllen in den Kesselwagen, der abermals unter Zollverschluß stand. Alles also versiegelt und unter Kontrolle; am Ende wurden sogar die Transportfässer unter Aufsicht gespült. Dennoch: Nach vollbrachter Arbeit, wenn der Tag sich neigte und die Zöllner heimfuhren, folgte im Dorf eine selige Trunkenheit, so sicher wie das Amen in der Kirche. Wie nur in Gottes oder des Teufels Namen war das möglich?

Ein wichtiges Stichwort ist eben wie beiläufig gefallen: der Bahnhof. Aber es handelt sich um eine Hauptsache, um einen weiteren und für die neuere Entwicklung zentralen Faktor: Die Vermarktung der Agrarprodukte in großem Stil setzt neue Transportmöglichkeiten voraus. Davon war schon die Rede: Ohne Markt kein Absatz, ohne Transport kein Zugang zum Markt. Das gilt fürs Getreide. Erst recht gilt es für die Kartoffel. Ihr Siegeszug hatte den Bau der Eisenbahnen zur Bedingung. Die Hauptlinie durch Hinterpommern von Stettin her erreichte im Jahre 1846 Stargard, 1859 Köslin und 1870 über Stolp dann Danzig. Etwa bis zur Jahrhundertwende verästelten sich die weiteren Strecken ins Land hinein. Noch die Großmutter erzählte von geruhsamen und beschwerlichen Reisen mit der Postkutsche. Genau betrachtet blieb damit für den Aufschwung einer marktorientierten Landwirtschaft nur die kurze Zeitspanne bis zum Ersten Weltkrieg.*

Auf dem Acker tauchte übrigens ein seltsamer Verwandter der Lokomotiven auf: der Dampfpflug. Ein Saurier moderner Agrartechnik! Aber das ist ein Kapitel für sich, eine eigene Geschichte, der ihre eigene Erzählung gebührt.

Geschichten vom Dampfpflug

Berlin, Preußenausstellung 1981: Der Besucher, der aus dem Osten stammt, findet ins Ausstellungsgebäude erst einmal gar nicht hinein; das Entzücken des Wiedersehens hält ihn auf. Denn vor dem Gebäude steht, was er so lange nicht sah: eine Dampfpflug-Lokomobile.

Da steht sie und ist, so scheint es, sich selbst genug. Niemand, keine Erklärung oder Schautafel verrät dem Unkundigen, was es mit diesem Pionier moderner Agrartechnik auf sich hat. Kein Max Eyth weit und breit*. Dabei könnte das ehrwürdige Ungetüm uns doch nach »Ostelbien« entführen und ein wenig besser verstehen lassen, was das war. Aber dem Begleiter, jüngeren Jahrgangs und aus dem Westen, muß man alles erst umständlich erklären. Versuchen wir es also noch einmal.

Die Artverwandtschaft mit frühen Lokomotiven ist unverkennbar, zum Beispiel mit der »Adler«, die zwischen Nürnberg und Fürth ein neues Zeitalter eröffnete. Hoher Schornstein, offener Führerstand. Nur gibt es statt der schmalen sehr breite Eisenräder; besonders die mächtigen auf der Hinterachse wirken wie zum Walzen gemacht. Dazu ein Steuerrad, weil ja keine Schienen die Richtung vorschreiben. Und dann unterm Bauch eine große Seiltrommel. Wozu?

Die Lokomobilen treten paarweise auf; darum heißen sie Max und Moritz oder Line und Trine. Sie sind durch ein Stahlseil verbunden, über mehrere hundert Meter, manchmal einen Kilometer und weiter. Und am Seil ziehen sie zwischen sich den Pflug hin und her. Das ist ein Kippflug; die eine Seite gleicht spiegelbildlich der anderen. Während die eine mit ihren Scharen pflügt, von einem Mann mit dem Lenkrad in der Furche gesteuert, ragt die andere schräg in die Luft. Am Ende bei Max angekommen, muß man den Pflug nicht erst mühevoll wenden, sondern er wird eben nur gekippt. Die andere Seite senkt sich zum Boden, die eine hebt sich empor. Ein Zuruf aus der Dampfpfeife, und Moritz weiß, daß er jetzt anziehen soll. Geruhsam rücken die Zwillinge Spanne um Spanne voran, aber in Stunden wird mit dem sechs- oder sogar achtscharigen Pflug das riesige Feld umgebrochen, auf dem viele Gespanne sich für Tage abmühen müßten. Noch dazu wird in einer Tiefe gepflügt, die mit Pferden überhaupt nicht erreichbar wäre.

Dampfpflüge faszinieren. Die Jungen im Dorf träumen davon, sie einmal zu lenken, so wie ihre Altersgenossen in der Stadt den Entschluß fassen, Lokomotivführer zu werden. Und wer den Führerstand tatsächlich erklettert, entwickelt sein eigenes, höchst empfindsames Ehrgefühl. In Rumbske gerät Moritz einmal zu nahe an die Böschung eines Hohlwegs heran. Der Boden gibt nach, Moritz kommt ins Rutschen und legt sich schließlich sanft auf die Seite. Sonst ist nicht viel passiert; nach einigem Schaufeln und Schnaufen hilft Max mit dem Stahlseil seinem Bruder wieder auf die Räder. Nur der Mann, der am Unheil sich schuldig fühlt, ist kaum zu beruhigen. Er ruft nach Pistole oder Gewehr: »Ich will mich erschießen, ich will mich erschießen!« Noch Jahre später kann er Buttermilch nicht ausstehen. Denn immer gibt es diese Geschichten, die unweigerlich, wie Moritz in den Hohlweg, auf den Satz zusteuern: »Dor liggt hei as de Fleeg in de Bottermelk.«

Es versteht sich, daß man weite Felder und ein nicht zu bergiges Gelände braucht. Nur Großbetriebe können das aufwendige Großgerät anschaffen und sinnvoll nutzen. Das ist der Wegweiser nach Ostelbien: In Niederschlesien vor allem werden die Dampfpflüge heimisch, danach an zweiter Stelle in Pommern.

Es ist wohl eine Art von Gesetz, daß Dampfmaschinen nur zum Großen etwas taugen. Erst mit den Otto-, den Diesel- und Elektromotoren beginnt ein zweiter Abschnitt des neuen Zeitalters, erst in ihm bekommen auch die mittleren, dann sogar die kleinen Betriebe ihre Chance. In der Landwirtschaft sind es vorab die robusten, so viel geschmähten wie geliebten Lanzschen Bulldogs, die den Sauriern ihr Lebensrecht streitig machen. Doch ehe die sterben, erleben sie noch einmal einen Triumph. Im Zweiten Weltkrieg geht den Nachfolgern nämlich mehr und mehr der Lebenssaft aus, während es Kohle oder jedenfalls Holz noch immer gibt. So arbeiten Max und Moritz unverdrossen, bis der letzte Kriegsherbst sich zum Ende hin neigt.

Indessen ist die Geschichte vom Dampfpflug noch nicht bis ans Ende erzählt. Denn im Dampfpflug wird zum Symbol, daß zueinander findet und sich verbindet, was einmal durch Welten geschieden war: der Westen und der Osten,

Eisen und Roggen oder, wie bissig gesagt wird, die Schlot- und die Krautbarone. Der Westen schickt Maschinen, den Dampfpflug vorweg, der den Boden bereitet. Der Osten liefert nicht bloß Kartoffeln, sondern Menschen. Tatsächlich, Menschen: Warum nur wimmelt es auf einmal in Berlin wie von Ameisen? Und woher stammen jene »Brüder aus der kalten Heimat«, ohne die die Geschichte des Ruhrgebiets gar nicht zu denken wäre? Natürlich aus Schlesien, aus Ost- und Westpreußen, aus Posen und Pommern. Diese Brüder aber verlassen ihre kalte Heimat, weil die Technik sie gehen heißt. Maschinen leisten mehr, als Mensch und Tier mit all ihrem Schweiß es je könnten.

Freilich, die Bauern und noch weit lauter und vernehmbarer die Gutsherrn klagen, wie sie immer es tun, zum Steinerweichen und Zollverstärken – jetzt also darüber, daß die Leute ihnen fortlaufen, wohl gar bis ins ferne Amerika. Schuldige, Verführer werden gesucht und gefunden: sozialdemokratische, obwohl sie in Wahrheit Borsig und Krupp, Haniel und Stumm heißen. In den Zeiten der Hochkonjunktur, wenn in der Industrie die Löhne deutlich ansteigen, mögen wirklich die Arbeitskräfte knapp werden. Doch auch oder gerade darin steckt eine Bedingung des Fortschritts, der nun einmal mehr braucht als die pure Menschenfreundlichkeit: Wenn man gegen die Konkurrenz aus dem Westen Arbeitskräfte halten will, muß man sie entsprechend stellen, ihnen bessere Bedingungen, Wohnmöglichkeiten und Verdienstchancen schaffen.

Die Klagen vom Lande erreichen die Stadt und bringen dort kluge Leute schier um den Verstand. Diese Leute nämlich reden alsbald vom nationalen Unheil und Untergang, vom drohenden Sieg der Polen, ja: der slawischen Rasse. »Es sind«, sagt sogar der große Max Weber, »vornehmlich deutsche Tagelöhner, die aus den Gegenden mit hoher Kultur abziehen; es sind vornehmlich polnische Bauern, die in den Gegenden mit tiefem Kulturstand sich vermehren.« Eigenschaften und Ansprüche, »welche der slawischen Rasse von der Natur auf den Weg gegeben oder im Verlaufe ihrer Vergangenheit angezüchtet sind«, verhelfen den Fremden zum Sieg*.

Töne werden da laut, nicht bloß Unter-, sondern schon Obertöne, ohne die kaum zu begreifen wäre, was noch kommen wird, eine Mischung aus Wut und aus Angst, als stehe ein unheimlicher Kultursturz, der Untergang des Abendlandes geradewegs bevor: »Die Menschengeschichte kennt den Sieg von niedriger entwickelten Typen der Menschlichkeit und das Absterben hoher Blüten des Geistes- und Gemütslebens, wenn die menschliche Gemeinschaft, welche deren Träger war, die Anpassungsfähigkeit an die Lebensbedingungen verlor, es sei ihrer sozialen Organisation oder ihrer Rassenqualitäten wegen.« Und an allem sollen die Großbetriebe schuld sein, denen bescheinigt wird, daß sie sich modern organisieren – und im gleichen Atem: daß sie zum Untergang bestimmt sind.

Betrachtet man die Sache mit mehr Distanz und Gelassenheit, so wird sofort klar, worum es sich in Wahrheit handelt. Jede Hebung des Lebensstandards beruht darauf, daß weniger Menschen mit weniger Arbeitsaufwand mehr produzieren. Das gilt für alles Wirtschaften. Wenn darum die Landwirtschaft mit der industriellen Entwicklung einigermaßen mithalten und Menschen auf dem Lande festhalten soll, dann muß sie so paradox wie folgerichtig erst einmal andere Menschen freisetzen. Übrigens zeigt die Statistik, daß die Bevölkerung in den Agrargebieten keineswegs schrumpfte, von örtlichen und durchweg kurzfristigen Schwankungen einmal abgesehen. Nur relativ, im Vergleich zum rapiden Wachstum der Städte, ging sie zurück.* Das gilt auch für Pommern und die anderen Provinzen im Osten. Erst in der Bundesrepublik, erst seit 1950, nimmt die Zahl der Menschen, die in der Landwirtschaft arbeiten, sogar in absoluten Zahlen mehr und mehr ab. Inzwischen haben wir gelernt, das als eine Bedingung unseres wirtschaftlichen Aufstiegs zu begreifen.

Vielleicht also müßte man sagen: Es war ein Fehler, daß die Landwirtschaft im Osten nicht noch schneller, entschiedener auf das Neue sich einließ, daß sie zögerte und oft zäh bis zur Halsstarrigkeit am Ererbten, Gewohnten festhielt. Aber selbst dies ließe sich ja verstehen. Wo man aufs Kapital statt auf die Mühe unendlicher Arbeit, auf den Markt anstelle traditioneller Beschränkung setzt, da gerät man unabwendbar zugleich in die weiträumige, die unabsehbare Verflechtung und Abhängigkeit. Nach einem Wetterleuchten noch vor der Jahrhundertwende wurde das den Landwirten nach dem Ersten Weltkrieg, vor allem natürlich zur Zeit der Weltwirtschaftskrise demonstriert. Mit den Marktpreisen brachen alle Kalkulationen zusammen, und ausgerechnet die Betriebe, die um ihrer Produktivität willen investiert, rationalisiert und dafür Schulden gemacht hatten, wußten nicht mehr ein noch aus. Wer dagegen hinter der Front des Fortschritts zurückgeblieben war, der hielt eher durch, wie mühsam und armselig immer. So handelte es sich auf vertrackte Weise weit weniger um eine Krise der rückständigen als vielmehr der modernen Betriebe. Wahrlich, für ihre Besitzer schmeckte um 1930 bloß noch bitter, was schon lange zuvor der Galgenhumor eines bekannten Gutsherrn und Schafzüchters dem Dichterwort nachempfand:

> Das Leben ist der Güter höchstes nicht,
> der Übel größte aber sind die Schulden.

Und was wohl wäre erst geworden, wenn man zum Beispiel, klüglich rechnend und auf die Produktivität bedacht, das Deputat zugunsten des reinen Geldlohns schon hinter sich gelassen hätte? Selbstversorgung statt Markt, Arbeit statt Geld: In solchen Formeln des Rückstands steckten auch Chancen zum Überleben.

Aber womöglich steckt hinterm Festhalten am Alten und Hergebrachten sogar noch mehr, etwas wie eine uralte menschliche, menschheitliche Erfahrung, fast eine Art von Instinkt. Warum denn wählen wir, sofern wir die Wahl haben und allein sind, sofern also kein Partner die »Wache« uns abnimmt, im Restaurant niemals einen Platz mit dem Rücken zur Tür? Liegt es wohl daran, daß wir nicht wissen, wer hinterrücks hereinkommen könnte? Hat es womöglich mit dem Urbären oder dem Säbelzahntiger vor der Höhle zu tun? Oder worauf haben wir mit all unserem Fortschritt eigentlich uns eingelassen, wenn wir unabsehbar von den Lieferungen aus Amerika, aus Sibirien oder vom persischen Golf abhängig wurden – oder davon, daß niemand irgendwo je auf den falschen und fatalen Knopf drückt?

Gewiß, gewiß: Es gibt kein Zurück, nach Pommern nicht und nicht in die angeblich gute alte Zeit. Sie war so gut wahrhaftig nicht, sondern bis auf einen schmalen Rand gefüllt mit Armut und Arbeit. Immer stand sie unter dem biblischen Fluch, im Schweiße des Angesichts unter Disteln und Dornen das karge Brot schaffen zu müssen. Darüber sind wir endlich und gottlob jetzt hinaus.

Nur bleibt es die Frage, ob mit dem Fluch nicht auch die Sicherheit uns genommen wurde, diese Verheißung an Noah nach der Sintflut: »Solange die Erde steht, soll nicht aufhören Saat und Ernte, Frost und Hitze, Sommer und Winter, Tag und Nacht.« Wer kann es heute noch wissen?

Verzagt man nicht, es geht auf Ostern

Das Geheimnis der Schloßmamsell

Eine Köchin wird »die Mamsell« genannt. Und wenn sie im Gutshaus arbeitet wohl auch: die Schloßmamsell. Aber das pommersche Platt kennt einen viel besseren Ausdruck, so knapp wie klar: de Köksch, was als »die in der Küche« nur sehr blaß und ungenau übersetzt werden kann. De Köksch muß hart und unverdrossen arbeiten; sie muß einteilen, rechnen, Entscheidungen treffen, anleiten und regieren. Und bei allem soll sie auch noch eine Künstlerin sein. Versieht sie ihr Amt über viele Jahre, so reift sie zu einer Persönlichkeit ganz eigener Art heran.*

Die unsere versorgte ihre Umgebung nicht bloß mit leiblichem Wohl, sondern auch mit Weisheit und Rat in allen Lebenslagen. »Verzagt man nicht, es geht auf Ostern«, hieß einer ihrer Aussprüche. Das war, wenn Weihnachten, die Zeit »zwischen den Jahren«, Silvester und Neujahr vorüber waren, wenn voraus die vielen kalten und kahlen Wochen sich dehnten.

Verzagt man nicht, es geht auf Ostern: Ein klarer, ein einfacher Satz, jedem verständlich. Aber was eigentlich meinte er, warum denn wäre es schier zum Verzagen gewesen, wenn da nicht aus der Ferne, drei Monate vorweg, ein Abglanz von Ostern schon geleuchtet hätte? Die Frage macht seltsam verlegen, denn sicher ist eigentlich nur, was nicht gemeint war.

Es ging nicht um ein Beispiel besonderer Frömmigkeit. Ans Sterben und an die Erlösung, an den Kreuzestod und die Auferstehung Christi hat unsere Mamsell wohl gar nicht gedacht. Ein Heiligtum war für die Köksch ganz natürlich der Bannkreis des Herdfeuers, der gegen vorwitzige Eindringlinge nötigenfalls mit geschwungenem Scheuertuch verteidigt wurde: »Na wart', du kriegst mit diesem!« Und was im übrigen Tag um Tag so herzstärkend traurig erklang, das waren die Lieder aus der Küche, wie sie sich gehörten:

Mariechen saß weinend im Garten,
im Grase, da schlummert ihr Kind.
In ihren goldblonden Locken
spielt leise der Abendwind.
Sie war so müd' und so traurig,
so einsam, geisterbleich.
Die Wolken zogen schaurig,
und Wellen schlug der Teich ...

Nichts geht übers Weinen, sei's mit der schönen Gärtnersfrau, sei's mit dem Gefangenen in maurischer Wüste.

Natürlich, gegen Mißverständnisse: Man glaubte und man betete. Man gehörte nicht bloß zur Kirche, sondern man hielt und man ging zu ihr. Und den jährlichen Ausflug zum Missionsfest in Glowitz hätte unsere Köksch sich um keinen Preis nehmen lassen. Aber dies verstand sich nun wirklich von selbst, daran brauchte man weder besonders zu denken noch andere zu erinnern.

Auch die Aussicht auf Freizeit, aufs Ausspannen aus dem Joch der Arbeit stand schwerlich im Vordergrund – nicht das also, was man heute im Sinn hat, wenn man für die Feiertage plant und sich ärgert, weil sie schon wieder ins ohnehin freie Wochenende geraten. Zwar liegt es nahe, gerade dies zu unterstellen; Urlaub war noch unbekannt und die Reise mit Kraft-durch-Freude-Schiffen der Deutschen Arbeitsfront etwas unerhört Neues: eine Sensation – und genaugenommen bloß eine Dekoration. Denn in allen Jahren des Dritten Reiches konnten zusammengerechnet drei der reichlich achthundert Menschen aus drei Dörfern einmal verreisen.

Aber die Arbeit hörte ja niemals auf. Die Pferde, Kühe, Schafe, Schweine, Gänse, Hühner, Kaninchen mußten am Festtag so gut wie im Alltag versorgt werden. Und die Feste selber verlangten den gehörigen Aufwand. Man mußte waschen, scheuern und putzen, backen und braten. Besonders die Frauen bekamen zusätzlich zu tun, die Schloßmamsell erst recht. Sogar die Männer seufzten unter Festtagslasten. Der gute Anzug schien kaum behaglich, der steife Kragen drückte, das Knoten der Krawatte gelang selten auf Anhieb; gottlob bot das fertige Produkt mit dem praktischen Gummizug einen Ausweg. Und immer hörte man Ermahnungen, nichts einzuschmutzen oder gar zu beschädigen; schließlich sollte die kostbare Kleidung nicht für den Tag, sondern für Jahre, Jahrzehnte, fürs halbe, wenn nicht fürs ganze Leben gemacht sein.

Wenn es wirklich eine Zeit der Erholung gab, dann war es ausgerechnet die kahle und kalte, die nach Neujahr begann und »die schreckliche, festarme« hieß. Die Natur ruhte, nichts drängte. Die Tage gingen rasch zur Neige; auch die Arbeitstage blieben um Stunden kürzer als im Sommer. Manchmal mußten der Inspektor und der Hofmeister sich schon anstrengen, um zu entdecken, nötigenfalls zu erfinden, was es noch zu tun gab. Daß die Spinnräder surrten und in den Webstühlen die Schiffchen hin und her eilten, bestätigte nur, daß Eile jetzt nirgends geboten war. Manche schummrige Stunde konnte man auf der Ofenbank verplaudern oder verdösen.

Was also war gemeint, was so schrecklich an einer geruhsamen Zeit, daß man ohne die Aussicht auf Ostern hätte verzagen müssen? Wir wollen nicht spekulieren, denn spekuliert wird immer schon mehr als genug. Wir wollen hinschauen und teilnehmen; vielleicht kommen wir dann dem Geheimnis unserer Mamsell auf die Spur.

Pommersche Hochzeit oder Vom Nötigen

Genaugenommen gibt es ein Fest schon vor Ostern: die Einsegnung der Konfirmanden am Palmsonntag. Zwar handelt es sich nicht um ein allgemeines Fest, sondern um eins der Familie. Aber mit den Paten, ihren Angehörigen und der näheren Verwandtschaft kommt man leicht auf zwanzig oder dreißig Gäste. Und nicht bloß zwei oder drei, sondern um die fünf Konfirmationen finden in dem Dorf mit dreihundert Seelen alljährlich statt.

Die christliche Unterweisung durch den Pastor, die zur Einsegnung hinführt, hat zwei Jahre oder vielmehr zwei Winter in Anspruch genommen. Denn wegen der Kinderpflichten auf Weide und Feld ist sommersüber an Unterricht nicht zu denken. Erst im zweiten Jahr spricht man von Konfirmanden, im ersten von den Katechumenen. Die tragen schwer an ihrer Pflicht: Am Heiligen Abend während der Christmette treten sie vor den Altar, entzünden an seiner Kerze ein Licht, wenden sich zur Gemeinde und sagen einen Spruch aus den Weissagungen auf. Dann geben sie ihr Licht an den Weihnachtsbaum weiter. So beginnt nach und nach das Leuchten über der Krippe, Spruch um Spruch:

»Und du, Bethlehem Ephratha, die du klein bist unter den Städten in Juda, aus dir soll mir der kommen, der in Israel Herr sei, welches Ausgang von Anfang und von Ewigkeit her gewesen ist.«

In breitestem Pommersch hört sich das besonders schön an. Und noch schöner ist es, wenn vor Eifer und Aufregung einer der Katechumenen ins vertraute Platt zurückfällt, wenn etwa der schwierige Satz: »Derselbe soll dir den Kopf zertreten« umkippt zu: »Derselbe soll dir – den Kopp zerpedden.«

Da stehen sie also am Ziel, diese Vierzehnjährigen, frisch aus der Schule entlassen und eingesegnet, bereit und entschlossen, ins Leben zu treten, das morgen, Schlag April, sie als »Scharwerker« empfängt. Sie stehen aufgebaut fürs Erinnerungsfoto – womöglich ihr erstes überhaupt –, das fortan seinen Ehrenplatz auf dem Vertiko findet. Die Jungen freilich, ungelenk im neuen Anzug mit den langen Hosen, sorgfältig gescheitelt, das Strubbelhaar mit Pomade gebändigt, schauen etwas verstört, um nicht zu sagen glotzäugig in die Kamera, »wie der Ochs vorm neuen Tor«. Um so lieblicher die Mädchen im Schmuck ihrer Zöpfe, übrigens im dunklen Kleid. Weiß ist nur für »de Katholschen«, aber die gibt es allenfalls in der Stadt. Beide, Jungen wie Mädchen, tragen einen Myrtenstrauß und in der Hand das Gesangbuch.

Die Geschenke der Paten mögen nach heutigen Begriffen sich bescheiden ausnehmen: das Gesangbuch und das neue Kleid eben, vielleicht dazu noch eine weiße Schürze. Doch den Kern des Festes bildet in jedem Fall ein ausgedehntes Essen. Dabei darf man, in Maßen, mittrinken und, als Junge, wohl gar eine Zigarre probieren, sei's um die jämmerlichste Übelkeit. Aber die Sache hat tiefere Bedeutung, wie beim Wechsel von der kurzen zur langen Hose; der Übertritt zu den Erwachsenen fordert seinen Preis. Denn darauf läuft es hinaus: Die Kindheit ist zu Ende, und das Leben, das beginnt, führt geradewegs zu den Erwachsenen. Jenes seltsam abgesonderte Jugendalter, das zwischen die Kinder und die

Erwachsenen gerät, sie entzweit und weiter und weiter zu einem Zwischenreich mit eigenen Gesetzen sich dehnt, stellt eine sehr neumodische, hier noch unbekannte Erfindung dar.

Das Gesangbuch ist wahrscheinlich das erste richtige Buch, das man besitzt. Vorn wird mit dem Datum der Konfirmationsspruch eingetragen: »Sei getreu bis in den Tod, so will ich dir die Krone des Lebens geben.« Einige Mädchen allerdings haben in der Schulzeit heimlich ein Album der Poesie – sprich Pösie – angelegt:

Ida, die du noch im Kreise
deiner lieben Eltern weilst,
unberührt von Trank und Speise
durch das Erdendasein eilst:
Kind, vergiß die Eltern nie,
denn das bist du schuldig sie!

Oder:

Durch Zufall lernten wir uns kennen,
bald müssen wir uns wieder trennen.
Mit Hochachtung, dein Vater!

Wahrhaftig, auf Ehre: So etwas steht da. Es entsteht, wenn Verse in die Tiefen oder Untiefen des Gefühls geraten, statt billig bloß ans Gelernte und Abgeschriebene sich zu klammern. Und, genau betrachtet: Versteckt sich unterm unfreiwillig Komischen nicht wahre Empfindung?

Wer hat uns also umgedreht, daß wir,
was wir auch tun, in jener Haltung sind
von einem, welcher fortgeht? Wie er auf
dem letzten Hügel, der ihm ganz sein Tal
noch einmal zeigt, sich wendet, anhält, weilt –,
so leben wir und nehmen immer Abschied.

Das steht in Rilkes Duineser Elegien.

Als zweites Buch wird die Bibel folgen, manchmal ein Familienerbe von den Groß- oder Urgroßeltern her. Sie folgt, wenn der nächste Schicksalseinschnitt des Lebens gekommen ist: die Hochzeit. Die findet zwar selten im Frühjahr statt – es sei denn, weil's nicht bloß hohe, sondern höchste Zeit ist und niemand an Kinder glauben mag, die vor dem siebenten Monat mit acht Pfund Gewicht lebenskräftig geboren werden.

Aber eine richtige Hochzeit gehört in den Herbst, mit gutem Grund. Einerseits darf die Ernte nicht drängen; das Hochzeiten braucht Zeit. Andererseits muß Geld in der Kasse sein; die Hochzeit fordert einen gewaltigen Aufwand. Dafür waren besonders die Bauernhochzeiten einst berühmt und berüchtigt. Die Geschichte der Neuzeit durchzieht ein langer, sehr lange vergeblicher Kampf fürsorglicher Behörden, die mit Anordnungen und Verboten dem übermäßigen Aufwand zu steuern suchten. Denn oft verschuldeten sich die eigentlich doch armen, offenbar unvernünftigen Leute auf Jahre, bis an den Rand des Ruins; manchmal feierten sie sich buchstäblich um Haus und Hof. Aber noch immer, bis in die neueste Zeit, handelte es sich wahrlich nicht um Kleinigkeiten.

Sind die jungen Leute und – was zum mindesten gleiches Gewicht hat – die Familien sich einig geworden, so können die Vorbereitungen beginnen. Dazu gehört nach altem Brauch das Einladen der Gäste durch den Hochzeitsbitter*. Im pommerschen Platt heißt er der Köstebirrer: ein Hinweis auf die zentrale Bedeutung des im Wortsinne Köstlichen, des Festessens. Der Hochzeitsbitter, auch Brautjunge oder Brautdiener genannt, kann ein Bruder der Braut, ein sonstiger Verwandter, oft aber ein Mann sein, der in diesem Amt besondere Erfahrung besitzt und es wie ein Geschäft betreibt, mit der anschließenden Funktion gewissermaßen des Chefdirigenten im komplizierten Festesablauf. Im besten Sonntagsstaat, mit Blumenstrauß und bunten Bändern zusätzlich geschmückt, einen Stock in der Hand, macht er sich auf seinen langen Weg zu all den Verwandten, Nachbarn und Freunden, die geladen werden müssen. Vor deren Haustür oder in der guten Stube sagt er dann, was zu sagen sich gehört:

Allen tohoop segg ick gooden Dag!
Tauerst sett ick aff mienen Staff,
denn nehm ick den Haut in de Hand,
dormit alles geit mit gaudem Verstand.
En fründlichen Gruß, en schön Kumpliment

von Liesbeth Korth un Heinz Last, de ji all kennt.
Ich schall juch nödigen tau ehre Hochtied!
Ju kommt wohl alle, dat is jo nich wiet,
Vaoter, Mudder un de Kinner,
Grotvaoter un Muhm' nich minner.
Osse un Schwien sin schlacht',
un alles up dat fienst anmaracht.
Tauerst giwt Supp as Hochtiedspies,
ok goode Plummen un dicken Ries,
denn en Stück vom Hauhn,
schall juch ok good daun.
Metz, Gaobel un Leppel sin nich vergete,
so brukt ji nich mit dem Finger to ete.
Awends giwt dat en goden Drunk
un op de Deel en lustigen Sprung,
de Musikanten bringt juch all in Schwung.
Nu makt juch ower nich to fien,
denn Bruut un Bruttmann wille doch am fienste sien.
Wenn ji mi nu hewt recht verstauhn,
denn will ick eir Hüske wieder gauhn.

Für Leser, denen das Plattdeutsche fremd ist, folgt eine andere und hochdeutsche, freilich weit weniger ausdrucksvolle Fassung:

Als Hochzeitsbitter bin ich weit und breit bekannt.
Zu dienen diesem Amt bin ich zu euch gesandt.
Ich gehe über Stock und über Stein
und lad' die hohen Hochzeitsgäste ein.
Beim Bauern Albrecht im Hause, schmuck und fein,
soll Freitag nächster Woch' die Hochzeit sein.
Ich hab' die Ehr', zu diesem großen, heiteren Feste
euch einzuladen als liebwerte Hochzeitsgäste.
Ihr möchtet, sobald die Kirchenglocken läuten,
das Brautpaar zum Altar geleiten.
Nach diesem Amt beehren dann das Hochzeitshaus
zu festem Trunk und leckerem Hochzeitsschmaus.
Geschlachtet werden Ochs und fette Schwein,
auch Huhn und Fisch, dazu gibt's Bier und
Branntewein!
Ihr habt die Botschaft nun vernommen
und werdet doch gewiß zur Hochzeit kommen!

Je nach den Traditionen und den dichterischen Einfällen gibt es unendliche Abwandlungen. Aber wohl immer spielt der Hinweis auf Speise und Trank eine auffällige Rolle. Der Köstebitter versieht im übrigen ein schweres Amt. Denn natürlich wird ihm zum Dank und zur Stärkung ein Schnaps angeboten – und nicht nur dieser erste, weil man auf einem Bein bekanntlich schlecht steht. Der wenig erfahrene Köstebitter, der stets höflich Bescheid geben will, gerät darum bald ins heftigste Schlingern, im Schwarm und Gelächter der Kinder; manchmal wird er jäh vom Schlaf übermannt, vielleicht auf der Milchbank, die so einladend wie er selbst am Wegesrand wartet.

Ist aber alles vollbracht, so zählt man schnell sechzig oder achtzig, oft sogar hundert und noch mehr Gäste; schließlich wäre es eine schlimme Beleidigung, wenn man in der verzweigten Verwandtschaft, unter Freunden und Nachbarn jemanden vergessen oder gar vorsätzlich auslassen würde.

Die Hochzeit findet traditionell an einem Freitag statt, weil man das Wochenende dann vor sich hat. Aber natürlich geht's schon am Donnerstag los: mit dem Polterabend, den die Jugend des Dorfes veranstaltet. Mit so viel Lärm wie nur möglich wird vor dem Hochzeitshaus Geschirr zerschlagen; erstaunlich, was da alles zu Bruch geht, noch Brauchbares, Wertvolles durchaus, das man unter normalen Umständen sorgfältig hüten würde. Doch bei Hochzeiten herrschen eben besondere Umstände, und ein ängstliches Nachrechnen wäre fehl am Platz. Im übrigen darf nur Steingut oder Porzellan zerschlagen werden. Denn im Glas ist das Glück; zerspringt das eine, so wird das andere schwerlich halten.

Nach ihrem Poltern werden die Poltergeister zu einem kräftigen Umtrunk ins Haus geladen, wobei dann in gereimten oder ungereimten Abschiedsreden man der Braut und dem Bräutigam zur Erinnerung bringt, was in ihrer Jungfern- und Junggesellenzeit sich zutrug.

Für die Brautleute beginnt nach kurzer Nacht ein langer Tag: Noch vor Sonnenaufgang sollen sie gemeinsam die Scherben im Garten vergraben. Das gilt als Zeichen des künftigen Ehefriedens. Nur darf dabei die Braut Spaten und Schaufel nicht in die Hand bekommen, sonst wird sie es sein, die die Hosen anhat. Nicht selten jedoch ist noch mehr zu tun, weil während der Nacht ein alter Kinderwagen oder sogar die Hochzeitskutsche aufs Dach gelangte, man weiß kaum wie, und mühsam heruntergeholt werden muß.

Dann trennen sich die Brautleute, um erst vor der Kirche wieder zusammenzutreffen. Die Braut wird von den Frauen sorgsam in ihren »Staat« gekleidet, dem Herkommen nach wie die Konfirmandin in dunkler Farbe. Erst in der neueren Zeit hat auch in Pommern das weiße Kleid sich durchgesetzt, als sei's ein Merkzeichen verlorener Unschuld.

Wir überspringen die Ankunft der Gäste, den Zug oder die Fahrt zur Kirche und die Trauung, weil daran nur weniges anders als anderswo ist; wir eilen zum Kern des Ganzen, zum festlichen Essen. Tische und Bänke sind oft auf der Tenne aufgestellt, weil die Räume im Hause so viele Gäste nicht fassen. Der als Ehrengast geladene Pastor spricht ein Tischgebet. Dann macht eine kräftige Hühnersuppe den Anfang. Es folgt der Fisch, dem sich als Hauptgerichte der Schweine- und der Rinderbraten anschließen. Doch auch Süßspeisen fehlen so wenig wie schließlich der Kaffee mit Torten und Kuchen.

Alles in allem zieht sich das Essen über Stunden hin. Denn die Reden, die gehalten werden, manchmal launig und kurz, aber nicht selten ins Weitläufige geratend, das Auf- und Abtragen des Geschirrs und der Gerichte, das Einschenken und Zutrinken, die Geschäftigkeit in der Küche beim Übergang von dem einen Gericht zum andern, das alles braucht seine Zeit. Auch ist es nur gut, wenn man zwischendurch einmal aufstehen und aufstoßen und überhaupt sich erleichtern kann. Darin liegt ja das wahrhaft Festliche einer Hochzeit, daß man einmal den Sparzwang des Alltags hinter sich lassen und nach Herzenslust, bis an oder über jedes Maß, genau das essen darf, wonach einem der Sinn steht.

Freilich gelangen wir hier an einen heiklen Punkt, gleichsam an einen Kreuzweg, an dem sich entscheidet, ob man nachher an ein gelungenes oder ein mißlungenes Fest sich erinnern wird. Denn vom »Nötigen« muß gesprochen werden; darauf, aufs Nötigen, kommt es an, und wohl die schärfste Kritik, die an einer pommerschen Bauernhochzeit geübt werden kann, kleidet sich in den schicksalsschweren Satz: Es ist nicht genug genötigt worden.

Das Nötigen stellt einen Balanceakt der Diplomatie oder, besser gesagt, des Herzenstakts dar: eines feinen und empfindsamen, sozusagen vom Leben selber geeichten Gefühls für das Schickliche. Dieses Schickliche nämlich wird bestimmt von der ebenso alten wie alltäglich neuen Erfahrung, daß zum menschlichen Leben die Kargheit gehört. Nur zu eindringlich weiß man, daß im Grunde die Gastgeber so reiche Leute doch keineswegs sind und daß das Fleisch, das jetzt aufgetragen wird, eigentlich ein Luxus ist. Also darf man nicht gierig oder gar gefräßig sein; man muß sich zurückhalten. Beim ersten Herumreichen der Schüsseln darf man den Teller nicht allzusehr füllen, und beim zweiten oder dritten Mal muß man zunächst jedenfalls sich zieren und ablehnen, als sei man schon satt.

Auf der anderen Seite ist es im gemeinsamen Erfahrungshorizont der Kargheit nun gerade die Ehre des Gastgebers, daß wenigstens an diesem Festtag nicht gerechnet werden soll und alles aufs Üppigste zur Verfügung steht. Also muß man die Gäste eindringlich nötigen, wieder und wieder: doch zuzulangen und sich's wohl sein zu lassen, um so die Barrieren gewohnter Zurückhaltung zu überwinden.

Die Sache scheint einfach zu sein und erweist sich gleichwohl als überaus schwierig. Denn wo liegt nun wirklich die Grenze zwischen dem bloßen Sich-Zieren und dem tatsächlichen Sattsein? Oder wo wird die feine Linie zwischen dem Nötigen und einer Aufdringlichkeit überschritten, hinter der so etwas wie Protzerei und Prahlsucht auftauchen könnte? Wie leicht man aus dem Takt kommt und dann vom Nötigen in die schlimmsten Nöte gerät, erzählt die folgende, verbürgte Geschichte:

»Heinrich, lang tau«, sagt der Bauer, als die Bratenschüssel ihre erste Runde hinter sich hat.

»Nee«, sagt Heinrich, »ick bin all satt.«

Das wiederholt sich noch einmal, aber dann folgt lastende Stille. Und während die anderen zulangen und es sich schmecken lassen, wartet Heinrich vergeblich aufs weitere Nötigen. Schließlich, in immer wachsender Verzweiflung, greift er kurz entschlossen nach der Bratenschüssel. Und er sagt: »Na, wenn je denn doch nich nolote,« – wenn es mit dem Nötigen durchaus nicht aufhören will – »denn nehm ick mi noch een Stück.«

Die Geschichte dürfte anschaulich machen, wie verheerend es ist, wenn von einer Hochzeit gesagt werden muß: Es ist nicht genug genötigt worden.

Aber unsere Hochzeit geht glücklich weiter. Nach dem Essen spielen die Dorfmusikanten auf; es wird getanzt und getrunken. Um Mitternacht darf das junge Paar sich endlich zurückziehen, während für die Gäste nochmals ein Essen aufgetragen wird, meist kalte Platten. Nach der Stärkung setzen das Tanzen und Trinken sich fort, oft bis in den Morgen hinein. Eine Schlägerei unter den jungen Leuten, die der Eifersucht oder der Renommiersucht entspringt, mag vorkommen. Doch anders als es in anderen Landschaften der Fall sein soll, gehört das Raufen jedenfalls nicht zu den Bedingungen eines gelungenen Fests. Die Pommern sind selbst in ihren jüngeren Jahren eher ruhige, besonnene, auf den Ausgleich bedachte Leute.

Am Sonnabend gibt es dann einen behaglichen Kaffeeklatsch im kleineren Kreis: Gelegenheit, alle die Ereignisse des Vortags noch einmal zu mustern. Und zu spekulieren: Wo wohl wird die nächste Hochzeit sein? Wer geht mit wem? Steckten Klicken Frieda und Kubitzen Emil nicht dauernd beisammen? Und dann waren sie auf einmal nicht mehr zu sehen. Also, wenn da man nich ...

Nächst dem Weinen geht nichts übers Klatschen. Und um der Wahrheit die Ehre zu geben: Es spielte wohl eine noch weit größere Rolle als heutzutage. Denn einerseits wohnte man nicht nur, sondern man lebte so dicht beieinander; beinahe alles wußte man voneinander und konnte den Rest sich reimen. Andererseits gab es die Sensationszeitung und die Klatsch-Illustrierte noch nicht, jedenfalls hier noch nicht. Und das Fernsehen gab es schon gar nicht. Also mußte, vielmehr durfte man selbst emsig sein.

Von der Kaffeerunde abgesehen, ist der Sonnabend eher ein Tag zum Ausschlafen und Ausruhen. Das hat man bitter nötig: So ein großes Fest mit all dem Essen, Trinken und Tanzen geht wirklich mehr in die Glieder als unter der Sommerhitze eine ganze Woche im Heu oder beim Torfstechen.

Unsere Hochzeit indessen ist noch nicht zu Ende. Denn am Sonntag folgt ihr die Nachhochzeit. Alle Gäste, soweit sie im Dorf oder in der näheren Nachbarschaft wohnen und keine zu weite Anfahrt haben, strömen noch einmal herbei; noch einmal wird herzhaft gegessen und getrunken, was Küche und Keller nur hergeben. Das ist nicht wenig; der vorsorgliche, um seinen Ruf als Gastgeber besorgte Brautvater hat überreichlich geschlachtet und eingekauft, den Nach-

Hunger und den Nach-Durst gleich eingerechnet. Wohin es führt, wenn man knausert und spart, das steht schon in der Bibel: Diese Geschichte von der Hochzeit zu Kana in Galiläa liest sich für den Bauern aus Rumbske, Glowitz oder Klenzin als eine abgründige Schreckensgeschichte. Und wer hat schon den Wundermann zur Hand, der, falls es hart auf hart kommt, das Wasser in Wein verwandelt? Der Pastor geht ohnehin früh, als scheue er die Probe.

Alles in allem: Dies war ein großes, ein gelungenes Fest. Gewiß, es reicht an das nicht heran, was aus der alten Zeit berichtet wird, als man angeblich vier Tage oder sogar eine ganze Woche stramm durchfeierte. Aber es war ein Fest wie es sich gehört. Und darauf kommt es an. Man wird an diese Hochzeit noch lange und gern sich erinnern, und man kann schon auf die nächste sich freuen – vielleicht ja zwischen Kubitzen Emil und Klicken Frieda.

Eine »große Leiche«

Gewissermaßen das Gegenstück zur Hochzeit bildet die Beerdigung. Denn alle die großen Einschnitte des menschlichen Lebens wollen gehörig markiert – und das heißt: festlich begangen sein. Hier folgt ein Bericht, der aus dem 19. Jahrhundert stammt.* Aber er schildert, was in den Grundzügen gültig blieb bis zuletzt.

»Der Bauer war eines frühen Sommermorgens recht sanft und selig entschlafen.

Seine Frau hatte alles getan, was in solchen Fällen üblich ist. Sie hatte geschrieen, daß man es drei Häuser weiter gehört, sie war zweimal in Ohnmacht gefallen, einmal sogar auf der Straße, was berechtigtes Aufsehen bei den Dorfbewohnern verursacht hatte. Wenn das dampfende Essen auf dem Tisch erschien, brach sie in Schluchzen aus und versicherte, keinen Bissen hinunterwürgen zu können. Dann aber wandte sie sich voll und ganz ihren wichtigen Pflichten zu.

Eine ›große Leiche‹ ist so ziemlich das hervorragendste Ereignis, das auf dem Lande stattfinden kann.

Aller Gemüter sind dadurch in Spannung versetzt, aller Augen denjenigen zugewandt, welche die ›Ausrichtung‹ zu besorgen haben, und so kann man seine Teilnahme einer Frau nicht versagen, die sich bitter beklagte, daß in ihrem Dorf den ganzen langen Winter über nichts vorgefallen: ›Kein Jräfnis, kein jor nißt!‹

Die Bäuerin zeigte sich der Sachlage völlig gewachsen. Sie ließ die Leiche so ›fein ausputzen‹, daß die Leute nur immer herbeiströmten, um sie zu bewundern; sie – das heißt die Bäuerin – bestellte ›ein extra feines Sarch‹, einen Kreppschleier und eine städtische Kochfrau.

Und nun begann auf dem Hof ein Morden, das seinesgleichen sucht. Ströme von Gänse-, Hühner-, Schweine-, Kälber- und Hammelblut flossen, Feuer prasselten, Mägde eilten atemlos einher mit Mollen, Schüsseln, Kuchenblechen. Da wurde gestampft, gerieben, geknetet, gespickt, gebraten, gescheuert und Girlanden gewickelt.

Jeder, der an einem solchen Festessen teilzunehmen gedenkt, hat vorher einen entsprechenden Tribut zu entrichten. Und so öffnete sich denn auch fortwährend die Tür, große und kleine Boten erschienen mit Schüsseln voll Mehl, Töpfen mit Milch, Körben voll Butter und Eiern und andern guten Dingen, die nach Möglichkeit verwendet wurden.

Das Mahl oder vielmehr die Mahlzeiten, welche den vom Kirchhof zurückkehrenden Gästen vorgesetzt wurden, übertrafen aber noch die kühnsten Erwartungen.

Die verschiedenen Tische in den verschiedenen Räumen reichten kaum aus, um die Fülle der Speisen aufzunehmen: eine Hühnersuppe, deren Oberfläche ein einziges lachendes Fettauge bildete, sechserlei Braten, fünferlei Eingemachtes, dreißig Pfund Fisch, Milchreis mit einer fingerdicken Brot- und Zimtkruste, ungeheure Schüsseln voll dampfender Kartoffeln, Wein, Bier, Schnaps und so weiter.

Es war an diesem schwülen Tage heiße Arbeit sowohl für die Kochenden und Auftragenden, wie für die Schmausenden, welche sich ihrem Geschäfte mit jener bedächtigen Gründlichkeit hingaben, mit der sie alle Aufgaben des Lebens ergriffen.

Eine Weile war's still in den wohlgefüllten Stuben, man hörte nur das Klappern der Teller und Löffel, die Geräusche des Essens und das Summen unzähliger Fliegen, welche angelockt durch die wonnigen Düfte in entzücktem taumelnden Schwarm das Haus durchsurrten.

Die Bauernfrau, die in ihrem neuen Trauerstaat ebenso hübsch und jung wie würdevoll und stattlich aussah, hatte sich im Vorderraum zu den Honoratioren, dem Pastor, dem Küster, dem Dorfschulzen, dem Gutsinspektor, dem Kaufmann aus der kleinen Stadt und den nächsten Verwandten gesetzt und begann in feierlichem Hochdeutsch mit hoher klagender Stimme die letzten Stunden ihres Mannes zu beschreiben.

Sie fing – sehr zweckmäßiger Weise – mit der Zeit an, in welcher er noch völlig gesund gewesen, dann kam die ausführliche Schilderung aller Feldarbeit, die er im letzten Frühjahr vorgenommen, aller Käufe und Verkäufe und wie er vom letzten ›Füllenmarcht‹ durchnäßt heimgekehrt.

›Etwas kränklich war er dann all ümmer, er hat es so oft auf die Bost, als wie so'n Lungenkandarh, daß mich öfter schon Angst vor die Schwienzucht (Schwindsucht) wär. Wie er nu nach Haus kömmt, da kält' ihm das so in die Bein. N'Schnaps nahm der ja nich! ›Mutter‹, sagt er, ›mach mich ne jut heiße Tass' Kaffe und in der Manteltasch' sticht för'n Jroschen Franzsemmel.‹ Und wie ich ihm dat bringen tu, da trinkt er man eine Tass' und von der Franzsemmel ißt er so'n Fittken, so als das End von mein Daumen, sehen Sie Herr Pastor, blos so'n Fittken‹ – das Taschentuch wurde vor die Augen geführt, – ›auf'n Freitag war't, jrad elf Wochen, eh er mich is tot jeblieben.‹

Hier wurde die Trauernde unterbrochen, um den Schulkindern, die beim Begräbnis grell und beharrlich gesungen hatten, Kaffee und Kuchen zuzuteilen.

Ach, wie die Kleinen in ihren bunten Sonntagskleidern alle in den Hausflur drängten und mit verklärten Gesichtern die ungewohnten Leckerbissen in ungewohnter Fülle entgegennahmen!

Auch drinnen ging man zu diesen Genüssen über. ›De irst Not war kihrt‹ – man machte jetzt Pausen, die durch Rauchen und lebhafte Gespräche ausgefüllt wurden. Neuigkeiten wurden mitgeteilt, Händel abgeschlossen, Politik getrieben, zu Pate gebeten, zärtliche Blicke und geheime Worte getauscht.

Die Bäuerin ging von einem Tisch zum andern, nötigte

zum Kaffee und dem fliegenbedeckten Kuchen, und dazwischen hörte man immer wieder ihre helle Trauerstimme:

›Sehn Se, so'n Fittken von för'n Jroschen Franzsemmel, nich länger als dit End' von mein' Daumen, so'n klein Fittken, jrad elf Wochen …‹

Aber immer wieder wurde sie unterbrochen von den vor Eifer und Anstrengung blauroten Mägden, – ja es war sehr heiße Arbeit!

Zum Abendessen waren die Gäste außerordentlich heiterer Stimmung, welche die halbe Nacht durch währte, bis schließlich der eine und andere aufzubrechen begann. Die Bäuerin, welche die Episode von dem Fittken Franzsemmel, das der Selige verzehrt – (weiter kam sie in der Beschreibung seiner Leiden dank ihrer großen Gründlichkeit nicht) – zum letztenmal erzählt hatte, war jetzt mit der Verteilung der Reste beschäftigt, von denen jeder Gast mit frohem Dank eine ansehnliche Portion nach Hause nahm. Endlich, endlich wurde auch die letzte fröhliche, laute Stimme auf der Straße still: die große Leiche war vorüber.«

Traktat über das Essen

Es ist unübersehbar, daß dem Essen eine zentrale Bedeutung zukommt. Tatsächlich gehört zum Fest das festliche Essen nicht zufällig und am Rande, sondern als ein Kernbestand und Herzstück immer dazu. Das gilt für das Fest überhaupt und nicht etwa bloß für die Hochzeit oder die Beerdigung. Ein gelungenes Mahl kann aus sich selbst schon zum Fest werden, aber ein Fest ohne das Festessen ist keines. Es gleicht einer Rose ohne Duft, einem Leben ohne Hoffnung und ohne die Liebe.

Diese Sätze entstammen nicht der Freßlust, und es ist nichts an ihnen, was nur für Pommern gültig wäre. Sie reden vom schlechthin Menschlichen. Jedenfalls überall dort wird man sie bestätigt finden, wo noch vormoderne Kulturbestände sich erhalten haben.

Zweierlei muß dabei bedacht werden. Einmal geht es um das Verhältnis zur Zeit. Die Vorbereitung des Festmahls wie dieses selber erfordert sie in jenem Maße, das ein geiziges Nachrechnen nicht verträgt; wer heimlich auf die Uhr schaut und nach einer Stunde schon nervös wird, weil er seine kostbare Zeit für das Aufarbeiten von Akten oder fürs Fitness-Training nutzbringender verwenden könnte, der ist für das Fest schon verloren. Und verloren ist auch, wer das gute Essen als Mittel zum Zweck einsetzt, wie in der barbarischen Erfindung des »Arbeitsessens«. Es mag den Geschäftsabschlüssen oder der Diplomatie dienlich sein, aber das Festliche ist trotz noch so erlesener Speisen und beträchtlicher Spesen unweigerlich dahin.

Denn jedes wirkliche Fest bildet, auf Zeit, gleichsam eine Trutzburg wider die Zeit: gegen den Andrang der Zukunft mit ihren Sorgen, Nöten und Ungewißheiten, mit ihrer immerwährenden alltäglichen Arbeit. Vielleicht fällt es uns schwer, dies noch zu verstehen, weil wir einerseits über so viel Frei-Zeit verfügen und andererseits gegen die Wechselfälle des Lebens uns klüglich gesichert glauben. Vielleicht kann nur im Horizont der Kargheit und der nie ans Ende kommenden Arbeit das Fest wirklich zum Fest werden, weil es einen – nein: den dort einzig denkbaren Triumph der Freiheit über die Zwänge des Daseins, über Zufall und Schicksal markiert.

Zum zweiten kommt es auf die Geselligkeit an; man feiert und man ißt nicht allein, sondern mit den Freunden, den Nachbarn und – vor allem – mit der Familie. Je größer der Kreis, desto besser. Darum taugt die moderne Kleinfamilie, die so rasch überfordert ist, zum festlichen Feiern weit weniger als die altertümliche Großfamilie, der Clan, dieses vielköpfige Gewirr aus Onkeln und Tanten, Neffen und Nichten, Schwägern und Schwägerinnen, Alten und Jungen, soweit die Generationen nur reichen. Darum auch die erstaunlich große Zahl der Gäste, von der wieder und wieder berichtet wird.

Um den gleichen Sachverhalt anders auszudrücken: es kommt auf die Familie und die Nachbarschaft als etwas Objektives, als Institution an, jenseits der persönlichen Neigungen und Abneigungen, die nur stören. Wer in erster Linie von sich als dem einzelnen her empfindet und handelt – sei's selbst zu zweit, wie bei Verliebten –, dem wird der umständliche Festesaufwand bald lästig und die Behaglichkeit im großen Kreis unbequem. »Emanzipation« mag daher ein

Menschenrecht, eine grundlegende Errungenschaft des modernen Zeitalters sein, aber beim Ausrichten und Feiern von Festen gerät sie eher zum Hindernis.

An der Kultur des Essens werden die Zusammenhänge beispielhaft sichtbar. Der einzelne als einzelner möchte, verständlich genug, seinen Aufwand so klein wie möglich halten; unwillkürlich drängt er in die Kantine und zum Fertiggericht aus der Dose. Im überpersönlichen, institutionellen Gefüge sieht es anders aus, weil die Kochkunst zum Eckstein der Geselligkeit und des Ansehens wird; das gute Essen hält eben nicht nur Leib und Seele, sondern auch und vor allem die Nachbarn und die Familie zusammen. Im übrigen garantiert das gesicherte Miteinander der Generationen, daß die Geheimnisse einer guten Küche zuverlässig weitergegeben werden. Was bleibt, stiften Großmutters Rezepte.

Kaum zufällig haben zwei Völker die Kunst aus der Küche zur Höhe des Klassischen geführt: die Franzosen und die Chinesen. Denn beide lieben, je auf ihre Weise, das gesellige Beisammensein, das sie mit Behaglichkeit, mit Lebensfreude, ja mit dem Glück gleichsetzen. Und den festen Kern des Beisammenseins bildet in Frankreich wie in China die Familie.

Um nun nicht wie Blinde von der Farbe zu reden oder gar in grauer Theorie uns zu verlieren, wollen wir einige Rezepte aus Pommern vorstellen. Natürlich kann es sich nur um eine Auswahl, nur um wenige Beispiele handeln. Sonst entstünde ein eigenes Buch. Wir beschränken uns zunächst auf das weißgraue Schnattertier, dem die Pommern seit je mit besonderer Aufmerksamkeit, um nicht zu sagen mit Respekt sich zuwandten: auf die Gans. Danach seien noch zwei einfache, auf den ersten Blick unscheinbare Gerichte angefügt.

Vorweg muß leider betont werden, was eigentlich sich wie das Moralische von selbst verstehen sollte: Gans ist nicht gleich Gans. Als fabrikartiges Serienerzeugnis, vollgestopft mit Hormonpräparaten und sonstigen Errungenschaften moderner Chemie ist sie sich selbst wie den Verbrauchern ein Unglück. Sie muß ihrer Natur gemäß aufwachsen, vertraut mit Wasser und grüner Weide, und sie muß fleißig über Stoppeln marschieren. Erst in den letzten Wochen vor Martini darf die Stallmast folgen. Dies spricht übrigens bis heute für Importe aus den ehemals deutschen, heute polnischen Gebieten.

Die pommersche Spickgans

Sie stellt neben der Rügenwalder Teewurst wohl Pommerns bekannteste Spezialität dar; nur muß man in Westdeutschland statt »Spickgans« meist »geräucherte Gänsebrust« sagen, wenn man sich verständlich machen will.

Die Brust wird mit dem Auslösemesser abgetrennt. Die Klinge wird von einem Flügelansatz über den Halsansatz zum anderen Flügelansatz geführt, dann seitwärts bis zum Brustende an der Ausnehmeöffnung. Anschließend wird die abgelöste Brust vom Brustbein heruntergerissen, aber so, daß die beiden Brusthälften nicht auseinanderfallen. Die Brust wird nun mit Pökelsalz und etwas Pfeffer eingerieben und eine Woche lang kühl gelagert, damit sie in der sich bildenden Lake voll durchpökelt.

Die beiden Hälften der gepökelten Brust werden zusammengeklappt und die offenen Ränder mit einem Faden zusammengenäht. Dabei soll das Fleisch ganz unter der fetten Haut verschwinden, sonst wird es später an den offenen Stellen zum ausgetrockneten Ärgernis. Die Brust wird jetzt in die Räucherkammer gehängt und im kalten Rauch von Buchen- und Eichenspänen sowie Wacholderstrauch für etwa sechs bis sieben Tage geräuchert.*

Zum Aufschneiden der Spickgans braucht man scharfe Messer. Da sie im Alltagsgebrauch meist stumpf geworden sind, schärft man sie an der Unterseite eines Tellers; das Geräusch der Klinge auf dem Porzellan kündigt den bevorstehenden Genuß an. Als Beilage dient frisches Brot mit gutem Knust; in Pommern gab es jedoch oft auch Bratkartoffeln. Sie dürfen allerdings nicht von der rohen Knolle, sondern nur von der kalten Pellkartoffel stammen. Sonst aber bitte keinen Aufwand, der die Hauptsache überwuchert! Wie das Sprichwort sagt:

> In der allergrößten Not
> ißt man Spickgans ohne Brot.

Ein würziger, eher trockener Wein indessen vollendet den Genuß.

Pommerscher Gänsebraten

Für eine mittelschwere Gans braucht man als Füllung 300 g eingeweichte und entsteinte Backpflaumen, 400 g Kochäpfel, geschält, entkernt und in Spalten geschnitten, 60 g geriebenes Schwarzbrot. Die Bestandteile werden gemischt und in die ausgenommene, gesengte, gesäuberte, außen wie innen mit Salz eingeriebene Gans eingefüllt. Die Öffnung wird dann vernäht.

Das Braten im vorgeheizten Ofen dauert etwa zwei Stunden. Dazu braucht man nur wenig Wasser; die Gans wird mehrfach gewendet und begossen, bis sie rundum knusprig braun ist. Falls zuviel Fett ausbrät, wird dieses abgenommen und neues Wasser angegossen.

Für die Soße braucht man zwei Eßlöffel Mehl, eine halbe Tasse süße Sahne, Salz, Pfeffer, etwas gerebbelten Estragon. Die Soße soll nicht zu fett sein. Darum schöpft man Fett aus dem Bratenfond ab und bemißt die Menge so, daß man knapp einen halben Liter Soße erhält. Das Mehl wird in die Sahne verrührt und dann unter Zugabe der Gewürze die Soße eingedickt, schließlich durchgesiebt.

Das Aufschneiden und Vorlegen des Bratens gehört traditionell zu den Vorrechten und Pflichten des Hausherrn. Wo aber die Kunst des Tranchierens aus der Übung gekommen ist, schneidet man den Braten besser gleich in der Küche, auf eine vorgewärmte Platte. Die Füllung wird beigelegt. Dazu werden Kartoffelklöße serviert.

Gänseklein

Weit weniger deftig, aber nicht weniger wohlschmeckend als der Gänsebraten ist das Gänseklein. Dazu benötigt man für vier Personen ein Kilo Gänseklein: Flügel, Herzen, Mägen, Hälse, Füße, alles gesengt und gesäubert, aus den Hälsen die Gurgeln abgezogen, die Fußkrallen abgehackt, die Mägen abgezogen. Dazu braucht man Suppengrün: zwei Möhren, 100 g Knollensellerie, eine Petersilienwurzel, eine halbe Stange Lauch, ein Lorbeerblatt, vier Gewürzkörner und Salz.

Das Gänseklein wird in kochendem Salzwasser angesetzt. Nach dem ersten Aufkochen abschäumen und das Suppengrün und die Gewürze zugeben; etwa anderthalb bis zwei Stunden bei mäßiger Wärme kochen.

Als Zugabe dienen Kartoffelklöße und Backobst: 400 g Backobst mit zwei Gewürznelken, 45 g Zucker, zwei Eßlöffel geriebener Pfefferkuchen. Das Backobst wird mit der Brühe vom fertigen Gänseklein bedeckt, aufgesetzt, Nelken und Zucker werden beigegeben; dann wird gar gekocht und schließlich mit dem Pfefferkuchen eingedickt.

Man kann Gänseklein, Backobst und Klöße nebeneinander auf Tellern servieren. Es war aber üblich, alles miteinander in einer großen Schüssel anzurichten.

Gänseschwarzsauer

Hierzu braucht man für vier Personen einen halben Liter Gänseblut, 450 Gramm gemischtes Backobst, 50 g geriebenen Pfefferkuchen, 75 g Zucker, zwei Gewürznelken, einen Eßlöffel Zitronensaft.

Das Backobst wird am Vortag eingeweicht. Mit dem Einweichwasser und den Gewürzen wird es aufgesetzt und gekocht. Zum Eindicken wird der Pfefferkuchen eingerührt; anschließend wird das Gänseblut mit dem Zitronensaft und eventuell etwas Essig verrührt und dann nach und nach unter das Backobst gerührt. Als Beilage dienen wieder Kartoffelklöße.

Gänsezungen, Gänseherzen und Gänsemägen

Gekochte Gänsezungen auf warmem Apfelmus: Diese Köstlichkeit wurde schon einmal erwähnt. Allerdings dürfte es schwierig sein, mit ihr sich vertraut zu machen. Denn eine Gänsezunge ergibt gerade ein Häppchen; für fünfzehn Häppchen pro Person wären bei vier Teilnehmern am Abendschmaus also schon sechzig Gänsezungen nötig.

Kaum anders verhält es sich mit gekochten Gänseherzen, die eine Mandelfüllung enthalten. Sie schwimmen in einer Soße, die aus der Brühe bereitet wird.

Zum mindesten eine ehrenvolle Erwähnung verdienen schließlich noch geriebene Gänsemägen. Sie werden abgebrüht, enthäutet, für vierundzwanzig Stunden in eine Pökellage gelegt und anschließend geräuchert. Die fertigen Gänsemägen werden fein zerrieben und dann als Belag auf ein Schmalz- oder Butterbrot gestreut. Natürlich kommt man zum vollen Genuß nur bei frisch gebackenem, fast noch warmem und jedenfalls würzig duftendem Landbrot!

Nun wie angekündigt noch zwei ganz einfache Gerichte:

Sauerampfersuppe

Die Blätter des großen Sauerampfers – Rumex acetosa – werden wie Spinat zubereitet und mit heißer Rindfleischbrühe übergossen. Die Suppe wird angedickt mit einer Tasse saurer Sahne, in die man etwas Mehl verrührt. Zwei verquirlte Eigelb runden den Geschmack ab. Diese Suppe wird mit verlorenen Eiern angerichtet.

Stampfkartoffeln mit Buttermilch

Knapp ein Kilo Kartoffeln wird weichgekocht und dann zerstampft. Dazu werden 100 g magerer gewürfelter Speck mit gehackten Zwiebeln in der Pfanne gebräunt und unter den Kartoffelbrei gerührt. Zum Würzen dienen Salz, Pfeffer und Muskat. Dieser heiße Kartoffelbrei wird in Suppentellern angerichtet und mit kalter Buttermilch übergossen.

Manche Rezeptbücher wollen die Buttermilch als eine mit Mehl angedickte Soße gleich unter den Kartoffelbrei rühren und die so zubereiteten Stampfkartoffeln zur bloßen Beilage anderer Gerichte herabstufen. Aber darauf sollte man sich nicht einlassen. Erstens geht auf diese Weise der Kontrast zwischen heißem Brei und kalter Buttermilch verloren. Zweitens handelt es sich – besonders an schwül-heißen Abenden vor dem drohenden Gewitter – um ein so erfrischendes Gericht, daß man es nicht noch durch Beilagen bereichern oder vielmehr verderben muß.

Aber was ist eigentlich daran? mag mancher fragen. Nein, wirklich nichts Besonderes. Doch gerade an den einfachen Gerichten lassen sich Kontraste zwischen den früheren und den heutigen Verhältnissen deutlich machen. Denn einerseits sind wir verwöhnt. Die Früchte aus aller Welt und aus allen Jahreszeiten ebenso wie die Spezialitäten aller Länder vereinigen sich im Supermarkt und im Kaufhaus, die leibhaftige Internationale. Andererseits wissen wir kaum mehr, wie sehr unsere Geschmackssinne, einschließlich der Nase, sich bescheiden müssen. Denn was wird uns schon angeboten, das nicht mit chemischen Mitteln üppig, sozusagen großsprecherisch und vordergründig haltbar gemacht worden wäre? Was wird nicht sterilisiert und pasteurisiert, in Folien und Dosen luftdicht verschweißt, auf langen Wegen durch Tiefkühlketten geleitet? Wo finden wir noch die feuchten und bunten Wiesen, auf denen wir den Sauerampfer pflücken können? Gilt er nicht als lästiges Unkraut, das man mit Spritzmitteln vernichtet? Oder wo bekommen wir die wirklich frische Buttermilch her? Fragen über Fragen.

Und dabei haben wir von der fangfrisch geräucherten Flunder oder von dem mächtigen Hecht noch gar nicht gesprochen, den der Förster aus dem Wald- oder dem Moorsee zog und der, gespickt, das Freitagsessen zum Festbraten aufrücken ließ!

Die Feste des Kirchenjahres

Ostern, Pfingsten und Weihnachten sind die hohen Feste des Kirchenjahres. In Pommern geht es um mehr als das anderswo Übliche; es geht um drei mal drei Feiertage. Der Oster- und der Pfingstdienstag gehören ebenso wie der entsprechende Weihnachtstag dazu. Diese Tage haben ihre eigenen Konturen – und sogar ihren besonderen Namen: Drittfest.

Drittfest ist Besuchstag. Überall sind die Kutschen oder im Winter die Schlitten unterwegs, und nicht selten entbrennen Wettfahrten, weil jeder zeigen will, daß er die schnellsten Pferde hat.

Aber besonders ist Drittfest für die Kinder gemacht. Sie dürfen reiten. Die Pferde, die vor den Kutschen nicht gebraucht werden oder nicht taugen, also besonders die mächtigen Kaltblüter, müssen bewegt werden; in der ungewohnten Ruhe könnten sie sich lahmstehen oder gar die gefürchtete Kolik holen. Daß die Sache eine nützliche Seite hat, tut indessen der Freude, dem Jauchzen keinen Abbruch. Und es macht auch nichts, wenn hier und da ein Kind aus seiner luftigen Höhe einmal herunterplumpst, weil an Drittfest selbst die ruhigsten Tiere eine Lust an der Unruhe verspüren. Denn geritten wird auf dem Dungplatz, auf dem man nur ins Weiche, wenngleich nicht unbedingt ins Saubere fällt. Doch an diesem Tag wird nicht einmal über den Schmutzfleck geschimpft.

Zu Ostern, zu Pfingsten und zu Weihnachten ist die Kirche natürlich noch weit besser gefüllt als an den anderen Sonntagen, manchmal wie zum Bersten; man muß sich sputen, wenn man noch einen Platz zum Sitzen finden will. Der ist wichtig, die Gottesdienste dauern; unter einer reichlichen Stunde, zu der leicht noch eine halbe hinzukommen kann, ist es schwerlich getan.

Das hat mehrere und gute Gründe. Erstens gehören zu den größeren Gemeinden entlegene Dörfer, von denen her man zu Fuß mindestens eine Stunde unterwegs ist. Und die Mehrheit der Männer, Frauen und Kinder kommt zu Fuß. Dafür möchte man etwas geboten bekommen, die Gespräche, das Spektakel der an- und abfahrenden Kutschen und die Einkehr der Männer in der Kneipe gegenüber nicht gerechnet, was freilich alles dazugehört. Zweitens will und soll der Pastor ein kräftiges, anschauliches, erbauliches Wort sagen, und der Chor und die Posaunen fordern ihr Recht. Drittens muß man mit der ausdauernden Sangesfreude pommerscher Gemeinden rechnen; jene neumodische, verkürzende Ankündigung – »Vers 1 und Vers 4« – bleibt zu Gottes Lob eine Ausnahme.

Vor allem anderen aber geht es um die Freude überhaupt, und die darf man sich nun wirklich nicht verkürzen lassen. Von dieser Freude kündet das schöne Festeslied, das heute noch jeder kennt und das, anders als die »Stille Nacht«, von keiner sentimentalen Anwandlung bedroht wird:

O du fröhliche,
o du selige,
gnadenbringende Weihnachtszeit!
Welt war verloren,
Christ ist geboren:
freue, freue dich,
o Christenheit!

Aber längst nicht mehr jeder weiß noch, daß es sich um ein dreiteiliges Lied handelt, das nicht nur von Weihnachten spricht, sondern ebenso vom Ostergeschehen:

O du fröhliche,
o du selige,
gnadenbringende Osterzeit!
Welt lag in Banden,
Christ ist erstanden:
freue, freue dich,
o Christenheit!

Und dann und noch einmal das Pfingstgeschehen:

O du fröhliche,
o du selige,
gnadenbringende Pfingstenzeit!
Uns, die Erlösten,
Geist, willst du trösten:
freue, freue dich,
o Christenheit!

In manchen pommerschen Gemeinden gab es die schöne Sitte, daß der Pastor in seiner Osterpredigt etwas Erheiterndes, eine witzige Geschichte einzuflechten hatte. Auf die wartete die Gemeinde dann immer schon voller Spannung, und sie antwortete, wie es der Brauch war: mit dem »Osterlachen«. Tatsächlich: Osterlachen, Gelächter in der Kirche als Bestandteil des Gottesdienstes! Aber warum eigentlich nicht? Abgesehen davon, daß es sich um einen sehr alten Brauch handelte, für den es sogar eine Fachbezeichnung gibt – risus paschalis –, der nur leider in Vergessenheit geriet: Vermutlich wäre es um die Lebenskraft moderner Gemeinden weit besser bestellt, wenn man stets wüßte und sogar zu spüren bekäme, daß der Glaube damit als dem ersten zu tun hat: mit der Hoffnung – und mit der Freude, die aus ihr entspringt.

Zugegeben: Es ging nicht um die Botschaft von der Geburt und der Auferstehung Christi allein, noch bloß um die Ausgießung des Heiligen Geistes – was immer die überhaupt bedeuten mochte. Die hohen Feste des Kirchenjahres nehmen ihren Platz im Rhythmus der Jahreszeiten nicht von ungefähr ein; sie haben mit den Wendemarken und Richtmaßen im Kreislauf des Lebens zu tun. In einer Welt, in der man noch so tief, so elementar ins Natürliche sich eingebunden wußte, in der man die Abhängigkeit der Kreatur vom

Ganzen der Schöpfung nicht erst zu predigen brauchte – in einer solchen Welt war es gewiß weit leichter als heute, die Zusammenhänge mit ganzer Seele zu ergreifen:

Das Licht über der Weihnachtskrippe kündet von der Winterwende; von nun an wird die Dunkelheit zurückweichen, was immer an grimmiger Kälte noch kommen mag. »Verzagt man nicht, es geht auf Ostern!« Und im Ostergeschehen spiegelt sich das Erwachen der Natur zum erneuerten Leben.

Pfingsten aber bildet gleichsam den Torbogen, durch den wir aus dem Frühling in die Pracht des Sommers hinübertreten. Darum werden Tür und Tor, Wohnhaus und Stall, das Pferdegeschirr und die Kutschen, sogar die Wagen, die Lokomotiven und die Triebwagen der Kleinbahn mit dem Gruß aus Birkengrün geschmückt. Darum singen die Pommern mit so inniger Freude, was ihr Herzensdichter, der streitbare und fromme Paul Gerhardt, ihnen aufgeschrieben hat:

Geh aus, mein Herz, und suche Freud
in dieser lieben Sommerzeit
an deines Gottes Gaben.
Schau an der schönen Gärten Zier
und siehe, wie sie mir und dir
sich ausgeschmücket haben.

Die Bäume stehen voller Laub,
das Erdreich decket seinen Staub
mit einem grünen Kleide;
Narzissen und die Tulipan,
die ziehen sich viel schöner an
als Salomonis Seide.

Die Lerche schwingt sich in die Luft,
das Täublein fleucht aus seiner Kluft
und macht sich in die Wälder;
die hoch begabte Nachtigall
ergetzt und füllt mit ihrem Schall
Berg, Hügel, Tal und Felder.

Die Glucke führt ihr Völklein aus,
der Storch baut und bewohnt sein Haus,

das Schwälblein speist die Jungen;
der schnelle Hirsch, das leichte Reh
ist froh und kommt aus seiner Höh
ins tiefe Gras gesprungen.

Der Weizen wächset mit Gewalt,
darüber jauchzet jung und alt
und rühmt die große Güte
des, der so unermüdlich labt
und mit so manchem Gut begabt
das menschliche Gemüte.

Und so immer weiter, ein Gesang, der nicht enden mag, all die vielen Verse entlang.

Warum, warum? Kinderfragen zum Brauchtum

Wenn wir uns noch um einen Schritt weiter vorwagen, dann stoßen wir auf die Tatsache, daß gerade im Umkreis der christlichen Feste durchaus Unchristliches gedeiht. Wir sprechen leichthin vom Brauchtum, doch dessen heidnische Herkunft ist unverkennbar. Wie reimt sich beides zusammen? Im Ursprung wohl so, daß Kreuze und Klöster auf den Trümmern älterer Heiligtümer errichtet wurden; die Kirche trat bewußt und buchstäblich an die Stelle des Heidentums. Entsprechend haben die christlichen Feste jene Wendemarken im Kreislauf der Natur besetzt, an denen immer und überall das Bedürfnis mächtig wird, Unheil abzuwenden und das Heil in der Ordnung der Welt neu zu begründen. Weisheit, die Einsicht ins schlechthin Menschliche läßt den Glauben wie seine Vorläufer und Begleiter aus der gleichen Quelle schöpfen.

Das Bild von der Quelle führt uns sofort zum Beispiel: zum Osterwasser. Seine Verwandtschaft mit christlichem Weihwasser ist unverkennbar und braucht keinen Kommentar. Allenfalls drängt die Frage sich auf, warum die protestantische Kirche hier wie bei manchem anderen so viel spröder geblieben ist als ihre ältere Schwester, mit dem Ergebnis, daß sie das Feld fast kampflos dem Heidnischen überließ.

Das Osterwasser wird am Ostermorgen, kurz vor Sonnenaufgang, von den Mädchen des Dorfes an einer Quelle geschöpft. Das Quellwasser muß nach Osten, zur Sonne hin fließen und gegen die Strömung geschöpft werden. Dann wird es in Eimern nach Hause getragen. Wer sich mit dem Osterwasser wäscht, der bekommt oder behält das Jahr über eine reine Haut ohne Pickel und bleibt überhaupt von Krankheiten verschont. Auf manch einem Bauernhof wird sogar das Vieh mit Osterwasser getränkt, damit es gedeiht.

Nun hat die Sache allerdings einen Haken. Vom Schöpfen an der Quelle bis zur Verwendung des Osterwassers dürfen die Mädchen weder lachen noch kreischen noch reden. Sie müssen absolut stumm bleiben, sonst verwandelt sich das heilsame Osterwasser in wertloses »Schlatterwasser«; der Ausdruck verweist aufs Schlattern – plattdeutsch: schlarre –, aufs Schnattern und Sprechen. Aufgabe oder jedenfalls Ehrgeiz der Burschen im Dorf aber ist es, den Mädchen aufzulauern, sie zu erschrecken, damit sie aufschreien, oder sie durch Fangfragen zum Reden, durch Faxen zum Lachen zu bringen. Wie viel Osterwasser verwandelt sich da nicht ins Schlatterwasser!

Klaus Granzow berichtet vom Unheil kurz vor dem guten Ende: Ein Mädchen ist mit seinem Eimer glücklich bis nach Hause gekommen. In der Küche trifft es auf die Bäuerin, und triumphierend ruft es ihr zu:

»Ick hew dat schafft! Ick hew dat Osterwaoter bet naoh Huus bröcht!«

Da kann die Bäuerin nur lachend antworten:

»Nu geit dat Waoter man werrer ut, denn nu is dat Schlarrerwaoter, wiel du tauletzt doch noch schlarret hest!«*

Das Duell der Mädchen und Burschen hat in der Osternacht schon vor dem Osterwasserholen begonnen: bei Schmackostern oder beim Stiepen. Die Burschen ziehen mit Birkenruten durchs Dorf und versuchen, bei den Mädchen einzudringen, um sie mit den Ruten kräftig durchzustiepen. Doch die Mädchen wissen natürlich, was sie erwartet. Also verbarrikadieren sie ihre Türen oder empfangen die Eindringlinge am Fenster mit einem Eimer voll Wasser.

Auch die Kinder kommen zu ihrem Recht; sie dürfen Osterruten zu Verwandten oder den Paten austragen. Diese

Osterruten bestehen aus Birkenzweigen, die schon Wochen zuvor geschnitten und ins Wasser gestellt wurden, damit sie zum Fest ergrünen. Erste Frühlingsblumen und bunte Bänder ergeben zusätzlichen Schmuck. Mit diesen Osterruten erscheinen die Kinder frühmorgens vor den Betten der Erwachsenen und sagen – zum Schein drohend vor den zum Schein tief erschrockenen Onkeln und Tanten – Verse auf, etwa diesen:

Stiep, stiep, Osterei,
ich bitte um ein Kakel-Ei,
gibst du mir kein Osterei,
stiep ich dir das Hemd entzwei!

Es gab noch manch andere Osterbräuche, aber wir lassen es bei den Beispielen und wenden uns der Weihnachtszeit zu. Wenn abends, wenige Tage vor Heiligabend, aus der Küche auf einmal durchdringend lustvolles Angstgeschrei heraufscholl, dann wußten wir: Der Weihnachtsschimmel war da.

Der Weihnachtsschimmel ist natürlich ein maskierter junger Mann, der sich als Gestell das Vorder- und Hinterteil eines Pferdes umgebunden hat, mit weißen Laken verkleidet. Manche meinen, daß es sich um eine Erinnerung an den germanischen Obergott Odin handelt. Aber wie mischen sich Germanisches und Slawisches zusammen? Wer will und wer kann das so genau noch wissen? Die Ursprünge versinken, die Bräuche bleiben.

Den Schimmel begleitet der Bär, eine ganz in Stroh eingebundene furchterregende Gestalt, vom Bärenführer an der Kette mühsam zurückgehalten. Und zum Bären gesellt sich der Storch.*

Eine Trommel wird geschlagen, der »Trecksack«, die Ziehharmonika ertönt, manchmal auch eine selbstgebaute »Teufelsgeige«. Der Weihnachtsschimmel stößt jeden an oder um, auf den er trifft; der Storch will die Frauen ins Bein beißen; der Bär möchte alle Leute fressen, doch mit Vorliebe junge Mädchen, deren Aufkreischen seinen Appetit deutlich anregt. Am Ende wird ein Korb herumgereicht, und mit Äpfeln, Gebäck und anderen guten Gaben kauft man sich vom Weihnachtsschimmel los.

Damit wir nicht in die Fallen und Schlingen des Unheils geraten, die geheimnisvolle Mächte überall auslegen, gibt es zahlreiche Gebote und, vor allem, Verbote. So darf man zwischen Weihnachten und Neujahr keine Wäsche waschen und, vor allem, keine Wäscheleinen ausspannen. Denn in den Rauhnächten »zwischen den Jahren« geht der Teufel um; er könnte sich in den Leinen verfangen. Dann würde er das ganze kommende Jahr über im Hause bleiben und Mensch und Tier mit Krankheiten schlagen, ihnen gar den Tod bringen. Wohl aus dem gleichen Grunde dürfen auch die Spinnräder nicht benutzt werden.

Oder wurde der Teufelsspuk vielleicht bloß erfunden, damit die Leute ein paar Tage hindurch sich ausruhen, statt immerfort zu arbeiten? Das klingt zu vernünftig, um ganz wahr zu sein. Oder warum darf man, das ganze Jahr hindurch, an Montagen nichts Neues anfangen, weil auch das Unheil bringen könnte? Warum läßt sich das Verbot praktisch umgehen, indem man am Sonnabend schon ein wenig vorarbeitet, also zum Beispiel ein kleines Stück vom Roggen mäht, damit dann, ganz ohne Unheil, die Ernte am Montag voll beginnen kann?

Warum, warum? Kinderfragen, auf die nicht einmal die klugen Erwachsenen Antwort wissen. Nur manchmal erhellt jäh ein Blitz die wahren Zusammenhänge, wie in der folgenden Geschichte. Heute noch, nach fünfzig Jahren, drängt sie sich mit einer Macht in meine Erinnerung, als sei es gestern gewesen, daß sie dem Siebenjährigen geschah.

An einem heißen Julinachmittag ist die Familie mit ihren Sommergästen auf der überdachten Veranda versammelt. Schotenpellen heißt die Parole. Ein Gewitter zieht herauf; bald schlägt Blitz auf Blitz in den nahen See.

»Jetzt brennt es in Großendorf wieder«, melde ich vorlaut. Denn dieses Dorf war vor ein paar Jahren nach einem Blitzschlag fast vollständig in Flammen aufgegangen.

»Aber Junge, so etwas sagt man nicht!« »Mal den Teufel nicht an die Wand!« »Wehe, wehe, es kann ja wirklich passieren!«

Kaum ausgesprochen, kaum zurechtgewiesen, läutet im Dorf schon die Feuerglocke. Es hat tatsächlich eingeschlagen, und ein großer Bauernhof brennt mit Haus, Stall und Scheune bis auf die Grundmauern nieder.

Welch ein Schrecken, welch eine Zentnerlast von Schuld auf dem Herzen! Wenn man sich nur verkriechen könnte, um nie, nie wieder aufzutauchen! Als Glück im Unglück erweist sich am Ende nur, daß die Erwachsenen bei all ihrer Aufregung offenbar vollständig vergessen haben, wer es war, der mit seinem Frevelwort den Blitz zum Einschlagen lenkte.

Nichts geht über das Erntefest

Das Vereinswesen war im ländlichen Hinterpommern nicht gerade hoch entwickelt. Wozu auch? Als Faustregel kann gelten: Vereine fangen dort an, wo Familie, Nachbarschaft und Brauchtum aufhören, die lebensbestimmenden Kräfte zu sein. Denn erst dann entsteht ein Bedürfnis nach neuen Formen der Geselligkeit.

Etwa Sport zu treiben und Sportvereine zu bilden muß ohnehin denen als sonderbar erscheinen, die tagaus, tagein und das ganze Jahr hindurch körperlich schwer arbeiten. Gewiß, die Kinder spielen je nach den Jahreszeiten ihre Spiele; im Winter rodeln sie, und auf dem Eis des Dorfteichs laufen sie Schlittschuh. Dabei haben sie in den meisten Fällen noch gar keine richtigen Schlittschuhe, aber auch auf Stahldrähten, die als Kufen unter die Holzpantinen gezogen werden, kann man trefflich gleiten. Doch es handelt sich um Kindervergnügen, nicht um Sport. Sogar der Fußball hatte seinen Siegeszug noch kaum begonnen; den ersten richtigen Fußball habe ich mit zwölf Jahren gesehen, als ich von zu Hause fort ins Internat geschickt wurde.

Dennoch: Es gibt Vereine. In manchen Dörfern spielt der Feuerwehrverein eine zentrale Rolle. Aber weitaus am wichtigsten ist durchweg der Kriegerverein. Schließlich erinnert er die Männer an ihre stolzeste Zeit, wie das einschlägige Bild in der guten Stube. Man darf auch nicht vergessen, daß seit unvordenklichen Zeiten und bis in den Zweiten Weltkrieg hinein der Soldatenstand in Krieg und Frieden beinahe die einzige Möglichkeit geboten hat, über die Grenzen der Heimat hinauszukommen, sofern man von Handwerksburschen, einigen Fuhrmännern oder den Seeleuten einmal absieht. Davon kann man später zehren und in immer neuen Ausschmückungen erzählen. Der Veteran von 1870/71, bis

Oben: Morgenausritt, die Mutter im Damensattel.
Unten: »Nichts geht über das Erntefest.« Das Überreichen der Erntekrone; im Mittelpunkt, zweijährig: der Verfasser. Neben ihm der Diener Vietzke, ganz rechts Oberinspektor Hesselbarth.

dahin bei guter Gesundheit, legte sich im Juni 1940 unverzüglich zum Sterben nieder, wohl aus Gram darüber, daß ihm sein Monopol für Berichte aus Paris nun genommen war.

So sehr kriegerisch geht es übrigens in den Kriegervereinen gar nicht zu. Wenn man marschiert, dann vorzugsweise ins Wirtshaus. Allerdings wird an Sonntagnachmittagen eifrig mit dem Kleinkalibergewehr auf die Scheibe geschossen. Dafür gibt es im Park zwischen Rumbske und Rowen den Schießstand. »Üb' Aug und Hand fürs Vaterland«, verkündet seine Inschrift. Das lassen alle sich gerne gesagt sein, die Siebzigjährigen mit Brille und Krückstock vorweg. Ein guter Korn macht noch immer das Auge klar und die Hand ruhig.

Den alljährlichen Höhepunkt des Vereinslebens aber bildet das sommerliche Schützenfest. Die besten Schützen werden geehrt; Oberinspektor Hesselbarth hält als Vereinsvorsitzender seine Rede, vorzüglich über die Pflicht und die Schuldigkeit. Doch man weiß schon, daß er statt dessen wieder einmal »Schuld und Pflichtigkeit« sagen wird, und nach dem dreifachen Hoch aufs Vaterland steht dem Vergnügen nichts mehr im Wege.

Gleich neben dem Schießplatz liegt unter dem dichten Dach alter Buchen der Tanzplatz. Vom Laub gereinigt, bildet der feste und glatte Waldboden eine ausgezeichnete Tanzfläche. Holzbänke sind ringsum aufgestellt, und für die Kapelle gibt es ein Podest. Jung und alt huldigen dem Tanz mit Eifer und Ausdauer; Marschpolka und Walzer sind besonders beliebt. »Nirgends sonst gibt es bessere Walzertänzer«, behauptet meine Mutter, die es wissen muß. Auch die Kinder kommen zu ihrem Recht, vom Stangenklettern und Sackhüpfen bis zum Topfschlagen. Am Abend werden Lampions entzündet, deren schummriges Licht alles noch schöner macht. Die Alten sitzen beieinander und schwatzen. Die Jungen schweigen. Die einen verlieren sich nach und nach in ihren Erinnerungen, die andern im weitläufigen Dunkel des Parks.

Doch nichts geht über das Erntefest. Es findet im September statt, nach der Getreideernte und dem zweiten Schnitt des Heus, aber noch vor der Kartoffelernte, und der Zeitpunkt muß früh und genau geplant werden, schon weil in dieser Zeit die Kapellen sich vor der Nachfrage kaum zu retten wissen. In Bauerndörfern ist es üblich, daß Jahr um

Jahr ein anderer Bauer das Erntefest ausrichtet und die Erntekrone erhält; im folgenden allerdings wird von Gutsdörfern erzählt.

Punkt fünf Uhr nachmittags ziehen alle Gutsleute im besten Sonntagsstaat, angeführt vom Hofmeister und der Vorarbeiterin, die Kapelle voran, die einen Marsch intoniert, vom Hof zum Gutshaus. Hier stellen sie sich im Halbrund vor der Freitreppe auf, auf der der Gutsherr und seine Familie sie erwarten. Etwas seitlich der Oberinspektor. Zunächst begrüßt der Hofmeister die Herrschaften. Dann tritt die Vorarbeiterin an die Freitreppe heran, die Erntekrone in der Hand. Die ist kunstvoll aus allen Getreidearten geflochten – Roggen, Weizen, Hafer und Gerste – und mit bunten Bändern zusätzlich geschmückt. Es beginnt der Erntespruch, eigentlich ein langes Gedicht:

Wir grüßen die Herrschaften aufs allerbeste
zum heutigen lieben Erntefeste
und wünschen viel Freude, Lust und Heiterkeit
den Herrschaften und den Arbeitsleut.
So bringen wir die Erntekrone
in dieses Haus zum guten Lohne.
Im Frühjahr sah es traurig aus,
die Felder standen kahl und blaus;
wie sieht dann wohl die Ernte aus?
Doch Gott schickte Regen und Sonnenschein
und gab den Feldern ein gutes Gedeihn.
Bald wurden die Ähren groß und schwer,
sie reiften immer und immer mehr.

Und eines Tages war es so weit:
Die Sensen rauschten durchs Korn, es war eine Freud.
So mancher Schweißtropfen wurde vergossen,
aber weiter ging's täglich unverdrossen.
Dann wurden die Wagen beladen schwer,
es ging in die Schcunen hin und her.
Doch oft auch fuhren die Wagen leer –
Gott schickte Regen, es ging nicht mehr.

Die Ernt' ist nun zu Ende,
der Segen eingebracht, woraus Gott alle Stände
satt, reich und fröhlich macht.

Der alte Gott lebt noch;
man kann es deutlich merken
an soviel Liebeswerken;
drum preisen wir ihn hoch.

Diesem allgemeinen Teil folgt ein persönlicher, eingeleitet mit den Worten:

Nun will ich's hierbei lassen stehn
und will nun an mein Wünschen gehn.

Gesundheit steht an vorderer Stelle, aber kaum weniger wichtig ist der Wohlstand:

Ich wünsche dem Herrn Grafen einen goldenen Tisch,
auf jeder der vier Ecken einen gebratenen Fisch ...

Doch für jeden gibt es einen besonderen Wunsch. Die heiratsfähige Tochter zum Beispiel bekommt zu hören:

Wir wünschen dem Gnädigen Fräulein einen Rosengarten,
darin sie ihren Liebsten kann erwarten.

Oder, konkreter:

Wir wünschen Comtesse Libussa eine Laube von Jasmin,
worin sie kann erwarten ihn.*

Auch Anspielungen auf besondere Ereignisse sind beliebt. Als dem Oberinspektor einmal das Pferd durchgegangen ist und sein Wagen Schaden genommen hat, heißt es, unterm Schmunzeln aller Anwesenden:

Unserem Herrn Oberinspektor Hesselbarth
wünschen wir für jeden Tag eine glückliche Fahrt.

Es versteht sich, daß von Dorf zu Dorf und von Jahr zu Jahr die Erntesprüche sich wandeln. In manchen Dörfern werden regelrechte Ernte-Bücher geführt, in die man die Sprüche mit allen Abwandlungen und Neuerungen sorgfältig einträgt. Leider sind diese Bücher wohl für immer verloren.

Nachdem alle guten Wünsche an den Mann und die Frau gebracht sind, wird die Erntekrone dem Herrn Grafen übergeben, der sich mit einer kurzen Ansprache bedankt. Später erhält die Erntekrone ihren Ehrenplatz auf dem großen Eichenschrank in der Halle des Gutshauses – von wo aus dann freilich nicht selten verdächtiges Mäuserascheln zu hören ist.

Der Oberinspektor bringt ein dreifaches Hoch auf die Herrschaften aus. Dann wird der Choral gesungen: »Nun danket alle Gott.« Und dann setzt sich der Zug zum eigentlichen Festplatz hin in Bewegung. Das ist der Kornspeicher. Seinen Holzboden hat das wieder und wieder umgeschaufelte Getreide längst blank gescheuert, so daß er sich als Tanzfläche vorzüglich eignet. Aber zusätzlich wird noch Leinsamen verstreut, dem die Füße der Tänzer sein Öl auspressen; ein besseres Parkett ist gar nicht denkbar. Der Hofmeister mit der Frau Gräfin und das Vormädchen mit dem Herrn Grafen eröffnen das Tanzvergnügen – indessen mir, dem Jungen, große Tüten mit Bonbons und gebrannten Mandeln in die Hand gedrückt werden, die ich an die Kinder zu verteilen habe.

Alles erfordert übrigens eine präzise Planung. Denn zur Gräflich Krockowschen Güterverwaltung gehören drei Dörfer: Rumbske, Rowen und Zedlin. Und so muß die Eröffnungszeremonie dreifach ablaufen: um zwei Uhr in Zedlin, um halb vier in Rowen, um fünf in Rumbske. Auch später ist ein kritischer Blick auf die Uhr ebenso nötig wie Ausdauer. Denn sehr genau, sehr eifersüchtig wird beobachtet: Mit wem tanzen »die Höfschen« – und wo? Bleiben sie in Zedlin über die Zeit, werden die Rowener murren: Wir sind ihnen wohl nicht gut genug. Oder umgekehrt: Falls man in Rowen sich vertanzt und versitzt, werden die Zedliner grummeln. Walter Kleist, der Chauffeur, der ohnehin als einziger die ganze Nacht hindurch nüchtern bleiben muß, hat die wichtige Aufgabe, zum Aufbruch und Ortswechsel zu mahnen.

Nach der Pause fürs Abendessen setzt das Erntefest erst mit ganzer Stärke ein, und natürlich wird auch kräftig getrunken. Mancher, für den die Treppe zu steil geworden ist, wird auf der Rutsche, die sonst für die Getreidesäcke da ist, vom Kornboden befördert. Manchen trifft man an recht unerwartetem Ort schlafend an. Aber die meisten halten aus, bis längst wieder die Sonne am Himmel steht, bis die Kapelle noch einmal ihre Streichinstrumente mit dem Blech vertauscht und die Standhaften sich zu einem spontanen Zug formieren, der mit Gesangspartien auf einer Strohmiete endet – und mit tollkühnen Sprüngen in eine freilich vom Stroh wohlgepolsterte Tiefe.

Erntefest in Hinterpommern! In dem Choral, der gesungen wurde, heißt es:

Der ewig reiche Gott
woll uns bei unserm Leben
ein immer fröhlich Herz
und edlen Frieden geben
und uns in seiner Gnad
erhalten fort und fort
und uns aus aller Not
erlösen hier und dort.

Wer, als wir dies im September des Jahres 1938 miteinander anstimmen – dreifach, in Zedlin, Rowen und Rumbske –, wer hätte geglaubt, daß es zum letzten Male war, daß es dieses Fest mit seinen Sprüchen und Wünschen, mit dem Choral und mit der Krone aus Roggen, Weizen, Hafer und Gerste nie, nie wieder geben würde?

Was uns trägt

Wahrscheinlich ist es gut, daß wir die Zukunft nicht kennen. Wie sollten wir sonst sie ertragen?

Aber wir wissen von der Zukunft, daß es sie gibt. Um mit diesem Wissen zu leben, brauchen wir die höchste Form des menschlichen Spiels: das Fest. Denn das Fest errichtet, auf Zeit, ein Bollwerk wider die Zeit. Das Fest ist ganz unser eigenes Werk, ein Triumph unserer Freiheit, die wir der Gewalt der Verhältnisse, den Nöten und Niederungen des Daseins abtrotzen.

Zum Gelingen des Fests ist freilich zweierlei unabdingbar.

Einmal erfordert das Fest die Genauigkeit, die Grenzsetzung, Regel und Brauch, Anfang und Ende. Feste kann man nur ganz oder gar nicht feiern, nicht ungefähr, nicht halbwegs oder auf Raten. Durchs Vermischte, Ungefähre und Halbherzige strömt immer schon wieder die Not des Daseins herein, wie Wasser ins lecke Schiff, das zum Untergang verurteilt ist.

Zum anderen erfordert das Fest unsere Hingabe. Wir dürfen nicht knausern, nicht nachrechnen, was es denn kostet, sondern wir müssen verschwenden: unsere Zeit, unsere Mittel, uns selbst. Sonst triumphiert nicht die Freiheit, sondern die Sorge, also die Gewalt der Verhältnisse.

Ein Drittes kommt noch hinzu. Das Festliche nicht als das zufällig Gelungene, sondern buchstäblich genommen, als das Feste, das selbstverständlich Wiederkehrende, als geprägte Form, sichert, tröstet und trägt, wo das rein Individuelle eben nicht mehr trägt, das darum so verzweifelt wie vergeblich nach Wegweisern mit Aufschriften wie »Sinn« oder »Hoffnung« Ausschau hält und so leicht sich verirrt.

Es ist schwer, das Gemeinte in Begriffe zu fassen, aber eine pommersche Geschichte mag es anschaulich machen. Sie spielt, Jahre nach dem Ende im Osten, in einem niedersächsischen Dorf. Eine Frau wird zu Grabe getragen, die aus Rumbske stammt. Nachher finden sich Verwandte und Freunde im Trauerhaus zu Kaffee und Kuchen zusammen. Doch während der Kuchen schon duftet und der Kaffee dampft, sagt der Sohn der Verstorbenen: »Also, so wäre es unserer Mutter nicht recht gewesen.« Denn die hannoversche Landeskirche fällt ins Schweigen, wo die pommersche gesungen hatte: auf dem Weg zum Friedhof und am Grab. »Vielleicht kennt Ihr die Lieder nicht mehr so genau; hier sind die Gesangbücher.« Und so holen wir das Versäumte am festlich gedeckten Tisch nach. Wir sitzen und wir singen, wie es sich gehört: »Jesus, meine Zuversicht« und die beiden Schlußverse des Liedes »Morgenglanz der Ewigkeit«. Danach sagt der Sohn, tief befriedigt: »Jetzt ist es richtig. Guten Appetit!«

Wo es Feste noch gibt, seien sie vorläufig noch so fern, da sind wir geborgen. Sogar in schrecklich festarmer, in kahler und kalter Zeit gilt darum und enthüllt seinen Sinn der Satz: »Verzagt man nicht, es geht auf Ostern.«

Das werden wir ihr schon noch abgewöhnen

Ein seltenes und sonderbares Wild

»Wenn anläßlich der Grünen Woche die ostelbischen Junker mit ihren bernsteinbehangenen Frauen aus den Wäldern treten ...« – so begann einmal, ausgerechnet im ›Stürmer‹, eine Reportage. Sie verzeichnet natürlich; Schmuck wurde nur sparsam, fast möchte man sagen: demonstrativ unauffällig getragen, niemals protzig zur Schau gestellt. Wer tatsächlich sich behing, galt als »neureich« und wurde abschätzig »Klirrziege« genannt.

Und doch, was ist in den wenigen Worten nicht alles enthalten: Spott, Staunen, Befremden, wie über ein seltenes und sonderbares Wild, das halb die Bewunderung weckt – und halb schon die Jagdgier und Mordlust. Ohnehin beherrschen die Vorurteile, die falschen Vereinfachungen, die Karikaturen das Feld; unausrottbar laufen die »Zitzewitze« um – nach der Art, daß jemand in seiner Familie »der Bücherwurm« genannt wurde, weil er sich eine Probenummer der Zeitschrift ›Wild und Hund‹ hatte kommen lassen. Übrigens wurden diese Witze von den Betroffenen teils selber erfunden, wie die Judenwitze von Juden, teils behaglich erzählt: von den Puttkamers über die Zitzewitze, mit denen sie so vielfach verschwägert waren, oder umgekehrt.

Wenn wir aber die Lebensregeln, die sozialen Verhältnisse in den ostdeutschen Provinzen und zumal in Pommern verstehen wollen, dann müssen wir durch alle Nebelschwaden von Vorurteilen hindurch zu diesen »Junkern« uns vorarbeiten. Denn sie bilden nun einmal ihrem Anspruch wie dem Ansehen nach den Kern oder vielmehr die Spitze der gesellschaftlichen Ordnung; sie stellen nicht nur die großen Grundbesitzer, sondern ebenso die leitenden Beamten, die Landräte, die Regierungs- und Oberpräsidenten, die Minister, die Offiziere und die Heerführer; sie besetzen Schlüsselstellungen im »Bund der Landwirte« wie in den konservativen Parteiorganisationen. Sie schaffen also gleichsam Magnetfelder; die anderen sozialen Gruppen geraten in ihren

Bannkreis und ordnen sich ihnen zu, sei es selbst – oder gerade – in der Distanz, im Widerspruch und Konflikt.

Kein Zuckerschlecken

Alles beginnt mit dem Land. Es ist das A und das O, der Anfang und das Ende. Denn in der alten, vormodernen Ordnung der Welt diktiert das Land nicht bloß die Bedingungen der Arbeit und des Lebens überhaupt, sondern an ihm hängt zugleich, wie an einer Kette aus Stahl, das soziale Grundgesetz: Wer über das Land verfügt, der ist der Herr.

In Pommern gehörte die Hälfte der landwirtschaftlichen Nutzfläche zum großen Besitz mit mehr als vierhundert Morgen oder hundert Hektar – freilich mit abnehmender Tendenz: Vor dem Ersten Weltkrieg, im Jahre 1907, betrug der Anteil 51,1 Prozent, 1925 waren es 49,8 und 1933, am Ausgang der großen Krise, bloß noch 45,4 Prozent. Aber einzig in Mecklenburg stieg dieser Anteil noch höher. Und schon in Ostpreußen fiel er deutlich ab. Im Reichsdurchschnitt, der ja die Ostgebiete einschloß, betrug er 20 Prozent.

Aus der landwirtschaftlichen Statistik von 1925 geht hervor, daß das Schwergewicht bei Gütern zwischen achthundert und zweitausend Morgen lag. Von ihnen gab es in Pommern 1248. Weitere 546 Betriebe besaßen zwischen zwei- und viertausend Morgen, und nur 42 reichten darüber hinaus. Im hinteren Hinterpommern, dem Regierungsbezirk Köslin, waren es ganze 18. Der Krockowsche Komplex von Rumbske, Rowen und Zedlin, mit einem zusätzlichen Waldbesitz in Klenzin, gehörte mit seinen 8300 Morgen – einundzwanzigeinhalb Quadratkilometern – bereits in eine sehr kleine Spitzengruppe.

Aber was eigentlich besagen die Zahlen? Daß wir es mit großen Herren und reichen Leuten zu tun haben, mit Magnaten, die praktisch sich leisten konnten, was sie nur wollten? Nein, das wahrhaftig nicht. Zwar mochte es übertrieben sein, wenn zur Zeit Friedrichs des Großen ein ostpreußischer Graf Lehndorff von der höheren Warte seines bedeutenden Besitzes aus spottete, in Pommern kämen auf ein Dorf zehn Ritter, zwei Bauern und sonst nur Sand. Doch noch Bismarck berichtet aus seiner Jugend von Gutshäusern, die aus Fachwerk erbaut waren, mit Stroh gedeckt und mit einer Diele aus gestampftem Lehm, der säuberlich mit Sand bestreut wurde. Als man im Jahre 1803 auf Trieglaff, einem großen, später Thaddenschen Besitz, der damals elf Güter umfaßte, Inventur machte, gab es im Herrenhaus weder Tafelsilber noch Porzellan und nur wenige Bilder.

Und Geld? »Geld ist dort schwer zu finden in den Rummelsburger Bergen«, schrieb Bismarck 1850 an seine Frau.* Er hat später trotzdem sich dort angekauft, nach seinem Triumph und der Königsgabe von 1866: in Varzin. 1868 nahm er eine Papiermühle in Betrieb, und 1874 ließ er den »Fürstenbau« errichten. Doch Bismarck war aufs Einkommen aus dem Gutsbetrieb natürlich kaum angewiesen, und so konnte er die Weite des Landes und seiner Wälder ebenso ungestört genießen wie die Distanz zu Berlin. Hätte der Reichsgründer im übrigen der Leidenschaft zur Jagd gefrönt wie der zur Macht, so wäre ihm gewiß der Wildreichtum zustatten gekommen. In der Nachbarschaft von Varzin lag das Zitzewitzsche Püstow. Da schoß man Wildschweine wie anderswo Hasen, zum Beispiel bei einer einzigen Jagd mit nur wenigen, allerdings ausgesuchten Schützen 120 Stücke Hochwild, davon 86 Sauen. Wie ein Besucher es einprägsam formuliert hat: »Der uralisch-baltische Höhenrücken ist nur jeeignet für den Kiefernspanner, die wilden Schweine und die pommerschen Ureinwohner.«

Aber eines gehört folgerichtig zum anderen. Wo so viel Wild sich umtreibt, kann es mit der Landwirtschaft nicht weit her sein, und Geld ist tatsächlich um so schwerer zu finden. Zwar in den Gebieten zwischen dem pommerschen Höhenrücken und der Ostsee mögen die Böden mindestens teilweise besser und die wilden Schweine seltener sein. Aber zu einem Reichtum, der sich mit dem alten von hanseatischen Kaufleuten oder mit dem neuen von Berliner, Frankfurter und Kölner Bankiers oder von rheinisch-westfälischen Industriellen nur von ferne vergleichen ließe – nein, zu einem solchen Reichtum reichte es nirgends. Und dabei ist von den Schulden noch gar nicht die Rede, die mit den periodisch aufbrechenden Agrarkrisen wieder und wieder sich häuften. In der Weltwirtschaftskrise erreichte die durchschnittliche Betriebsverschuldung in Pommern und in der Grenzmark 118,8 Prozent der sogenannten Einheitswerte; nirgends sonst kletterte sie in diese Höhe – wohlgemerkt: die durchschnittliche Verschuldung und nicht etwa die von schlecht geführten und konkursreifen Betrieben.

Wir werden uns hüten, die pommerschen Junker nun kurzweg arm zu nennen. Das waren sie nicht. Nur eben: reiche Leute waren sie erst recht nicht. Sie mußten haushalten, sehr genau rechnen und sparsam wirtschaften. Wer es nicht tat, wer in seinem Beruf als Landwirt sich als Stümper erwies, der Spielleidenschaft frönte oder sonst über seine Verhältnisse lebte, der konnte sich schwerlich lange halten. Kargheit bestimmte das Leben. Um halbwegs zur Anschauung zu bringen, was sonst so farblos wirkt, sei eine Geschichte erzählt.

Meine Mutter macht als Braut ihren Antrittsbesuch bei der Schwiegermutter, der »eisernen Gräfin«, in Rumbske. Wie gesagt: Es handelte sich um einen der wenigen Spitzenbetriebe, weit jenseits des bescheidenen Karzin, aus dem meine Mutter stammte. Und mein Großvater Krockow wurde von Verwandten und Nachbarn »Klondike« genannt – ein um die Jahrhundertwende beziehungsreicher Name, der auf die Goldfunde in Alaska anspielte; mit allem, was dieser Großvater anfaßte, wußte er seinen Wohlstand zu mehren. Und seinen Sohn ließ er bei den Leibgardehusaren in Potsdam bis zum Rittmeister avancieren: in einem der teuersten Regimenter der Christenheit, von dem andere Herren aus Pommern nicht einmal zu träumen wagten, weil man da einen eigenen Turnierstall unterhalten mußte.

Antrittsbesuch also, steif und verlegen. Tee wird gereicht. Meine Mutter, halbwegs weltläufig aufgewachsen – ihr Großvater war der Staatsminister Robert von Puttkamer, ihr Vater Polizeipräsident in Kiel –, meine Mutter schaut sich suchend um, vergeblich. Sie fragt schließlich: »Kann ich wohl Zucker bekommen?«

Darauf die Eiserne, eisernen Gesichts, zum Diener: »Vietzke, bringen Sie den Zucker.«

Vietzke geht, kehrt zurück, reicht das Gewünschte. Und sagt, beruhigend, zur Gräfin: »Na, das werden wir ihr schon noch abgewöhnen.«

Sie hat es sich abgewöhnt. Wo käme man denn auch hin, wenn man das Leben versüßen wollte, als sei es ein Zuckerschlecken?

Dat is üm's Nest

»Wir halten diese Wahrheit für selbstverständlich: daß alle Menschen gleich geschaffen und von ihrem Schöpfer mit unveräußerlichen Rechten ausgestattet sind; zu diesen Rechten gehören Leben, Freiheit und das Streben nach Glück.«

Das ist der Kernsatz der amerikanischen Unabhängigkeitserklärung von 1776. Er kündet von der großen Verheißung eines neuen Zeitalters; das ganze Selbstverständnis des modernen Menschen steckt darin, ein wahrhaft und handgreiflich revolutionäres Prinzip, zugleich mit dem Anspruch an die Gesellschaft, an die Rechtsordnung und an den Staat, für seine Verwirklichung zu sorgen. Und es folgt daraus eine schier endlose Kette von Konflikten, von Erschütterungen und Umwälzungen, von Hoffnungen und freilich auch von Bitterkeiten. Denn natürlich bleibt die Wirklichkeit hinter dem Wünschbaren immer enttäuschend zurück.

Aber die Tiefe der Erschütterung, die Wucht der Umwälzung wird erst sichtbar im Vergleich. In der vormodernen Welt gibt es keine Gleichheit, sondern eine Rangordnung der Ungleichheit. In sie wird man hineingeboren, und die Geburt bestimmt über das Schicksal. Schon ob man der älteste oder ein jüngerer Sohn seines Vaters ist, macht Entscheidendes aus. »Der König teilt das mit dem Pferd, daß, wie dieses alte Pferd, der König als König geboren wird«, schreibt Karl Marx mit beißendem Spott*. Doch das biologisch abgeleitete Prinzip gilt nicht bloß für den König. Es gilt für den Edelmann, den Bauern, den Knecht gleichermaßen.

Nachträglich fällt es schwer, dies zu verstehen. Vielleicht wird es halbwegs einsichtig, wenn man sich daran erinnert, daß es um eine Ordnung geht, die nicht auf den Wandel, sondern aufs Bleibende, das im Kreislauf des Lebens immer Wiederkehrende angelegt ist. In einer solchen Ordnung wird das Geburtsprinzip zum Mittel, Konflikte zu vermeiden: Über das, was stets schon vorweg von Gott oder der Natur entschieden wurde, muß man nicht erst mit Menschengewalt streiten. Das Feste, Stehende, Ständische schafft einen Halt, den die Revolution der Gleichheit unwiderruflich zerbricht. Darum sagt der französische Aristokrat Alexis de Tocqueville, vor nunmehr einhundertfünfzig Jahren, in der Einleitung zu seinem großen Werk ›Über die Demokratie in Amerika‹: »Das vorliegende Buch ist völlig unter dem Eindruck einer Art religiösen Erschauerns geschrieben, den der Anblick dieser unwiderstehlichen Revolution im Herzen des Verfassers hervorgerufen hat: dieser Revolution, die seit Jahrhunderten über alle Hindernisse hinweg voranschreitet und die wir heute inmitten der Ruinen, die sie geschaffen hat, immer noch vordringen sehen.«*

Wo vom Geburtsprinzip so vieles, beinahe alles abhängt, beschränkt sich unabwendbar der Heiratskreis. Nicht auf die Neigung kommt es an – die mag sich einfinden oder nebenher ihre eigenen Pfade suchen –, sondern aufs Passende. Wenn wir heute aus Entwicklungsländern, etwa aus Indien, hören, daß bereits Kinder verheiratet oder von ihren Eltern einander versprochen werden, dann empören wir uns. Aber hier kommt uns schon wieder unsere ganz andere, die moderne Einstellung in die Quere. Natürlich ist auch Materielles im Spiel. Dem Erben des Bauernhofs soll die Braut eine gehörige Mitgift mitbringen, wenn möglich den Acker, der zum eigenen paßt. Doch kaum weniger wichtig ist das Passende in einem weiteren Sinne: das Standesgemäße. Und je höher auf der sozialen Leiter man steigt, desto wichtiger wird es, weil die Schluchten steiler gähnen, in die man abstürzen kann.

»Bekanntlich«, heißt es in einem Bericht aus dem alten Pommern, »werden die Ehen der Bauern von denselben Gesichtspunkten aus geschlossen, wie die der Fürsten. Äußere Rücksichten, Ebenbürtigkeit, die Beziehungen der Höfe zueinander wirken bestimmender als das ›Neigen von Herzen zu Herzen‹. Die sind von Jugend auf an den Gedanken gewöhnt, daß sie in diesen Angelegenheiten nicht ausschlaggebend mitzusprechen haben, und so kommt es selten vor, daß sie der Vernunft entgegen vorlaut werden.« Oder wie ein Mädchen so knapp wie genau auf die Frage antwortet, warum sie denn einen Mann heiraten will, zu dem sie wenig Neigung verspürt: »Dat is jo nich üm'n Vagel (den Vogel), dat is üm's Nest.«*

Der Wille, den Besitz zusammenzuhalten oder zu mehren, und die Nötigung zum Standesgemäßen beschränken, zusammengenommen, den Heiratskreis natürlich erst recht. Am pommerschen Adel kann man den Sachverhalt beispielhaft ablesen. Er heiratet unter sich, und daraus kann leicht entstehen, was man »Inzucht« nennt. Im naheliegenden, eigenen Beispiel: Die Zahl der Ahnen in der fünften Generation, bei den Ur-Ur-Ur-Großeltern, sollte sich eigentlich auf zweiunddreißig belaufen. Aber ich bekomme nur zweiundzwanzig zusammen. Zehn fehlen. Sie sind nicht etwa unauffindbar, vielmehr wohldokumentiert. Aber die gleichen Namen tauchen zweifach, dreifach auf; Vettern und Cousinen fiel nichts anderes ein, als untereinander zu heiraten. Das Ergebnis ist, was ein Fachausdruck als Ahnenschwund bezeichnet.

Die gleichen Namen: wieder und wieder die Zitzewitz und, vor allem, die Puttkamer. Schon unter den vier Großeltern sind drei Puttkamer, unter den acht Urgroßeltern fünf. Und die Männer heißen meist Jesco oder Jesko, allenfalls, bei überschäumender Phantasie, Hans- oder Karl-Jesco. Da soll einer sich zurechtfinden! Am besten ist es, sich an die Güter zu halten: »Der Karziner« oder »der alte Glowitzer«: da weiß jeder, wer gemeint ist. Nur dem Gesorker ergeht es übel; seit in den dreißiger Jahren das fatale Radieren alter Ortsnamen beginnt, müßte er eigentlich »der Kleinwasserer« heißen.

Gottlob gibt es im Menschlich-Allzumenschlichen keine Regel ohne die gehörige oder ungehörige Ausnahme. So manche makellose Ahnenreihe, wie sie der ›Gotha‹ – das ›Genealogische Handbuch des Adels‹ – dokumentiert, verschweigt den einstigen Skandal, in dem mit der wirklichen Vaterschaft die Passion über den Standesstolz siegte. Beinahe sprichwörtlich war im übrigen die jüdische Bankierstochter aus Köln, die man heiratete, wenn man sich anders vor Schulden nicht mehr zu retten wußte. Dann mußte man als Offizier zwar seinen Abschied nehmen, wie nach einem unehrenhaft verweigerten Duell. Aber schon in der nächsten Generation ging alles wieder seinen standesgemäßen Gang.

Im Beispiel gibt es nichts zu verschweigen, sondern Interessantes zu besichtigen. Denn in Rowen, gleich neben dem alten Gutshaus, in dem der Oberinspektor Hesselbarth residiert, liegt das Erbbegräbnis: zwei gemauerte Gewölbe, in die Generation um Generation die Särge hineingeschoben werden. Der Friedhof der Gutsleute und Bauern liegt ein paar hundert Meter entfernt. Doch fünf Schritte neben dem Erbbegräbnis, zur linken Hand, sieht man ein einsames Grab: Fräulein Friederike Jochmus, Tochter des Amtmanns Johann Eberhard Jochmus.

Wie ist das einsame Fräulein Jochmus zu diesem Platz gekommen? Sehr einfach: Es ist für sie der einzig mögliche. Denn zu Lebzeiten ist sie die Haushälterin des Grafen Krokkow, der, statt zu heiraten, mit ihr einen Sohn zeugt – Otto Jochmus. Und der wird, weil er die Güter erbt, durch königliche Kabinetts-Ordre Herr von Krockow. Auf dem Friedhof der Bauern und Gutsleute kann man die Mutter des Herrn wirklich nicht zur letzten Ruhe betten, freilich im Erbbegräbnis auch nicht. So bleibt nur dieser Platz zur linken Hand.

»Hoch lebe Fräulein Jochmus!« hieß es später in der Familie, »sie hat uns vor der Vertrottelung bewahrt.« In der Tat. Darum wurde ihr sogar verziehen, daß sie für zwei Generationen den Grafentitel kostete.

Man darf das Biologische freilich nicht überschätzen. Das Menschliche am Menschen beginnt allemal erst jenseits dessen, worin ein finsterer Rassenwahn mit seinem Aberwitz von Zucht und Züchtung, von der Reinheit oder Schande des Blutes sich verlor. Viel wichtiger ist die soziale Prägung. Die allerdings reicht in die Weite und in die Tiefe, wo das Geburtsprinzip herrscht. Denn jeder – der Mann wie die Frau, der König, der Bauer, der Edelmann, der Knecht –, jeder wird eben vom Schicksal in seinen Stand hineingestellt. Der Stand ist das Feststehende, das unvordenklich Befestigte: ein genau umrissener Horizont der Ansprüche und der Zumutungen, der Rechte und Verpflichtungen, der Regeln für das Schickliche und Unschickliche, für Ehre und Unehre. Und solange es Alternativen kaum gibt, können sie auch nicht zum Hebel werden, um das Bestehende aus den Angeln zu heben. Wie es in einem oft gesungenen Kirchenlied heißt:

Friedhöfe gleichen einer Wildnis; die Grabsteine sind überwuchert, verschwunden. Zwei Ausnahmen: In Rowen hat Fräulein Jochmus, in Karzcino-Karzin ein Puttkamer überdauert, »fürs Vaterland gefallen am 24. Juli 1917«.

Gib, daß ich tu mit Fleiß, was mir zu tun gebühret,
wozu mich Dein Geheiß in meinem Stande führet.
Gib, daß ich's tue bald, wann ich es tuen soll,
und wenn ich's tu, so gib, daß es gerate wohl.

Es entsteht ein Typus, dessen soziale Prägekraft bis ins Körperliche hineingreift: eher groß als klein, eher hager als rundlich, schmalschädelig und mit großer Nase. Man sagt, daß alte Ehepaare oder Herr und Hund im Ablauf der Zeit einander immer ähnlicher werden. Hier aber, wo es nicht bloß um eine Lebensspanne, sondern um die Abfolge von Generationen geht, scheint besonders der Umgang mit Pferden sich auszuwirken.

Der Typus macht noch das Abweichende, das Außer-Ordentliche als solches kenntlich. Dieses Außerordentliche hat zumal dann eine Chance, wenn unterschiedliche, aber je für sich starke Prägungen aufeinandertreffen – etwa die adlige und die bürgerliche. Otto von Bismarck liefert dafür das bedeutendste Beispiel.

Beim pommerschen Gutsherrn mag das Geld fast immer knapp sein – was ihn übrigens zuverlässiger vor der Verführung zum Beliebigen schützt, als alle Tugendpredigten es je könnten. Aber er ist der Herr; er herrscht über Haus und Hof, das Dorf, über »die Leute«. Das Herrentum ist sein Leben; darum bekämpft er erbittert den Wandel, der es mit Auflösung bedroht. Man mag die starre Verteidigung des Überlieferten je nach dem Standpunkt borniert oder bewundernswert nennen; unverständlich ist sie nicht. Menschen sind so beschaffen, daß sie eher ihr Leben opfern als das, was diesem Leben seine Gestalt und den Sinn gibt.

Vom Doktern

Ein strahlender Sommermorgen, wie er sein soll: Ganz still ist die Luft und etwas feucht noch. Aber man fühlt schon die Hitze des Tages, die kommen wird. Wahrlich ein Morgen, wie gemacht für den Geburtstag meiner Mutter. Alle, die Familie, der Diener und die Mamsell, Stuben- und Küchenmädchen, die Hausgäste, versammeln sich vor ihrer Schlafzimmertür und singen das Lied, das sie so liebt:

Lobe den Herren, den mächtigen König der Ehren,
meine geliebete Seele, das ist mein Begehren.
Kommet zu Hauf,
Psalter und Harfe, wacht auf,
lasset die Musika hören!

Geburtstag oder nicht, die Tagespflicht ruft. Also begleite ich – ein Junge von acht oder neun Jahren – meine Mutter wenig später auf dem Weg zum Gutsgarten. Kaum aus dem Haus, naht ein Mann, weinend:

»Frau Jräfin, Frau Jräfin, Sie müssen helfen! Es ist was Schreckliches passiert.«

»Um Gottes willen, Lemke, was denn? Ist die Kuh krepiert?«

»Ne, Frau Jräfin, ne, schlimmer.«

»Ist jemand gestorben?«

»Ne, Frau Jräfin, noch schlimmer.«

»Aber was denn? Nun reden Sie schon.«

»Meine Frau hat heut' nacht Drillinge jeboren.«

Nicht bloß für den Mann, der sich vom Schicksal geschlagen fühlt, weil er nur auf ein Kind vorbereitet war, hat diese Geschichte durchaus andere als komische Seiten. Sie wirft ihr helles Sommerlicht auf ein Verhältnis, das man mit einem schillernden und im Rückblick erst recht mißverständlichen Begriff das patriarchalische nennt: Den Vorrechten des Herrn entsprechen die Pflichten der Fürsorge. Und am Tun oder Lassen der Gutsherrin werden sie wohl noch besser sichtbar als an dem des Gutsherrn.

Meine Mutter kümmerte sich, gerufen oder ungerufen, um die Kranken; sie entschied, wann der Arzt geholt werden mußte oder gar eine Überführung ins Krankenhaus nötig war. Denn für sie, wie für so viele andere, galt selbstverständlich der Satz: »Wenn wir Landwirtsfrauen nichts vom Doktern verstehen, dann sind wir überhaupt nicht zu brauchen.«*

Gegen den Husten half der Brusttee, species pectorales – ein Gebräu aus Eibischwurzel, Süßholz, Veilchenwurzel, Huflattich, Wollblume, Anis und wer weiß was sonst noch, das so übel schmeckte wie der Löffel Lebertran nach dem

Mittagessen. Im übrigen schwor meine Mutter auf die Homöopathie. Fachleute und die Schulrichtungen der Medizin mögen darüber streiten, ob sie tatsächlich hilft. Kaum bestreitbar aber dürfte sein – auch medizinisch erprobt –, daß hier wie so oft der Glaube es ist, der die Berge versetzt. Wenn die Frau Gräfin meinte, daß ihre Medizin guttat, dann tat sie es wohl wirklich.

Doch das galt nicht nur für die Homöopathie. Als Kind litt ich unter Gerstenkörnern, schmerzhaften und eitrigen Entzündungen der Augenlider. Damit wurde meine Mutter spielend fertig, indem sie das beginnende Gerstenkorn mit dem goldenen Ehering einfach »wegstrich«. Als ich nun mit zwölf Jahren ins Internat geschickt wurde und das nächste Gerstenkorn nahte, wandte ich mich um Hilfe an die hier zuständige Krankenschwester. Die aber zweifelte an der Behandlung, von der ich ihr erzählte. »Das nützt nicht. Na ja, wenn du unbedingt willst, können wir es einmal versuchen.« Natürlich half es nun nicht mehr; der Zauberbann der Heilkraft war mit dem Zweifel gebrochen, und so blieb mir keine andere Wahl, als seitdem die Gerstenkörner zu ertragen, bis sie entweder von selbst platzten oder aufgestochen wurden.

An dieser Stelle muß eines weithin berühmten Mannes gedacht werden: des Schäfers im Zemminer Moor. Er wandte nicht nur seine im Umgang mit den Schafen erworbene Weisheit auf die Menschen an und half bei der Sehnenentzündung, dem Überbein, der Verrenkung, den Schmerzen im Rücken. Er besprach auch: die Warzen oder die Gürtelrose. Sogar der Chef des Krankenhauses in Stolp, der als »Pommernschlächter« bekannte Chirurg Professor Creite, »überwies« nicht selten – und mit Respekt – Patienten an den »Kollegen im Moor«.

Wie die Verhältnisse bald nach der Jahrhundertwende aussahen und welche Anforderungen sie stellten, daran hat meine Mutter als alte Frau sich erinnert und es aufgeschrieben. Hier ein Auszug aus ihrem Bericht:

»Leider war die Tuberkulose damals noch sehr verbreitet, und es kam nicht selten vor, daß ganze Familien, sich in den kleinen Wohnungen gegenseitig ansteckend, im Lauf der Jahre ausstarben. So war die erste Tote, die ich, noch selber sehr jung, erblickte, die bildhübsche achtzehnjährige Tochter des Karziner Lehrers, ein sehr zartes Mädchen, das elend an Tuberkulose zugrunde ging. Ich ging mit Mama hin; im Brautkleid, mit Kranz und Schleier, lag das Kind im Sarg, ein erschütternder Anblick, den ich nie vergessen werde ...

Bei Verletzungen mußten wir oft helfen, und Mama hatte ein ganzes chirurgisches Besteck. Wie oft haben wir eiternde Geschwüre aufgeschnitten und kleinere Wunden verbunden! Aber es kamen auch ernstere Verletzungen vor.

So wurde ich einmal, als Mama verreist war, morgens aus dem Bett geholt: Da hat sich einer so schlimm geklemmt. Ich eilte mit allem nötigen Desinfektions- und Verbandszeug hin – am Tisch saß ganz ruhig einer unserer jüngeren Arbeiter, Ellbogen aufgestützt, die verletzte Hand in die Höhe haltend. Er hatte sich das obere Daumenglied abgequetscht und man sah nur noch den weißen bloßen Knochen. Ich, ungefrühstückt, machte einen Notverband und beorderte den Mann zur Operation nach Stolp ins Krankenhaus. Als er verladen war und ich meinen Kram wieder zusammenpackte, bemerkte ich ein merkwürdiges Stück auf dem Tisch, an dem der Mann gesessen hatte. ›Was ist denn das?‹ fragte ich. Antwort: ›Das is das Stück vom Finger, was er sich hat abjequetscht!‹ Fluchtartig verließ ich den Raum, ehe mir schlecht wurde.

In einem der folgenden Winter machte ich einen Rot-Kreuz-Kursus in Berlin mit, bei dem ich zunächst sechs Wochen auf einer Unfallstation in einer recht belebten Straße arbeiten mußte. Was da manchmal von der Straße hereintaumelte oder von Sanitätern gebracht wurde, war unbeschreibbar. Aber ich lernte viel dabei, was mir später zugute kommen sollte.

 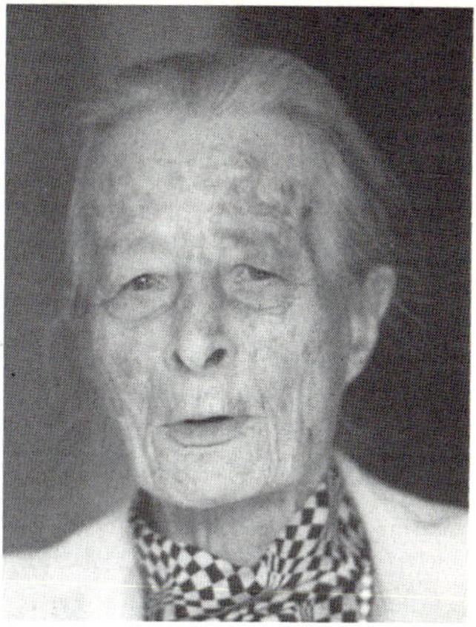

Die Großmutter, »Frau Liebe«, und die Mutter des Verfassers (rechts); Aufnahmen jeweils im 90. Lebensjahr. Siehe die ›Erinnerungen einer alten Frau‹.

So brachte eines Tages in Karzin ein Vater seinen etwa zehnjährigen Sohn mit einer tiefen Fleischwunde am Bein, die heftig blutete. Ich sagte: Das muß unbedingt genäht werden, sonst dauert die Heilung, wochenlang und es bleibt eine sehr häßliche dicke Narbe. ›Das kann ich nicht‹, sagte Mama – ich nahm allen meinen Mut zusammen: ›Aber ich.‹

So holten wir schnell alles zusammen, was wir brauchten. Nachdem ich die ganze Stelle mit Jod abgepinselt hatte, sagte ich zu dem Kind: ›Es wird ein bißchen pieksen, aber wenn du gut stillhältst, geht es ganz schnell und du kriegst nachher eine Tafel Schokolade von mir.‹ So hielt der Vater das Kind in seinen Armen, und Mama mußte das Bein festhalten. Ich nähte mit drei Nadeln und konnte die Wundränder fest zusammenziehen – aufatmend standen wir dann um das Kind herum, das übrigens nicht gemuckst hatte. Nur die dicken Tränen kullerten die ganze Zeit. Der Vater drückte mir begeistert die Hand, und selbst Mama bestaunte meine Arbeit. Nach einigen Tagen Bettruhe lief der Junge wieder herum, und die Sache heilte tadellos.«

Soweit der Bericht. Es ging aber nicht bloß um die Versorgung der Kranken oder der Alten. Es ging ebenso um das geistliche Wohl. In den Wintermonaten hielt meine Mutter für die Frauen des Dorfes wöchentlich eine Bibelstunde ab, die freilich durchweg auf zwei oder sogar drei Stunden sich dehnte. Denn eigentlich handelte es sich um die alte Einrichtung der Spinnstube.

Die Frauen kommen zusammen, und während die Spinnräder surren, wird ein Kapitel aus der Bibel vorgelesen und zur sinnfälligen Nutzanwendung ausgelegt. Mehr noch werden Lieder gesungen, fromme Volkslieder und weltfreudige Kirchenlieder im bunten Wechsel. Und vor allem ergibt sich die Gelegenheit zur Aussprache über die immerwährenden Sorgen und Nöte des Lebens. Wenn der Mann trinkt, das Kind es auf der Brust hat, die Tochter mit einem geht, mit dem sie besser nicht gehen sollte oder gar die Kuh keine Milch gibt, dann kann man es der Frau Gräfin anvertrauen und ihren Rat, ihre Hilfe erbitten. So handelt es sich zugleich um eine Art von gemeinschaftlicher Informations- und Sprechstunde – um eine »Weiberverschwörung«, wie jemand unter den ausgeschlossenen und doch betroffenen Männern es grimmig formuliert, nachdem er hört, daß auch von ihm kritisch die Rede war. Bei drei Dörfern sind im übrigen für die Frau Gräfin drei Winternachmittage mit den Bibelstunden schon belegt.

In der Spätzeit macht die NS-Frauenschaft den Versuch, etwas wie eine Konkurrenzeinrichtung zu schaffen. Nach langer Vorbereitung lädt sie zu einem »Kulturabend« ein. Es wird tatsächlich ein bemerkenswerter Abend; sogar der Herr Kreisleiter beehrt mit seiner Anwesenheit und verleiht Mutterkreuze.

Reden werden gehalten und Lieder werden gesungen – freilich etwas schütter, weil man die Melodien nicht kennt und die Texte vom Blatt ablesen muß. Auch Gedichtetes wird vorgetragen, Selbstgemachtes, etwa dies:

> Unser Führer, der ist ein Prophet,
> der von vielen Farben was versteht.
> Und von all der Farbenpracht
> hat er sich das Hitler-Braune ausgedacht.

Natürlich folgt am Ende die spitze Frage: »Frau Gräfin, was meinen Sie nun dazu?« Angespannte Stille.

»Ich meine, wir sollten zum Abschluß dieses schönen

Abends unsern guten alten Choral singen.« Und sie stimmt an, und alle stimmen freudig ein:

Eine fest Burg ist unser Gott,
eine gute Wehr und Waffen,
er hilft uns frei aus aller Not,
die uns jetzt hat betroffen.
Der alt böse Feind
mit Ernst er's jetzt meint,
groß Macht und viel List
sein grausam Rüstung ist,
auf Erd ist nicht seinsgleichen.

Und immer kräftiger tönt es, Wort um Wort, Zeile für Zeile, Vers nach Vers, während der Kreisleiter und die NS-Frauenführerin versteinern:

Mit unsrer Macht ist nichts getan,
wir sind gar bald verloren;
es streit' für uns der rechte Mann,
den Gott selbst hat erkoren.
Fragst du, wer der ist?
Er heißt Jesus Christ, der Herr Zebaoth,
und ist kein andrer Gott;
das Feld muß er behalten.

Und wenn die Welt voll Teufel wär
und wollt uns gar verschlingen,
so fürchten wir uns nicht so sehr,
es soll uns doch gelingen.
Der Fürst dieser Welt,
wie saur er sich stellt,
tut er uns doch nichts;
das macht, er ist gericht:
ein Wörtlein kann ihn fällen.

Das Wort sie sollen lassen stahn
und kein Dank dazu haben;
er ist bei uns wohl auf dem Plan
mit seinem Geist und Gaben.
Nehmen sie den Leib,
Gut, Ehr, Kind und Weib:

laß fahren dahin;
sie habens kein Gewinn,
das Reich muß uns doch bleiben.*

Die patriarchalische Ordnung

Einwände drängen sich auf, kopfschüttelnde Bedenken: War denn die patriarchalische Welt so ganz in der Ordnung, so sehr die Idylle und beinahe vollkommen, wie sie hier ausgemalt wird? Natürlich nicht. Es gibt überhaupt keine menschliche Einrichtung, die den Preis der Vollkommenheit verdient, es sei denn im Lügengespinst ihrer Lobhudler. Kein Licht ohne Schatten, keine Stärke ohne die zugehörige Schwäche. Wahrscheinlich wäre nicht einmal menschlich zu nennen, was frei vom Widerspruch bleibt und ganz ohne Entstellung gedeiht.

Belege kann man leicht beibringen und fast beliebig vermehren. Zum Beispiel gab es nicht weit von Rumbske die allein wirtschaftende und berüchtigt geizige Gutsherrin. Längst hatte sie im Gutshaus, aber auch im Pferdestall und im Kuhstall die Leitungen fürs elektrische Licht verlegen lassen. Doch den Wohnungen der Arbeiter verweigerte sie dies hartnäckig. Bis zuletzt, bis 1945, dauerte der fatale Kontrast. »Holt euch doch den Mond vom Himmel«, soll diese Dame auf inständige Bitten geantwortet haben. Vermutlich ist das so nie gesagt worden. Aber allein schon, daß es unterstellt und nachgesagt werden konnte, wirkt bezeichnend und schlimm genug.

Viel, offenbar zu viel hing in der patriarchalischen Ordnung vom persönlichen Verhalten oder Fehlverhalten des einzelnen ab. Und schwerer noch wog etwas anderes. Entgegen allen nachträglich verbreiteten Vorstellungen sind Rittergüter Generationen hindurch kaum mehr gewesen als eine Ware. Zwar hängt das Herrentum immer am Landbesitz, aber durchaus nicht an einem bestimmten Besitz. Darum wurden Güter leichthin gekauft und verkauft, getauscht, verspielt oder sonstwie vertan. Große Komplexe zerfielen so rasch, wie sie errafft wurden. Rumbske, Rowen und Zedlin befanden sich erst seit dem 19. Jahrhundert – seit den Tagen des Otto von Krockow, des Sohnes von Fräulein Jochmus – unverändert in einer Hand. Vorher wurde unentwegt geteilt und neu zusammengelegt. Dabei gab es überhaupt erst im Jahre 1803 einen Besitzwechsel aus dem Kreise Lauenburg hierher in den Kreis Stolp.

Eine Statistik über die Besitzveränderungen in den Jahren zwischen 1835 und 1864 besagt, daß von 1802 pommerschen Rittergütern 160 zwangsversteigert wurden, bei gleichzeitig 2299 freiwilligen Verkäufen und 1272 Erbfällen. Selbst wenn man von den Erbfällen absieht, ergibt sich eine durchschnittliche Besitzdauer von nur zweiundzwanzig Jahren!

Dabei schneidet Pommern im Vergleich mit anderen Gebieten des deutschen Ostens noch günstig ab: »An der Spitze stand mit zwischen den Jahren 1200 und 1800 entstandenem Altbesitz in einer Höhe von 367 Gütern die Provinz Pommern. Bestimmte Landkreise waren hier immer noch von einzelnen Familien geprägt, der Kreis Demmin von den Maltzan und Heyden-Linden, der Kreis Anklam von den Schwerin, die Kreise Cammin und Greifenberg von den Flemming und Köller, der Kreis Regenwalde von den Borkke, der Kreis Belgard von den Kleist, die Kreise Rummelsburg und Stolp von den Puttkamer und Zitzewitz. Der Verlust an Altbesitz durch die Krise um 1890 und die Krise um 1929/33 blieb verschwindend gering. 29 pommersche Adelssitze stammten aus der Zeit zwischen 1200 und 1300, 78 aus dem 14., 62 aus dem 15. und 41 aus dem 16. Jahrhundert.«*

Aber das ändert nichts an der Tatsache, daß es sich nur um eine Minderheit von Besitzungen handelte. Und bei allem wird noch gar nicht berücksichtigt, daß oft genug die Eigentümer, wenn sie als Offiziere oder Zivilbeamte im Staatsdienst standen, die Sorge um ihre Güter den Pächtern oder angestellten Verwaltern überließen.

Das Ganze der patriarchalischen Ordnung steht und fällt jedoch mit der persönlichen Beziehung und Bindung zwischen dem Herrn und den ihm anvertrauten Menschen. Darum führt kaum ein Weg an der Feststellung vorbei, daß diese Ordnung lange Zeit hindurch eher Schein als Wirklichkeit gewesen ist.

Erst spät, etwa seit der zweiten Hälfte des 19. Jahrhunderts, trat im Besitzwechsel eine gewisse Beruhigung ein. Ebenso verstärkte sich seither die Verwurzelung der Fami-

Auf dem Nebengut in Klenzin, Kreis Stolp: Altes Haus aus dem frühen 17. Jahrhundert.

lien in ihren Gütern. Denn es wurde zunehmend deutlich, daß nur der persönlich anwesende und als Landwirt sich bewährende Eigentümer mit den wachsenden Anforderungen an die Betriebsführung mithalten konnte. So ergibt sich die paradoxe Tatsache, daß die patriarchalische Ordnung sich in einer Zeit halbwegs funktionsfähig entwickelte, in der sie den meisten Betrachtern als geschichtlich überholt erscheint. Hier wie so oft gilt der Satz, daß die Eule der Minerva erst in der Dämmerung ihren Flug beginnt.

Wie's Gescherr, so der Herr

Seltsam, wie rasch man vom einen Extrem in das andere gerät! Was gerade noch farbig und lebenskräftig aufleuchtete, verblaßt mit dem Wechsel der Perspektiven zum bloßen Wunschtraum oder verzerrt sich gar zum Spuk. Aber alle Extreme führen auf Abwege. So wenig man die patriarchalische Ordnung kritiklos feiern und verherrlichen darf, so wenig sollte man sie schlechthin verdammen. So wenig auch sollte man die Kräfte unterschätzen, die sie formten und trugen.

Denn es handelte sich nicht um eine einseitige, sondern um eine zweiseitige Beziehung. Sie wurde keineswegs nur von »oben«, vom Herrn her, bestimmt, sondern sie hatte ebenso oder erst recht mit den Ansprüchen und Erwartungen von »unten« zu tun.

Eine Gutsfrau, die aus dem Osten stammte, aber in den Westen, in die Provinz Hannover, heiratete, berichtet von ihren Erfahrungen: »Ich hatte zu Hause gelernt, daß es meine Pflicht ist, mich um die Kranken zu kümmern. Also machte ich mich, jung verheiratet, gleich auf den Weg, als ich hörte, daß einer von unseren Arbeitern krank sei. Aber schon vor der Tür vertrat seine Frau mir den Weg. Sie sagte: ›Sie brauchen gar nicht erst nachzusehen. Am Montag kommt mein Mann wieder zur Arbeit.‹«

Da prallen Welten aufeinander, unvereinbar; die gute Absicht der Fürsorge wird als böser Versuch der Kontrolle mißgedeutet. Umgekehrt gilt aber auch, daß es gar nicht so leicht ist, sich beharrlichen Ansprüchen auf die Fürsorge zu versagen. So oder so wirken darum die Erwartungen von »unten« formend, um nicht zu sagen erziehend nach »oben«. Diese formgebenden und erziehenden Kräfte werden vor allem anschaulich, sie sammeln sich, wie Sonnenstrahlen im Brennglas, in der Figur des Dieners.

Hegel sagt in den ›Vorlesungen über die Philosophie der Geschichte‹: »Für einen Kammerdiener gibt es keinen Helden, ist ein bekanntes Sprichwort; ich habe hinzugesetzt – und Goethe hat es zehn Jahre später wiederholt –, nicht aber darum, weil dieser kein Held, sondern weil jener der Kammerdiener ist. Dieser zieht dem Helden die Stiefel aus, hilft ihm zu Bette, weiß, daß er lieber Champagner trinkt und so fort.«*

Gewiß: Der erfahrene, langjährige Diener kennt seinen Herrn durch und durch, also auch dessen Schwächen. Er erlebt ihn erkältet, betrunken, erschöpft oder närrisch verliebt; er sieht ihn kleinmütig, verwirrt und verzagt. Aber, mit allem Respekt: Der berühmte Philosoph aus Württemberg verstand von Dialektik wohl noch mehr als von Herren und von Dienern. Darum muß man die Sache umkehren, damit sie vom Kopf wieder auf die Beine kommt: Der rechte, zu seinem Beruf berufene Diener sieht die Schwächen nicht, die er sieht. Vor allem verhindert er, daß andere sie zu sehen bekommen. Er stärkt, entwirrt und ermutigt. Er mahnt und korrigiert. Er erzieht. Wie's Gescherr, so der Herr. Um den Hegelschen Satz dialektisch zu wenden: Ohne den Kammerdiener gibt es keinen Herrn. Denn weil der Diener das Leben des Herrn so intim teilt, ist es zugleich das seine. Und mit der Ehre und dem Ansehen des Herrn steht es entsprechend. Nicht von ungefähr und nicht aus Überhebung, sondern mit einem tiefen Recht sagt der im Dienst ergraute Diener »wir«, wenn er den Herrn oder dessen Familie meint.

Heute reden wir gelehrt von »Identifikation« und begreifen doch als Kinder eines anderen Zeitalters kaum mehr, was dieser Begriff wirklich bedeutet. Wir machen uns, ratlos, auf die Suche nach unserer verlorenen Identität, und wahrscheinlich meinen wir damit die Geborgenheit im Selbst-Verständlichen. Aber paßt sie zur Emanzipation, die wir gleichzeitig wollen? Paßt überhaupt das eine zum anderen? Müssen wir nicht wählen und dann, so oder so, einen Preis bezahlen? Schwierige Fragen; lassen wir darum das Grau in Grau der Begriffe beiseite.

Von Vietzke war anläßlich des Zuckers zum Tee schon die Rede. In den Aufzeichnungen meiner Mutter heißt es:

»Von den Kindern sprach er nie anders als von ›unseren Kindern‹. Als ich eines Tages mit meiner Mutter ausgemacht hatte, daß ich den Gewehrschrank aus dem früheren Herrenzimmer, der leer stand, bei ihr gegen einen Kleiderschrank eintauschen wollte, den ich gut gebrauchen konnte, und das Vietzke sagte, schüttelte er den Kopf:

›Ne, Frau Jräfin, das jeht nich.‹

Auf meine etwas erstaunte Frage, warum nicht, antwortete er:

›Ja, was sollen denn unsere Jungens machen, wenn sie mal groß sind und wollen anfangen zu schießen und dann ist kein Schrank nich da. Ne, das können wir nich machen.‹ – Und dabei blieb es natürlich.«

Nach einer winterlichen Treibjagd findet im Saal das Festessen statt. Große Garderobe, die Damen mit kaum oder gar nicht bedeckten Schultern. Seit einer Stunde eilt Vietzke zwischen Küche und Tafel mit den Schüsseln und Flaschen hin und her. Meine Mutter winkt ihn heran:

»Vietzke, es ist ziemlich kühl hier. Könnten Sie die Heizung etwas mehr aufdrehen?«

Vietzke: »Frau Jräfin, mir schwitzt.« Antrag abgelehnt, Punktum.

Der Graf hat sich schon um drei Uhr dreißig in der Frühe wecken und ein Frühstück servieren lassen, weil er auf die Pirsch will. Um sieben kehrt er zurück und läßt sich mit frischem Jagdhunger ein zweites Frühstück bringen. Als dann gegen halb neun die Sommergäste erscheinen, setzt er sich zu ihnen und sagt:

»Vietzke, würden Sie mir noch ein Gedeck auflegen?«

»Ne, Herr Jraf – dreimal frühstücken und noch nich jewaschen!«

Eines Tages ist zu ihrem jährlichen Besuch die alte, die »eiserne« Gräfin zu Gast. Natürlich sitzt sie bei Tisch am Ehrenplatz in dem Stuhl mit der hohen, geschnitzten Lehne. Natürlich serviert ihr Vietzke zuerst. Doch als er die Schüssel wieder zurückzieht, bleibt er mit dem Ärmel an dieser Lehne hängen – und plautz, pardautz! liegen Braten und Schüssel auf dem Fußboden. Alle starren Vietzke an. Der starrt zurück. Und bricht den Schreckensbann:

»Nu, was is? Frau Jräfin hat schon.«

Graf Wilhelm Z. hat zum dritten Male geheiratet, nachdem ihm die beiden ersten Frauen weggestorben sind, und Diener Ferdinand faßt den Stand der Dinge zusammen:

»Unsere erste Gnädige konnten wir gut leiden. Von ihr hatten wir die netten Kinderchen. Und unsere Jetzige können wir auch gebrauchen. Sie ist gut zu den alten Leuten im Dorf, und unsern Herrn Grafen besorgt sie auch gut. Aber die Zweite« – vielsagende Handbewegung – »die hätt' nich müssen sein.«

Ein Herr von Puttkamer zieht sich durch sein Verhalten den Beinamen »der Aufgeregte« zu. Fährt man bei ihm im Kutschwagen oder zur Winterszeit im Schlitten vor, stürzt er schon herbei:

»Otto-Christoph, wie geht's? Und was macht die liebe Emmy? Und ...«

Jetzt tritt, leibesfüllig, »der würdige Karl« heran, dirigiert seinen Herrn unmerklich zur Seite, verbeugt sich gemessen, sagt, betont langsam:

»Haben – Herr Graf – eine angenehme – Fahrt gehabt?«

In einem anderen Falle soll schließlich das Donnerwort

des Dieners gegen die Übereiltheit des Herrn geholfen haben:

»Ein Herr rennt nich. Außer, er hat Angst. Oder es jibt frei Sekt.«

Übrigens wäre es ein grobes Mißverständnis, wollte man folgern, daß dies alles zum Verwischen der Unterschiede, zur Distanzlosigkeit, zur plumpen Vertraulichkeit hinführte. Nein, keineswegs. Das »Wir« der Identifikation schließt ein Bewußtsein des Standes – also des Abstandes – nicht aus, sondern im Gegenteil nachdrücklich ein. Die Korrekturen, die Zurechtweisungen laufen doch genau darauf hinaus, daß der Herr vornehm und gelassen sein und von sich aus Distanz wahren soll; darum darf er weder »rennen« noch ungewaschen mit seinen Gästen frühstücken. Ähnlich ist es mit den Menschen im Dorf, wenn sie vom Gutshaus hartnäckig als vom »Schloß« sprechen, selbst wenn es sich um ein schlichtes Landhaus handelt, wenn sie dessen Bewohner »die Höfschen« nennen oder wenn sie es wichtig finden, daß ihr Graf von allen Gutsherren ringsum mit der besten Anspannung zur Kirche fährt.

Identifikation und Distanz als die beiden Kräfte, die einander ergänzen und die Waage halten, darauf kommt es an, nicht auf jene neumodische »Volksgemeinschaft«, von der im Dritten Reich so viel gesprochen wurde. Darum mochte man auch den Typ nicht, der mit diesem Reich üppig gedieh – und den Bertolt Brecht im »Herrn Puntila« porträtiert hat –: einen, der bald wild und lauthals herumkommandiert, bald im Trunk sich verkumpelt und ums Duzen buhlt, als sei er gleich unter Gleichen. Denn dies kennzeichnet den Emporkömmling – und damit den Gegensatz zum geborenen Herrn.

Wie aber wurde jemand zum Diener? Vor allem natürlich, wie zum Herrn, durch die Geburt. Es gab wahre Diener-Dynastien, und Namen wie Wilhelm I. oder Karl V. hätten es verdient, nicht bloß als die von Königen und Kaisern in die Geschichte einzugehen. Oft auch brachten Offiziere, wenn sie ihren Abschied nahmen und aufs väterliche Gut zurückkehrten, ihre Offiziersburschen mit.

Doch ob nun jemand in seinen Stand hineingeboren oder berufen wird, immer bleibt – auf der Seite des Dieners – ein lebensbestimmender Akt der Wahl. Denn wer entspricht, wenigstens näherungsweise, dem Bilde dieses künftigen Dieners von seinem künftigen Herrn? Oder wer wird sich als bildbar erweisen? Der baltische Schriftsteller Eduard von Keyserling hat den Sachverhalt so umschrieben:

»Ein Diener ist ein Mensch, der zu seinem Beruf erwählt, einen fremden Willen zu studieren, ihn zufriedenzustellen, und der Dienerberuf hat seine Artisten und Künstler, wie jeder andere. Brillat de Savarin lud gute, verständnisvolle Esser an seinen Tisch, um zu sehen, wie diese die künstlerisch erdachten Speisen genießen würden. Ein Dienertalent sucht sich einen Herren, der empfänglich für den verfeinerten Lebensgenuß ist, und bemüht sich, die dienende Umgebung möglichst in Übereinstimmung zu bringen mit diesem Willen. Daran arbeitet und ziseliert er, wie ein Künstler an einem Kunstwerk. Er genießt die feinere Lebenskunst durch seinen Herrn, wie ein Regisseur sich an dem Bühnenbilde freut, das ihm gelungen ist.«

Das wirkt freilich selbst schon allzu ziseliert und verkünstelt. Handfester und genauer drückt es der Pommer Hasso von Knebel Doeberitz* aus:

»Als ich nach dem Ersten Weltkrieg noch in Potsdam Soldat war, erschien an einem Sonntagvormittag der älteste Sohn des früheren I. Gespannführers aus Z., der bei den Moabiter Ulanen gedient hatte, und eröffnete mir folgendes:

Er sei jetzt in Berlin bei einem Arzt als Kutscher angestellt, was ihm aber nicht gefalle, da seine Pferde zu wenig Hafer bekämen, er wolle sich ›verändern‹. Er habe gehört, daß ich demnächst nach Pommern aufs Land ginge, um eines der heimatlichen Güter zu übernehmen, und da wolle er bei mir Kutscher werden. Wir hatten als Jungens auf der heimatlichen Scholle zusammen getobt, uns aber lange Jahre nicht mehr gesehen. Sein Vorbringen war derart, daß es für mich keine Widerrede gab, sondern Wilhelm R. hatte sich entschieden und damit basta!«

Eine pommersche Dorfkirche: Die Gemeinde füllt das Kirchenschiff, Männer und Frauen nach guter alter Art durch den Mittelgang getrennt. Vorn, vor dem Altar, die Katechumenen und Konfirmanden, gegenüber die Orgel, der Küster und der Kirchenchor. Manchmal gibt es sogar einen Chor der Posaunen, die mit solcher Kraft blasen, als ziehe man gegen Jericho oder als stehe das Jüngste Gericht unmittelbar bevor. Seitlich aber, herausgehoben, hängen wie Schwalbennester die Patronatsgestühle. Aus ihnen blicken als stolz ihre Vorrechte wahrende Inhaber die Gutsherren auf den Pastor und die Gemeinde herab. Allenfalls den »Beamten« – den Gutsinspektoren, den Förstern und Rentmeistern – wird noch ein Platz im Patronatsgestühl eingeräumt, sofern zu einem Besitz mehrere Dörfer und damit mehrere der Hochsitze gehören.

Wohlgemerkt: Die Patronatsherrn blicken nicht nur auf die Gemeinde herab, sondern auch auf den Pastor. Selbst wenn er zur Predigt auf die Kanzel steigt und dann über der Gemeinde steht, sehen sie noch schräg von oben auf ihn herunter.

Das ist eine sinnfällige Anordnung. Denn die Patronatsherrn sind die Gemeindehäupter, die den Pastor wählen. Und sie zahlen nicht nur die Kirchensteuern, sondern sie leisten noch manche der hergebrachten Dienste. Sie stellen etwa Gespanne zum Pflügen des oft neben dem Gemüse- und Obstgarten mit dem Pastorat verbundenen Ackers, um von Martinsgans und Weihnachtshasen, von Torf und Brennholz nicht zu reden. Im übrigen gilt: Pastoren kommen und gehen, aber die Gutsherrschaft bleibt bestehen. Ein offensichtliches Wohlwollen des Herrn stärkt darum die Autorität des Hirten gegenüber der Herde, die im Konflikt kaum zu hüten wäre.

Solche Konflikte hat es durchaus gegeben, besonders im 19. Jahrhundert, und manchmal waren sie bitter und heftig genug. Aus Mützenow, einem Dorf nordwestlich von Stolp, weiß die Kirchenchronik folgendes zu berichten:

»Der Pastor und Superintendent Friedrich Tischmeyer (1817–1822) war ein Rationalist von reinstem Wasser, welcher in seinen Predigten nicht unterließ, gegen die biblische

Heilslehre direkt zu polemisieren. Dies war denn auch die hauptsächliche Ursache zum Ausbruch der Belowschen Bewegung ... Über den Anfang dieser Bewegung wird mündlich noch heute erzählt: Herr von Below, Gutsbesitzer auf Seehof bei Pennekow, ein bibelgläubiger, ernster Christ, sei in der Kirche gewesen und habe eine Predigt des Superintendenten Tischmeyer gehört, worin derselbe auf das entschiedenste gesagt habe: der Mensch sei von Natur gut und könne durch seine Tugend selig werden. Nach Schluß des Gottesdienstes sei draußen vor der Kirche Herr v. Below auf den Pastor zugegangen mit dem Ausruf: ›Herr Sup, ich bin ein armer, verlorener Sünder, der nur durch den Glauben an das Verdienst meines Heilandes Jesu Christi selig werden kann.‹ Darauf habe Tischmeyer geantwortet: ›Nein, Herr von Below, Sie sind ein sehr guter, tugendhafter Mann.‹ Da sei jener auf ein naheliegendes Grab gesprungen und habe mit lauter Stimme der aus der Kirche kommenden Gemeinde zugerufen: ›Glaubt ihm nicht mehr, er ist ein falscher Prophet; denn Paulus predigt, daß der Mensch ohne des Gesetzes Werke selig wird allein durch den Glauben.‹ Von da ab hielt v. Below die gewaltigen Betversammlungen zu Seehof und separierte sich von der Kirche trotz aller Bemühungen der Kirchenbehörde, ihn nachher wieder zu gewinnen.«

Die Separierung hat kaum Schule gemacht, wohl aber die Besinnung auf den Kern des Glaubens im Sinne des ursprünglichen, lutherischen Bibelverständnisses, von dem sich die Kirche entweder weit entfernt hatte oder von dem sie bloß noch von weitem durch die Verkrustungen ihrer Orthodoxie hindurch etwas ahnen ließ. Eine pietistische Erweckungsbewegung durchzog Pommern, und diese Bewegung war zunächst und vor allem eine Sache der Gutsherrn. Neben den Brüdern Below bildete bald Adolf von Thadden (1796–1882) auf Trieglaff im Kreise Greifenberg einen Mittelpunkt:

»Der Ort, der seinen Namen nach dem dreiköpfigen Wendengott Trieglaff führte, dessen Heiligtum in grauer Vorzeit hier stand, wurde durch Adolf von Thadden zu einem Heiligtum des dreieinigen Gottes.«*

Thadden hielt Pastoren-Konferenzen für Erweckte ab, und bei immer wachsendem Andrang ließ er dafür eigens den »weißen Saal« erbauen. Neben und mit ihm wirkten: Ernst Senfft von Pilsach, Heinrich von Puttkamer, Moritz von Blanckenburg, Hans Hugo von Kleist-Retzow und noch manche andere.

Es ist nicht schwer, an der frommen Bewegtheit pommerscher Gutsherrn Seltsames, um nicht zu sagen Absonderliches, zu entdecken. Ernst Senfft von Pilsach zum Beispiel teilte nicht nur selbst das Abendmahl aus, als er sich mit seinem liberalen Pfarrer überworfen hatte, und nahm dafür eine Gefängnisstrafe in Kauf; er war auch ein gefürchteter Gast an festlichen Tafeln. Denn es mochte sein, wo und bei wem es wollte: Wenn er fand, daß wieder einmal ein Trinkspruch zu leichtfertig oder zu anzüglich ausgefallen sei, stimmte er demonstrativ einen Choral an und sang ihn unverdrossen bis ans Ende, so daß für den Gastgeber und die übrigen Gäste, um nicht in der Peinlichkeit zu erstarren, kein anderer Ausweg blieb, als mitzusingen.

Doch etwas anderes erwies sich als viel wichtiger. Dieser Pietismus beließ es nicht beim Singen, beim Beten und Bibellesen. Er war handfest praktisch und sehr aktiv. Adolf von Thadden, übrigens ein erfolgreicher Landwirt und bekannter Schafzüchter, predigte seinen Standesgenossen mit dem Evangelium zugleich die soziale Verantwortung. Er las dem »inhaltsleeren Junkertum« die Leviten, das der Turnvater Jahn noch sehr gnädig als »die Herren von Sonst, Bleibe und Rückwärts« habe passieren lassen: »Über die Konservativen, die sich bloß selbst konservieren wollen, lacht man mit Recht und sucht statt dessen das Vollblut allein unter den vierbeinigen Kreaturen!« Der Besitz verpflichtet, und ein Herrentum ohne die tätige Fürsorge für die ihm anvertrauten Menschen ist keines.

Gegen Mißverständnisse: Der Stolz des Herrentums wird damit keineswegs vermindert. Er wird im Gegenteil entscheidend gestärkt; er panzert sich mit der mächtigsten aller Waffen: mit dem guten Gewissen. Darum nennt Thadden den König einen großen Guts- und Grundbesitzer, den Gutsbesitzer ausdrücklich aber einen »kleinen König«: »Und wenn er noch so klein ist, und wenn Krone, Szepter und Reichsapfel auch nur in Pelzmütze, Spazierstock und Kartoffeln bestehen! Wer das leugnet, ist ein Jakobiner!«

Als darum im ersten, scheinbar unwiderstehlichen Ansturm der Revolution von 1848 so viele sich wegduckten, war es kein Zufall, daß gerade diese pommerschen Pietisten aufrecht standen – den mindestens zeitweilig und am Rande berührten Otto von Bismarck inbegriffen –: im Glauben fest. Denn wovor sollte man sich fürchten, wenn man doch wußte, was einen erwartete, nämlich, wie Adolf von Thadden es einprägsam formulierte, »ein ehrlicher Galgen und eine fröhliche Auferstehung«.

Die Bibelstunde nicht bloß als geistliche, sondern zugleich als eine soziale Einrichtung, die Sorge für die Kranken und die Alten, Fürsorge überhaupt als Verpflichtung, als Bestandteil, als ein Kernstück des Selbstverständnisses: Wahrhaftig, wer wissen will, wie die altertümliche, gegen alle modernen Verheißungen verquere patriarchalische Ordnung sich so verspätet noch halten oder sogar seit dem 19. Jahrhundert sich neu befestigen und bis zum Ende behaupten konnte, der wird hier, beim erneuerten Glauben, nachfragen müssen.

Der Mann und die Frau im Pfarrhaus

Kehren wir noch einmal in die pommersche Dorfkirche zurück, erinnern wir uns: Unten im Kirchenschiff versammelt sich die Gemeinde; über ihr thronen im Patronatsgestühl die Könige im kleinen, die Gutsherrn. In dieser Anordnung spiegelt sich die bestehende Ordnung, die soziale Rangordnung. Aber einer paßt in das Schema von »oben« und »unten« offenbar nicht recht hinein, obwohl natürlich gerade er in der Kirche seinen Platz hat: der Mann auf der Kanzel, der Pfarrer. Die Gemeinde blickt zu ihm herauf, die Herren sehen auf ihn herab; er steht auf der halben Höhe. Das ist eine komplizierte Position, und gerade darum empfiehlt es sich, sie näher zu betrachten.

Man mag das Dasein des Mannes im Pfarrhaus und auf der Kanzel behaglich, fast idyllisch nennen. Darüber, daß seine Kirche leer bleibt, muß er sich wenig Sorgen machen. Die Konflikte aus der Zeit der Erweckungsbewegung sind abgeklungen, aber das gute Ergebnis ist geblieben: Auch an gewöhnlichen Sonntagen füllt sich das Gotteshaus. Sogar die Männer sind reichlich vertreten, und dies nicht allein wegen des anschließenden Treffens in der Gastwirtschaft gegenüber. Kraftvoll muß man nur predigen, mit kräftiger Stimme, und mit kräftig zustimmendem Gesang wird man belohnt.

Ja, Stimmgewalt als Maßstab, wie im Urteil der Geflügelmagd: »Heut war er mal wieder so voll Jeisteskraft, das kommt ihm denn so über, denn muß er immer so recht laut ausrufen; wo hört sich das doch immer so andächtig an, wenn er so recht voll Jeisteskraft wird!«*

Der Pfarrer ist Respektsperson, etwas wie geistliche Obrigkeit. Bei vielen Taufen, aber besonders bei den Hochzeiten und bei den Beerdigungen ist er der Ehrengast, eindringlich genötigt, doch zuzulangen. Dabei bleibt Zeit für mancherlei, für den Imker von Graden, den Lokalhistoriker oder was immer: für Kenntnisse und Tätigkeiten, die mit dem Ansehen viel zu tun haben und darum über den Bannkreis moderner »Hobbys« weit hinausführen.

Man kann die Verhältnisse freilich auch in eine andere Perspektive bringen. Dann erweist sich der Pfarrer als ein eher armer Mann. Das gilt buchstäblich. Schon für die höhere Schule müssen die Kinder in eine städtische Pension gegeben werden, was natürlich ins knappe Geld schießt. Erst recht muß man eisern sparen, wenn die Söhne studieren sollen, notgedrungen weit entfernt.

Vor allem jedoch ist der Pfarrer eigentlich ein einsamer Mann. Er repräsentiert, wie mit seiner Position auf der Kanzel, den Mittelstand in einer gesellschaftlichen Ordnung, die zwar »oben« und »unten«, Hierarchie und Abstufungen kennt, aber kaum eine eigenständige Mitte. Eben weil er Respektsperson ist, hat er im Wortsinne nicht seinesgleichen. Zum Amtsbruder in der Nachbargemeinde ist es meist schon ein weiter und beschwerlicher Weg. Der Schulmeister war Seminarist, rechnet also nicht zu den Akademikern. Oft ist er der Küster, sofern nicht Gefühle der Bitterkeit ihn plagen, weil er vor kurzem erst der geistlichen Oberaufsicht entrann.

Und der Gutsherr, die Gutsfrau? Gewiß, man wird bei ihnen zu Tisch geladen. Manchmal entsteht eine Art von Gesprächspartnerschaft, im Einzelfall sogar Freundschaft. Fontane hat im ›Stechlin‹ einer solchen Beziehung das unvergängliche Denkmal gesetzt. Doch dergleichen bleibt dem Zufall der Temperamente, der persönlichen Neigungen und Abneigungen preisgegeben, ohne jene Gewähr, die aus der Ordnung der Verhältnisse selbst sich ableiten läßt.

Um so deutlicher zeigen sich Grenzen. Der Pastor wird zwar zu Tisch geladen, aber nicht immer, und bei den eigentlich geselligen Ereignissen zusammen mit den anderen Gutsfamilien gerade nicht. Bei den Diners nach winterlichen Treibjagden zum Beispiel sucht man ihn vergebens. Etwas wie ein peinlicher Geruch, wie von gehobenem Gesinde scheint an ihm zu haften, etwas von der Erinnerung an die Herkunft aus der Armut des als Hauslehrer engagierten »Kandidaten«. Daran hat auch die pietistische Bewegung nichts geändert, nein, sie schon gar nicht, weil sie ja die unmittelbare Verantwortung des Herrn für das geistliche Wohl seiner »Leute« betont, also den Pfarrer als eine Art von amtlich Hilfsdienstleistenden in die Randstellung abdrängt. (Wie in einem Vermächtnis war davon noch nach 1945 etwas in den Thadden-Trieglaffschen Anfängen der Kirchentage zu spüren, mit ihrer deutlichen Distanz zur Amtskirche.)

Es gibt für die Ungleichheit ein untrügliches Zeichen: keine Heiratsverbindungen hinüber und herüber, kein Konnubium. Gemeinsamer Privatunterricht für die Kinder aus dem Guts- und dem Pfarrhaus mag praktisch sein und darum häufig vorkommen. Aber er bleibt ein folgenloses Zwischenspiel. Und weil es sich in der Sicht der Patronatsherren um Ungleichheit handelt und man sich den Abstieg einhandeln müßte, werden – Gott in Ehren – jüngere Söhne aus den landsässigen Adelsfamilien Offiziere oder weltliche Staatsbeamte, so gut wie niemals Pfarrer. Erst seit 1945, seit der Vertreibung, mehren sich die Ausnahmen von dieser Regel. Doch damit wird ja nur bestätigt, daß eine Welt eingestürzt ist und eine neue entstand.

Es ist ratsam, die Verhältnisse nochmals aus einer anderen, meist zu wenig beachteten Perspektive zu betrachten: aus der der Frauen. Die Einsamkeit des Pfarrherrn mag noch als Übertreibung erscheinen; wenn er ein tätiger und im genauen Sinne leutseliger Mann war, mochte sie ihm überhaupt nicht spürbar werden. Doch über die Einsamkeit der Pfarrfrau kann man kaum anders als dramatisch sprechen. Mit wem eigentlich sollte sie gesellig verkehren? Die vielen Einladungen, die dem Pastor im Rahmen seiner Amtshandlungen zufallen, erreichen sie kaum. Und auf die eine förmliche

Einladung ins Gutshaus für das Ehepaar kommen für den Pastor die Anlässe im Dutzend, dort vorzusprechen, was dann selten ohne die Nötigung zum Tee oder zur Tafel abgeht.

Um an Fontane zu erinnern: Es ist kein Zufall, daß er uns in Dubslav von Stechlin einen Witwer und in Pastor Lorenzen einen alten Junggesellen vorgeführt hat, obwohl der Hagestolz unter evangelischen Pfarrern eine so seltene, beinahe möchte man sagen: eine unlutherische und ungehörige Ausnahme darstellt. Doch der Dichter weiß, daß in der Gesprächspartnerschaft und Männerfreundschaft für Frauen – und zumal für die Pfarrfrau – kein Platz ist.

Wohin also sich wenden? Die soziale Kontrolle ist perfekt, und Alternativen gibt es nicht. Wehe also, wenn die Ehe nicht als glücklich sich erweist oder wenn sie kinderlos bleibt! Daß sie in der Regel das nicht ist, vielmehr reich gesegnet wird, hängt vielleicht nicht nur mit der Fügung in Gottes Ratschluß zusammen, sondern auch mit der Hoffnung, wenigstens mit den Kindern ein ausgefülltes Leben zu finden.

Über die Möglichkeiten, in der »Gemeindearbeit« aktiv zu werden, darf man sich ohnehin keine Illusionen machen. Was heute den Gottesdienst und die anderen klassischen Amtshandlungen wie Taufe, Hochzeit, Beerdigung, Konfirmandenunterricht fast überwuchert, alle die Aktivitäten und die »Kreise« für Jugend und Alter und was sonst noch: dies fehlt fast ganz. Es mangelt nicht an Frömmigkeit, aber an Zeit. Sommersüber und bis zum Ende der Kartoffelernte tief im Herbst ist nun einmal vom Tagesanbruch bis ins Abenddunkel jedermann beschäftigt, die Alten und die Kinder eingeschlossen.

Zwar in den langen dunklen Wintermonaten sieht es anders aus. Da gibt es für die Frauen die Bibelstunde, von der die Rede war. Aber dabei erwächst der Pfarrfrau in der Gutsfrau eine übermächtige Konkurrenz, gegen die nicht anzukommen ist. Denn bei den praktischen Fragen, die nicht bloß nebenher behandelt werden, kann schwerlich die Frau Pastor helfen, vielmehr einzig die Frau Gräfin mit ihrer Autorität und mit ihren materiellen Möglichkeiten, gegebenenfalls über den Herrn Grafen. Überdies ist in aller Regel nicht die Frau Pastor, wohl aber die Frau Gräfin schon von Kindesbeinen an durch ihre Mutter auf die Aufgaben der Fürsorge und der Krankenpflege vorbereitet worden.

Von Idylle kann also schwerlich die Rede sein, freilich ebensowenig von Höllenqualen, nur vom Menschlichen in einer sehr genau geprägten Gestalt. Wer die Elle unserer heutigen Emanzipationsideale anlegt, verfehlt die Wirklichkeit des Gewesenen wie die Verhaltensmaßstäbe und die Lebenserwartungen, die sie bestimmten. Wir haben es nicht mit einer zu Tode gelangweilten »grünen Witwe« zu tun, sondern mit einer Hausfrau, die wie jede andere unter den vormodern ländlichen Verhältnissen vom Morgen bis zum Abend tätig ist.

Freilich: Dagegen, daß die Pfarrersfrau – anders als die Gutsfrau, die Bauersfrau und die Frau des Gutsarbeiters – den Mittelstand in einer Gesellschaft ohne Mitte repräsentiert, dagegen läßt sich mit noch so viel Tätigkeit und Tüchtigkeit wenig ausrichten. Dagegen hilft wohl nur, was man im Gesangbuch nachlesen kann:

> Wohl einem Haus, da Jesus Christ
> allein das All in allem ist.
> Ja, wenn er nicht darinnen wär,
> wie elend wär's, wie arm und leer!

Zauber und Schrecken im Schloß

Es hat in Pommern, sogar in Hinterpommern, richtige Schlösser gegeben, zum Beispiel das Borckesche Stargordt im Kreis Regenwalde, eine Kostbarkeit des Barock aus der ersten Hälfte des 18. Jahrhunderts. Aber in den weitaus meisten Fällen, in denen die Dorfbewohner so hartnäckig und stolz vom »Schloß« sprechen, treffen wir auf ein schlichtes Landhaus. In seiner klassischen Form ist es einstöckig, neun Fenster breit, mit einem im Mittelteil aufgesetzten dreifenstrigen Giebel. Verbreitet ist auch ein zweistöckiger Typ, den man bei alten und bei neueren Häusern gleichermaßen antrifft, wie in Klenzin, das aus dem frühen 17. Jahrhundert stammt, und in Rumbske.

Leider waren manche Besitzer zur Unzeit – im späten 19. Jahrhundert oder um die Jahrhundertwende – zu Geld gekommen und haben ihre schlichten, wohlproportionierten Häuser durch Um- und Anbauten verunstaltet, so als hätten sie dem Prunk des neuen Reichtums im Berliner Westen nacheifern wollen, wozu das Geld dann doch wieder nicht reichte.

Im Inneren der Häuser streiten, wie überall, Geschmack und Geschmacklosigkeit, Altes und Neues, Behaglichkeit und Unbehagliches. Man findet Elemente, die fast immer wiederkehren, aber keinen einheitlichen oder auch nur vorherrschenden Stil. Daher müssen wir uns mit einem Beispiel bescheiden, im Bewußtsein weiter Abweichungen in allen Richtungen – und in der Hoffnung, dennoch einiges vorzufinden, was exemplarisch sein mag. Natürlich sehen wir uns dort um, wo der Verfasser zu Hause ist und sich genau auskennt: in Rumbske, Kreis Stolp.

Das Haus wurde 1847–1848 erbaut, gerade noch rechtzeitig vor der Zerstörung des Sinnes für die Form und das Maß. Am Beginn des Ersten Weltkriegs erfolgte ein innerer Umbau, an den sich nach einem Brand im Dezember 1933 ein weiterer anschloß.

Ein zweifach modernisiertes Haus also. Man erkennt das an den technischen Einrichtungen. Es gibt eine Zentralheizung; in den Waschräumen und Badezimmern fließt warmes und kaltes Wasser, die elektrischen Leitungen sind unter dem Putz verlegt, und nach dem Feuer von 1933 wird sogar ein Küchenaufzug eingebaut. Doppelfenster schützen vor der Kälte. Im Sommer kann man den einen Teil herausnehmen und durch Fliegenfenster ersetzen. Unter den Fenstern sind herausziehbare Blechkästen eingesetzt, die das Kondenswasser auffangen.

Durch den Vorbau hindurch, mit Garderoben, Waschräumen, Toiletten – links für die Damen, rechts für die Herren – kommen wir in die Halle. Bis 1933 war das ein überhoher Raum, der durch beide Stockwerke hindurchreichte. Der Fußboden kalt mit blauem Marmor ausgelegt. Ein riesiger Kronleuchter, am Gebälk des Dachstuhls festgeschraubt, beherrschte diese Halle; manchmal, trotz strengsten Verbots, wurde er als Kinderschaukel mißbraucht. Und auf dem Marmor konnte man, solange das Eis auf dem Teich noch nicht trug, die neuen Schlittschuhe ausprobieren. Ahnenbilder un-

Oben: Das Gutshaus in Rumbske, Kreis Stolp, Mitte des 19. Jahrhunderts erbaut.
Unten: Das Herrenzimmer mit seinen typischen Requisiten: Geweihe, Gehörne, Kamin, Bild Friedrichs des Großen.

gewissen Werts drohten von den Wänden; eine der Ahnfrauen hieß wegen ihrer gespensterhaften Einfärbung »die Wasserleiche«. Im Hintergrund kündete ein ausgestopftes Krokodil von exotischen Jagdexpeditionen des Hausherrn.

Hier räumt gottlob das Feuer auf. Die Halle bescheidet sich seitdem mit einem Stockwerk; dafür bezieht sie die Treppe ein und weitet sich bis zur rückwärtigen Front, von der durch ein großes Fenster endlich Licht hereinflutet. Zwar werden die Ahnenbilder nach zweifelhaften Vorlagen zweifelhaft neu gemalt. Aber wenn im Kamin die Scheite verglühen, wirkt der große Raum geradezu wohnlich.

Links das Herrenzimmer, das mit seiner stets beengteren Ansammlung von Geweihen und Gehörnen den Inhaber repräsentiert. Auf dem Gewehrschrank noch einmal Ausgestopftes, aber diesmal nur Marder und Birkhahn. Und wieder ein Kamin. Fünf gibt es insgesamt, in allen Variationen, vom rustikalen bis zum venezianischen Stil; immer ist an den Herbst- und Winterabenden einer in Betrieb und lädt zum Verweilen ein.

Ebenfalls zur linken Hand befindet sich das Eßzimmer, dunkel getäfelt, mit schwerem, staubfängerischem Schnitzwerk überall: am Tisch, an den Stühlen, an der Anrichte.

Den Abschluß nach dieser Seite hin bildet der Saal, in dem nach winterlichen Treibjagden an langer Tafel die Festessen stattfinden und später getanzt wird. Auch die Weihnachtsbescherung findet hier statt, weil sie nicht nur die Familie, sondern ebenso das Personal, den Gärtner und den Kutscher und die »Beamten« einbezieht. Übrigens ist dies der einzige halbwegs stilrein möblierte Raum: Empire. Im Hintergrund allerdings steht eine nackte Dame aus Marmor: Aurora, die Göttin der Morgenröte, die einen Vogel in der Hand hält. Niemand weiß so recht, wozu sie taugt. Nur bei den Festen fällt sie meist aus der Rolle. Genauer: Sie wird zum Opfer der vorwitzigen Jugend; sie steht dann grell geschminkt da und hält eine Zigarette zwischen den kühlen Lippen, so als stamme sie vom Kurfürstendamm.

Neben der Halle zur rechten Seite hin gibt es vier Räume: den roten und den grünen Salon, das Damenzimmer mit schön ausgemalter Decke und die Bibliothek. Entgegen allen bösen Gerüchten und einschlägigen Witzen enthält sie sehens- und lesenswerte Bestände. Kostbare alte Folianten findet man, aufwendig und mit schönem Beschlag in Schweinsleder gebunden, außerdem frühe Bibeldrucke und Gesangbücher. Dann Juristisches – Pandekten – und die großen Historiker des 19. Jahrhunderts: Niebuhr, Ranke, Mommsen. Natürlich fehlen die Klassiker nicht, von Homer über Dante und Shakespeare bis Goethe, Balzac, Tolstoi; natürlich gibt es von Shakespeare eine englische und von Balzac eine französische Ausgabe. Nur, seltsam: Etwa um die Jahrhundertwende erstarrt diese Bibliothek, als weigere sie sich, noch in eine Zeit hinüberzutreten, die nicht mehr die ihre ist. Dabei findet man – wie verschämt, in anderen Räumen – durchaus neuere Bücher. Doch von jetzt an handelt es sich um Zufälliges, Zweit- oder Drittklassiges, Sentimentales: ›Und ewig singen die Wälder‹, ›Vom Winde verweht‹. Man mag das als ein Zeichen des Abschieds deuten, das freilich erst im Rückblick sich sicher entziffern läßt. Zum zweifelhaften Ausgleich wird dann in der Bibliothek der Bridgetisch aufgestellt, an dem manche Herren gar nicht früh und ausdauernd genug Platz nehmen können.

Noch etwas zieht in diesem Raum den Blick auf sich: ein großer und kostbarer Pokal, der aus dem 16. Jahrhundert stammt. Er steht in einem eigens zu seinem Schutz erbauten, goldverzierten und mit einem zierlichen Vorhängeschloß gesicherten Glasschrein. Nach Uhlands berühmter Ballade wird dieser Pokal »das Glück von Edenhall« genannt, und einzig zum Hochzeitstrunk des Gutserben darf er benutzt werden. Beim Feuer von 1933 denkt man tatsächlich, nach meiner kleinen Person, zuerst an seine Rettung. Aber im Feuersturm von 1945 ist er zersprungen.

Das obere Geschoß füllen die Schlafzimmer und Garderoben, die Kinder- und die Gästezimmer. An den Wänden der letzteren, Nummer eins bis sieben, haben sich alle die Bilder und besonders die Stiche versammelt, die man anderswo nun wirklich nicht mehr aufhängen mag.

Viel interessanter ist es natürlich in den dunklen Verwölbungen des Kellergeschosses. Hier findet man die riesige Küche, die Waschküche und die Plättstube, die Vorratskammern, das Gutsbüro, die Zimmer der Mamsell und der anderen Mädchen. Über eine lichtlose, glitschige Treppe und durch angenehm gruseligen Modergeruch gelangt man schließlich noch weiter hinab: zum Weinkeller, zum Schlachtraum, am Ende gar ins »Achteck«, eine schon halb wieder verfallene Trinkstube.

Welche Abenteuer bietet solch ein Haus dem Kinde, dem Jungen! Das Treppengeländer eignet sich vortrefflich zur Rutschbahn, wie der lange Kellerflur zur Roller-Rennbahn. Auf dem Dachboden kann man ungezählte Kisten, Kasten, Koffer durchstöbern und sich im Plunder verkleiden. Im Saal, der so selten gebraucht wird, lassen sich Wochen hindurch ganze Land- und Seeschlachten oder die elektrische Eisenbahn aufbauen. Mit einem riesigen, uralten Atlas kann man die seltsamsten Reisen antreten. Und die Truhe im roten Salon erweist sich als wahre Schatzkiste. Dokumente, Akten, Orden, über Generationen angesammelt, liegen da beieinander. Auch die Königliche Kabinetts-Ordre vom 27. Juni 1830 gehört dazu, die aus dem Urgroßvater Otto Jochmus wieder einen Herrn von Krokkow gemacht hat.

Vor allem kann man sich verstecken. Als es einmal an einem Dezemberabend an die Tür pocht, der Weihnachtsmann hereintritt und die Erwachsenen ihn begrüßen, ist das Kind längst verschwunden. Die ganze Familie, der Diener, die Hausmädchen und der wieder zivile Weihnachtsmann, ein reichliches Dutzend Leute alles in allem, brauchen beinahe zwei Stunden, bis sie den Jungen aus einem abgelegenen Schrank wieder ans Licht bringen.

Leider hat alles seine Kehrseite. Zwar hat der Sechsjährige von dem nächtlichen Brand 1933 eigentlich gar nichts gemerkt. Schlaftrunken wurde er in eine Decke gewickelt und ins Dorf gebracht. Danach wohnt man in dem alten Haus in Klenzin, bis der Neubau fertiggestellt ist. Aber das Kind hört natürlich, was die Erwachsenen so reden: Das Feuer brach im Dachstuhl aus, nach dem Funkenflug aus einem schadhaften Schornstein. Gottlob hat meine Mutter, gerade aus Stolp zurückgekommen, einen so leisen Schlaf. Sie hörte das Poltern auf dem Boden, weckte den Vater, der zunächst an Diebe dachte und mit der Pistole in der Hand hinaufging. So entdeckte er das Feuer. Wenig später stürzte die Halle ein, weil der schwere Kronleuchter, am durchglühenden Balken des Dachgestühls befestigt, die Decke herabzog. Von der Halle her geriet dann das Treppenhaus in Flammen. Was also wäre ohne die Rückkehr der Mutter und ohne ihren leisen Schlaf wohl geschehen?

Ach, wie tief kann so etwas sich einprägen! Und manchmal geschieht es, daß der Junge in seinem Schlafzimmer sehr, sehr allein ist. Die Mamsell und die anderen Mädchen arbeiten und schlafen zwei Stockwerke tiefer. Die Sommergäste sind längst fort, die großen Geschwister fernab im Internat. Und die Eltern verreisten; erst übermorgen kommt die Mutter zurück. Nicht einmal der Lieblingsteddy Kaiser Bim kann bei einer solchen Verlassenheit noch helfen; er verträumte schon einmal das Feuer.

Also nur ja nicht einschlafen! Hinhorchen. Draußen ruft das Käuzchen. Jetzt rumpelt der Fahrstuhl zur Küche hinunter. Doch da, war da nicht ein Knistern, ein Poltern, das nirgendwo hingehört? Aufstehen, ans Fenster tappen, hinaufstarren zum Laub der alten Blutbuche, ob sich in ihm womöglich ein Feuerschein spiegelt. An die Tür zur Bodentreppe schleichen und schnuppern, ob es brenzlig riecht. Aber natürlich um keinen Schritt weiter, um keinen Preis.

Es dauert Jahre, bis dieser Schraubstock des Schreckens sich löst. Und erst dann kann man davon erzählen.

»Kind, warum hast du denn bloß nichts gesagt?« fragt die Mutter. »Du hättest doch in solchen Nächten unten bei den Mädchen schlafen können. Oder eins wäre oben bei dir geblieben.«

Ja, gewiß. Doch wie soll man eigentlich von der Angst etwas sagen, für die man zugleich sich so schämt?

O Zauberbann, o Schrecken der Kindheit!

Jagdszenen

»Ist euch auch so koddrig?« fragt abends, pünktlich um dreiviertel sechs, der Vater, der jetzt seinen Grog trinken möchte. Aber scheinheilig versichert jeder, daß er sich noch nie so wohl gefühlt habe. Natürlich ist das ein Ritual. Natürlich warten alle schon darauf, daß ein Kaminfeuer entzündet und das heiße Wasser für den Grog gebracht wird, damit man zusammenkommen und sich äußerlich wie innerlich erwärmen kann. Außerdem möchte man das Tagesgeschehen und die neuesten Meldungen aus der ›Zeitung für Hinterpommern‹ kommentieren. Manchmal läßt das Gespräch sogar denkwürdige Entscheidungen reifen.

»Hör mal, Mutti«, sagt also der Vater, während er den Zucker im Grogglas verrührt, »Herr Hesselbarth nimmt.«

»Wie bitte?« Die Mutter ist betroffen. »Ausgeschlossen! Da lege ich meine Hand ins Feuer ... Was nimmt er denn?«

»Zucker. Zucker zum Kaffee.«

»Nein, bestimmt nicht. Und Denzin, Bielang, Rodemerk auch nicht. Keiner nimmt.«

Sie weiß es: Einmal im Jahr findet für die »Beamten« eine gemeinsame Güterrundfahrt statt, die an der Kaffeetafel beschlossen wird. Und da lehnen alle standhaft den angebotenen Stückenzucker ab.

»Doch, zu Hause nimmt er. Ich habe es heute wieder gesehen. Und Denzin auch.«

»Aber wieso nehmen sie zu Hause und bei uns nicht?«

»Sie haben eine Zuckerzange.«

»Wir nicht.«

»Eben.«

Tatsächlich, daran muß es liegen: Es schickt sich nicht, es ist genierlich, den Stückenzucker mit den Fingern zu nehmen. So wird im Familienrat beschlossen, die fehlende Zukkerzange anzuschaffen.

Nach dem Abendessen werden Spiele gespielt, Rommé vielleicht oder Ma-jong. Auch Schreib- und Ratespiele sind beliebt. Doch am schönsten ist für mich das Vorlesen vor dem Schlafengehen. Grimms und Andersens Märchen, die Wunderbare Reise des kleinen Nils Holgersson, Robinson Crusoe, Sigismund Rüstig und Lederstrumpf, Gullivers Reisen, Schwabs Sagen des klassischen Altertums, Winnetou: Nichts wird ausgelassen, bis die Ungeduld des Selberlesens ins Unermeßliche wächst.

Aber warum immer bloß lesen und nicht gleich selber schreiben? Der Zehnjährige verfaßt sein erstes Buch: ›Die Geschichte des Kaisers Bim von Bimmenstein und seiner Familie‹. Bim ist der braune Knuddelbär; seine dreifach größere weiße Frau heißt Bulla. Der Großvater Pitt starb an der Bären-Erbkrankheit, der Schütte: die Rückennaht platzte auf, und die Holzwolle rieselte heraus. Und immer werden Kinder geboren: der Kronprinz Bam, Prinzessin Purzel und so weiter; die Erwachsenen, mit der Bärenleidenschaft vertraut, schaffen stets neue Prachtexemplare herbei. Schwierig wird es nur, als eines Tages Drillinge auftauchen. Zwillingsnamen gibt es ja genug: Max und Moritz, Peter und Paul,

Der Autor, der bald sein erstes »Buch« schreiben wird: ›Geschichte des Kaisers Bim‹.

Castor und Pollux. Doch Namen für Drillinge? Den Ausweg eröffnet das Feinkostgeschäft in Stolp: Neumann und Nehrke. Einer der Inhaber wechselte; früher hieß es Neumann und Droese. Darum gibt es von nun an die kaiserlichen Drillinge Neumann, Nehrke und Droese. Leider ist dieses grundlegende Werk über Bim von Bimmenstein, wie so vieles, der Nachwelt für immer verloren.

An dem abendlichen Beisammensein ist wohl nichts, was es in Abwandlungen nicht überall gibt. Daß die Menschen sich zueinander setzen, daß sie erzählen oder vorlesen und Spiele spielen, das kennzeichnet eine Welt, in der das Fernhören noch in den Kinderschuhen steckt und vom Fernsehen niemand eine Vorstellung hat. Die Inhalte mögen sich unterscheiden; die Bauern zum Beispiel spielen nicht Rommé, Ma-jong oder Bridge, sondern Doppelkopf oder Skat. Aber dem Prinzip nach ändert sich wenig, auch nicht bei den Bürgern in der Stadt. Eines allerdings unterscheidet, weil es spezifisch zum Land und dort wieder zum Gutshaus gehört: die Jagd. Von ihr muß darum gesprochen werden.

Schon die abendlichen Gespräche werden von dem Thema wie magnetisch angezogen. Der Jagdhund »Faust«, der jetzt auf der Wildschweinschwarte vor dem Kamin schläft, hat sich wieder einmal als besonders klug und tapfer erwiesen, als er die angeschossene Sau stellte. Der Nachbar B. hat – unerhört! – den kapitalen Rehbock geschossen, der eigentlich in unser Revier gehörte und bloß aus Versehen einmal über die Grenze wechselte. Und Onkel Richard, ironisch »der Liebling« genannt, weil niemand ihn mag, Onkel Richard hat doch neulich bei der Hasenjagd in Glowitz einen Treiber gefragt: »Sie kommen mir so bekannt vor. Wo habe ich Sie schon einmal getroffen?« Darauf der Treiber, mit sprechender Handbewegung zum Hinterteil: »Hier, Herr Landrat, hier.«

Unvermeidbar wird bereits das Kind vom Jagdfieber gepackt. Es erbaut »die Piekkatsch«, eine Laubhütte zum Hasenfang. Darin wird eine Schlinge ausgelegt – und darunter zusätzlich ein Stück Pappe, durch das mit der Spitze nach oben eine Reißzwecke ragt; die neugierige Hasennase wird davon schwerlich mehr loskommen. Reißzwecke und Schlinge: Doppelt gefangen hält bekanntlich besser; daher der Name Piek-Katsch. Und tatsächlich werden Hasen gefangen. Allerdings sind sie aus Schokolade.

Wie es ein Kirchenjahr der Festtage gibt und ein landwirtschaftliches Jahr mit Aussaat und Ernte, so ein jagdliches Jahr. Es beginnt im Frühjahr mit dem Schnepfenstrich – und mit eigenen Merkversen:

Okuli – da kommen sie.
Laetare – das ist das Wahre.
Judica – sind auch noch da.
Quasi modo geniti – Hahn in Ruh, jetzt brüten sie.

Der Sommer ist vor allem dem Rehbock gewidmet. Es gibt Mengen von Rehwild, und die pommerschen Gehörne werden nirgendwo übertroffen. Das spricht sich herum, bei den alten Herren Preußens wie bei den neuen seit 1918, seit 1933, bis hinauf zum »Reichsjägermeister«, der sich in den dreißiger Jahren selbst zu Gast lädt. Alsbald laufen Geschichten von der energischen Gastgeberin um, die aus dem Baltikum stammt, etwa diese:

Der Jagdwagen ist vorgefahren, und der Reichsjägermeister hat in ihm Platz genommen. Der Jagdhund springt in den Wagen, schnuppert an den Stiefeln des Gastes – und springt gegen alle Gewohnheit rasch wieder ab. Kommentar von der Freitreppe her: »Er vermißt den Aasjeruch der Reaktion.« Oder: Der Gast hat schon zum Essen sich niedergesetzt, aber er wird noch einmal zum Aufstehen genötigt, mit den Worten: »Herr Jöring, wir beten!«*

Der Herbst gehört dem »König der Wälder«, dem Rothirsch. Und im Winter, von November bis in den Januar, schließen sich die großen Treibjagden an, die zugleich eine gesellige Saison markieren, mit den Festessen an den Abenden. Gewiß, was die Hasen oder die Fasanen angeht, lassen sich die Ergebnisse in Pommern mit den berühmten Niederwildjagden in Schlesien oder Böhmen nicht von ferne vergleichen. Dafür gibt es um so mehr Rot-, Schwarz- und Rehwild, auf den Seen die Bleßhühner und Enten und noch vieles mehr. Gerade die Vielfalt des Wildes macht den Reiz der pommerschen Reviere aus.

Aber nun bloß keine Jagdgeschichten! Die einschlägigen Bücher und Zeitschriften sind, fast monoton, voll davon. Wir wollen auch nicht darüber spekulieren, was eigentlich den besonderen Reiz der Jagd ausmacht. Waidgerechtigkeit und Hege, das Leben und Erleben in Gottes freier Natur:

Mehr als genug ist dazu längst schon gesagt worden. Je nach dem Standpunkt mag jeder urteilen, wie er will. Unstreitig ist nur, daß wieder und wieder Menschen dem Fieber und dem Kult der Jagd verfallen sind, wie andere dem Spiel oder der Liebe.* Bei Erasmus von Rotterdam allerdings kann man im ›Lob der Torheit‹ – 1509 – nachlesen:

»Jeder ist um so glücklicher, je reichhaltiger nach der Meinung der Torheit seine Verrücktheit ist, nur muß es bei jenem Wahne bleiben, der uns gemäß ist. Er ist so allgemein im Schwange, daß man unter allen Menschen kaum einen finden dürfte, der jederzeit bei Sinnen wäre und nicht im Zauberbann irgendeines Wahnes stünde ... Dazu gehören auch die Jagdwütigen, denen nichts über die Tierhetze geht und die ein unglaubliches Vergnügen zu empfinden meinen, sooft sie den widerwärtigen Schall der Hörner und das Gebell der Meute hören. Fast möchte ich annehmen, daß sie die Hundelosung wie Zimtgeruch empfinden. Mit welchem Behagen wird das Wild zerlegt! Ochsen und Hammel überläßt man dem niederen Volk, Wild darf nur von einem Edelmann ausgeweidet werden. Barhäuptig kniet er auf der Erde und schneidet mit dem einzig zulässigen Waidmesser nach vorgeschriebenem Ritus andächtig bestimmte Stücke in fester Reihenfolge herunter. In stummer Bewunderung verharrt unterdessen das Jagdgefolge wie bei einer ungewöhnlich heiligen Handlung, obwohl man das Schauspiel schon mehr als tausendmal gesehen hat. Wer ein Stückchen von der Bestie kosten darf, kommt sich vollends fast geadelt vor.«

Unvordenkliches, Archaisches mag da ins Spiel kommen: Urmenschen waren Jäger, wie Knochenfunde und Höhlenzeichnungen es anzeigen. Das dürfte fest und tief in uns verankert sein – und aus der Tiefe wieder und wieder aufsteigen als ein Traum von Abenteuer, Spürsinn, Mannesmut und Freiheit. Oder wie in den dreißiger Jahren die Berliner beim Anblick von Wisenten in der Schorfheide es so lapidar wie gewohnt kodderschnauzig ausdrückten: »Det sind Jörings olle Jermanen.«

Heute, in einer übervölkerten Welt, liegt der Spott erst recht nahe, vielleicht wie ein vorbewußter Selbstschutz gerade darum, weil die Freiräume der Natur und der Tiere mehr und mehr schrumpfen. Um so schwerer läßt sich noch erklären, daß für so viele Menschen die Jagd einmal der Inbegriff des Glücks gewesen ist. Aber unendlich, aus allen Zeiten wird es bezeugt. Und bezeugt wird auch, daß nicht selten der erzwungene Abschied von der Jagd die Menschen tiefer getroffen hat als der Verlust des Besitzes.

Archaisches: Ich habe seit 1945 keine Büchse oder Flinte mehr in die Hand genommen. Doch noch heute verspüre ich einen Kitzel kindlichen Stolzes, wenn ich, beim Autofahren, aus den Augenwinkeln am Waldrand das Reh entdecke, das der stadtstämmige Beifahrer nie zu Gesicht bekäme, wenn man ihn nicht aufmerksam machte. Im übrigen wirkt die Erziehung nach, unausrottbar: Jagdwaffen sind Waffen, also gefährlich. Meinen Vater erinnerte bis an sein Lebensende ein steifes Handgelenk an den einstigen Jagdunfall. Und ein tödlicher Ausgang war gar nicht einmal so selten. Darum wurde schon dem Kinde eingebleut, daß man nie, nie, unter keinen Umständen, auf Menschen zielen darf, auch nicht mit dem Holzgewehr oder der Spielzeugpistole, aus der nur Wasser spritzt. Das haftet: Wenn heute Kinder auf mich losstürmen – »Peng, peng, du bist tot!« –, dann sträuben sich noch immer meine Nackenhaare. Und es fällt mir schwer, gegenüber den stolzen Eltern dieser Kinder höflich zu bleiben; es gelingt nur in der Erinnerung an die Inkonsequenz der eigenen Erziehung. Denn zu der gehörte doch die Vorbereitung aufs Soldatsein so selbstverständlich dazu, wie sie inzwischen verpönt ist.

Aber es wird höchste Zeit, endlich zum Kern des Themas vorzustoßen, zu seiner sozialen und zur politischen Dimension. Sie läßt sich in einen knappen Satz fassen: Jagdrecht ist Herrenrecht. Es gilt als Ausweis, als ein Symbol der Herrschaft. Genau darum wird es so leidenschaftlich in Anspruch genommen, genau darum unerbittlich durchgesetzt und mit allen Mitteln verteidigt.

In der älteren Zeit haben die Bauern unter dem Vorrecht der Herren oft schwer gelitten. Hetzjagden nahmen auf die Saaten kaum Rücksicht – um von dem Schaden gar nicht erst zu reden, den das Wild beständig auf den Feldern anrichtete. Es ist kaum glaublich, welch große Fläche eine Rotte Sauen in nur einer Nacht verwüsten kann. Die Bauern wehrten sich, so gut sie es vermochten: mit heimlichem Schlingenlegen und Fallenstellen. Nur: Was ließ sich damit schon ausrichten?

Die bittere Erinnerung hat tief sich eingegraben. Darum war und bleibt der Jagdfrevler, der Freischütz, der Wilderer ein heimlicher Volksheld. Darum war und bleibt untrügliches Zeichen des Aufruhrs stets zweierlei: der Sturm auf die Zwingburgen – unter neueren Verhältnissen auf die Gefängnisse – und der Umsturz der Jagdrechte. Daß es in Frankreich einmal eine wirkliche Revolution gegeben hat, läßt sich bis heute am Gedenken an den Bastille-Sturm ebenso ablesen wie an den im Vergleich zu Deutschland so entschieden demokratisierten Jagdrechten.*

In Pommern bleibt bis in die neueste Zeit der urtümliche Gegensatz sogar im Spannungsverhältnis zwischen den landwirtschaftlichen Beamten und den Förstern erkennbar. Unabhängig von den Personen und Temperamenten herrscht eine fast instinktive wechselseitige Abneigung. Die Landwirte wollen abholzen, unter den Pflug nehmen, eingattern, die Förster jedoch anschonen, aufforsten und dem Wild Äsung verschaffen. »Der größte Wald- und Wildschädling«, sagt ein Försterspruch, »ist der landwirtschaftliche Beamte.« (Heute, im Zeitalter eines mörderischen Pflanzen-»Schutzes« und der Pestizide, dürfte das erst recht aktuell sein.)

Auch die Wilderer sterben nicht aus. Die Krockowschen Güter reichen mit dem Rowener Vorwerk weit in das Moor hinein, das mehrere Kilometer breit den Lebasee umlagert. Der Lebasee bildet mit seiner Größe von 76 Quadratkilometern – bei einer Tiefe von höchstens fünf Metern – eigentlich ein kleineres Haff; nur eine Dünenkette trennt ihn vom Meer. Am südwestlichen Ufer des Sees, durch das Moor von der Welt geschieden, liegt das Fischerdorf Klucken.

Die Kluckener sind bitterarme Leute. Der Moorboden gibt außer Torf und dürftiger Weide fürs Vieh kaum etwas her, nicht einmal Kartoffeln, weil das Grundwasser gleich unter der Oberfläche steht. Die Fische – der Zander vorab, auch Hecht, Karpfen und Aal – sind zwar reichlich vorhanden und schmecken köstlich, aber in Kiepen auf dem Rükken über schmale Pfade in die umliegenden Dörfer getragen, bringen sie wenig ein, weil die Leute dort selbst kaum Geld haben und mit dem Pfennig geizen.

Was bleibt, ist das Wildern. Rehwild gibt es mehr als genug, und Wildenten nisten am See und in den Moorkuhlen zu Tausenden. Mit geschwärzten Gesichtern, von den Nebelschwaden ihres Moores gedeckt, brechen die Kluckener auf, nicht einzeln, sondern in Gruppen, so daß sie bei plötzlichen Begegnungen stets in der Überzahl sind. In den wenigen Jahren zwischen den beiden Weltkriegen sterben zwei Förster unter ihren Kugeln.*

Natürlich schlägt die Obrigkeit zurück, wie sie nur kann. Mit großem Aufgebot rücken Gendarmen und Forstbeamte in Klucken ein, durchkämmen das Dorf Haus um Haus, Stall um Stall, Scheune um Scheune, wieder und wieder. Aber kaum jemals wird etwas gefunden, was als Beweismittel taugt. Und Verräter gibt es nicht. Sie hätten in dem verschworenen Dorf ohnehin keine Chance zum Überleben: Rasch tritt der Tod den Menschen an, und wer in einem Moorloch versinkt, taucht nie wieder auf.

Wildererlegenden dort, Jagdgeschichten hier – und Abgründe, Leidenschaften auf jeder Seite. Man kann diese Leidenschaften verstehen, die aus Klucken so gut wie die aus dem Gutshaus. Und in der Tiefe begegnen sie einander. Denn sie haben am Ende nicht bloß mit Rehen, mit Sauen oder sonstiger Kreatur zu tun, sondern mit dem, was das menschliche Herz wirklich bewegt: mit der Unordnung und Ordnung unter den Menschen.

Darum sollten wir nachsichtig sein, jedenfalls im Rückblick, statt uns zu überheben. Wir sollten uns den alten Vietzke zum Vorbild nehmen. Mit gutem Grund weigert er sich, den Gewehrschrank herauszugeben. Und sogar dem ungewaschenen Grafen serviert er zweimal das Frühstück – weil und solange es um die Jagd geht. Vietzke weiß, was sich gehört, was zum Leben gehört und woran man nicht rühren darf, ohne an die Ordnung der Welt zu rühren.

Mit Mann und Roß und Wagen

Ein europäisches Leben

Die Reise nach Pommern hat uns in eine Welt im kleinen geführt; sie hat uns die Arbeit, die Feste und die Ordnung des Lebens auf dem Lande gezeigt. Aber Pommern liegt doch nicht hinter dem Mond, nein, wahrhaftig nicht. Sondern die kleine Welt ist eingebunden in die große, aufgeflochten auf das Rad der Geschichte, das zum Guten oder zum Verhängnis rollt wie es will.

Dieser Einbindung, dieser Verflechtung wenden wir uns nun zu. Freilich lassen wir die Ursprünge ebenso kühn beiseite, wie die Herzöge aus dem Greifengeschlecht und deren wechselvolle Beziehungen zu ihren Nachbarn. Wir bringen nur die soziale Ordnung, von der im vorigen Kapitel die Rede war, in eine etwas andere Perspektive. Wir fragen nach dem Verhältnis zwischen den »Königen im kleinen« und den wirklichen Königen, zwischen der Gutsherrschaft und der Herrschaft im großen, nach dem Verhältnis zum Staat. Von hier aus wenden wir uns dann dem Schicksalsthema der neueren Zeit zu, dem Verhältnis von Deutschen und Polen.

Soweit immer möglich, wollen wir auch in diesem Kapitel das Allgemeine im Persönlichen anschaulich machen. Darum beginnen wir mit einem farbigen Lebensbild aus der älteren Zeit. Mit einigen Abkürzungen und Anmerkungen folgen wir dem Bericht, den die Familiengeschichte aufgezeichnet hat.* Es handelt sich um Reinhold von Krockow, der im Jahre 1536 geboren wurde.

»Schon im jugendlichen Alter von 16 Jahren begab er sich an den Hof des Herzogs Barnim X. von Pommern und im Jahre darauf an den Hof des Herzogs Christoph von Württemberg. Hier hat er das ganze prächtige Hofleben Deutschlands kennengelernt, wohnte als Page den Vermählungsfeierlichkeiten des Herzogs von Sachsen und des Grafen von Mansfeld bei, nahm darauf an einem Zuge des Pfalzgrafen bei Rhein, des Herzogs Christoph von Württemberg und des Erzbischofs von Mainz gegen Frankreich teil, kehrte zu

Otto Heinrich von der Pfalz zurück, führte einen Auftrag des Pfalzgrafen am Hofe des Herzogs von Preußen aus, ging wieder nach Frankreich, nahm, 1557, an der Schlacht bei St. Quentin teil, sowie an der Erstürmung von Calais, trat darauf in den Dienst des französischen Königs Heinrich II., für welchen er mehrere feste Plätze, unter anderem in Lothringen vermutlich auch die Festung Metz unterwarf.«

Noch immer haben wir es, nach heutigen Vorstellungen, beinahe mit einem Jugendlichen zu tun, allenfalls im Studentenalter!

»Darauf kehrte er für einige Zeit in seine Heimat zurück, widmete sich dem Staatsdienste« – wohlgemerkt in Polen –, »nahm die Seestadt Putzig und deren Bezirk in seinen Pfandbesitz, begleitete die Prinzessin Katharina von Polen nach Schweden zwecks ihrer Vermählung mit dem Herzog von Finnland. Abermals heimgekehrt vermählte er sich mit Elisabeth von Loytzen, die ihm aber nach einem Jahre wieder entrissen wurde. Bei dem Einfall Eriks von Braunschweig weiß er die seinem Schutze anvertraute Stadt Putzig vor einer Plünderung zu bewahren, weshalb ihn die Putziger einen ›Beschützer und Verteidiger dieses armen Städtleins‹ nannten. Zum zweiten Male vermählte er sich mit Barbara von Weiher, einer verwitweten v. Zitzewitz. Dem König von Polen, Sigmund August, leistete er einen Vorschuß von 13 000 Dukaten ...«

»Die Jahre 1565–1570 waren fast ausschließlich Kriegsjahre; zunächst an einem Feldzug gegen die Moskowiter beteiligt, wohnt Reinhold Krockow hierauf dem Reichstag zu Augsburg bei, leistet dem Kaiser den Eid der Treue, um an dem Feldzug gegen die Türken teilzunehmen. Das ruhmreichste und interessanteste Blatt in der Geschichte dieses Mannes ist aber sein Feldzug zum Schutz der Hugenotten in Frankreich. Der Prinz Heinrich von Navarra« – der spätere französische König Heinrich IV. – »schloß mit ihm einen Kontrakt; mit ihm unterzeichnen: Henry von Bourbon und Caspar, Graf von Coligny, Admiral, sowie der König Johann von Navarra. Krockow führte dem Prinzen von Navarra 1500 Reiter zu.«

»Der Friede von St. Germain am 8. August 1570 hatte den Hugenotten nicht nur Amnestie und völlige Religionsfreiheit zugesichert, sondern ihnen auch mehrere feste Plätze eingeräumt. Nunmehr konnten sie an die allmähliche Abzahlung ihrer auf 315 296 Florins angelaufenen Schuld an Reinhold Krockow denken. Da aber trat das verhängnisvolle, in der Geschichte als Pariser Blutbad oder als Bartholomäusnacht gekennzeichnete Ereignis ein, welches nebst den meisten anderen Häuptern der Hugenotten auch dem Admiral Coligny das Leben kostete, am 24. August 1572. Hiermit schwand die Hoffnung Reinholds fürs erste, wieder zu seinem Guthaben zu gelangen; erst nach seinem Tode wurde die Sache von seinen Söhnen wieder aufgenommen – leider erfolglos. Die Gesuche wurden zwar seitens der Krockower Familie öfter wieder am französischen Hofe aufgenommen, zuletzt im Jahre 1825 durch die Gräfin Ernestine, aber immer mit negativem Erfolg.«

Immerhin, einiges hat sich erhalten. Der ehrwürdige Pokal aus dem 16. Jahrhundert, der in Rumbske als das »Glück von Edenhall« aufbewahrt wurde, stellte ein Geschenk des Prinzen Heinrich von Navarra an seinen General aus dem Osten dar.

»Aus Frankreich heimgekehrt, finden wir Reinhold Krokkow wieder in der Heimat tätig; teils als Diplomaten im Auftrage des Königs von Polen oder des Herzogs von Pommern, teils in wirtschaftlichen Angelegenheiten. So vermittelte er im Dezember des Jahres 1571 den Frieden zu Stockholm zwischen dem König von Schweden und dem von Dänemark. Bei der Königswahl Heinrichs von Anjou trat er gegen diesen auf. Treu hielt er dagegen zu dessen Nachfolger Stephan Bathory.«

»Seitdem er das Schwert hatte ruhen lassen, betätigte er sich an zahlreichen prozessualischen Handlungen, indem er mehrfach alte, wirkliche oder vermeintliche Ansprüche, teilweise in eine recht entfernte Zeit zurückreichend, wieder hervorgrub und zum Gegenstande eines oft interessanten richterlichen Verfahrens machte. Und alles dieses geschah, ohne daß er selbst des Schreibens kundig war!«

»Vom Hofe zog er sich immer mehr zurück, so daß der König Sigismund von Polen ordentlich mißtrauisch gegen ihn wurde und, auf einer Rückreise von Schweden begriffen, mit seinem Schiff am 4. November 1598 bei Rixhöft landete, nur in der Absicht, seinen alten treuen Ratgeber zu besuchen. Er fand ihn aber in einem beklagenswerten Zustand vor, und schon drei Monate später endete dieses tatenreiche Leben.«

Vor allem sollte man wohl von einem europäischen Leben sprechen; von Schweden bis Ungarn und von Frankreich bis Rußland führt es kreuz und quer durch den Kontinent. Und so sehr dieses Leben den üblichen Rahmen sprengen mag, gerade in seiner europäischen Dimension kann man es exemplarisch nennen. Auf freilich ungewöhnliche Weise stellt es uns ein Muster vor Augen, dem über Generationen hin Hunderte, Tausende gefolgt sind. Dabei weiß man von nationalen Pflichten und Eingrenzungen offensichtlich noch nichts. Maßstab des Handelns ist einerseits die Ehre des Standes, andererseits die persönliche Treue.

Aber warum zieht man überhaupt hinaus in die Ferne? Warum bleibt man nicht bei der heimischen Sauhatz und hinter dem wärmenden Ofen? Die Lust am Abenteuer spielt gewiß eine Rolle – oder sogar ein brennender Ehrgeiz: Man möchte die Welt kennenlernen und von ihr gekannt werden. Wer verstünde es nicht? Die Bewegungen des menschlichen Herzens bleiben immer sich gleich. Nur die Umstände wechseln und mit ihnen die Mittel.

Doch es gibt noch etwas anderes, eine materielle Wurzel, sozusagen die Ökonomie des Abenteuers. Es ist die Knappheit, Kargheit der heimatlichen Lebensverhältnisse, die den Auszug erzwingt. Würde man nämlich beieinander bleiben, so hieße das nicht stillstehen, sondern unerbittlich absteigen. Die Kindersterblichkeit, wie groß sie sein mag, reicht nicht hin. Man wäre gezwungen, den Besitz zu teilen, wieder und wieder, bis vom Rittergut kaum noch ein Bauernhof bliebe – oder statt des Herren ein Knecht. Genau betrachtet und mit der Härte formuliert, die die Umstände diktieren, müßte man eigentlich von einer Ökonomie des Todes sprechen.

Denn wer hinauszieht, kehrt wahrscheinlich niemals zurück. Er wird, noch jung, in der Schlacht fallen oder am Fieber der Fremde sterben. Wer aber überlebt, kann sein Glück machen und womöglich sogar es nach Hause tragen, sei es auch nur im zerbrechlichen Kristall.

Darum wehrt sich der Adel, so gut und so lange er kann, gegen die Zersiedlung und Absperrung des alten Europa durch die modernen Staaten, welche bloß auf gehorsame Untertanen aus sind – und erst recht natürlich gegen die Nationalstaaten, die bis ins Geistige hinein Mauern aufrichten. Darum fühlen sich, weit stärker, als eine spätere Betrachtung es zugeben möchte, so viele Angehörige des Adels nach Polen hingezogen*, das ja eine Adelsrepublik mit schwachem Wahlkönigtum darstellt – und freilich aus genau diesem Grunde in der modernen Entwicklung unterliegt. In ihren letzten Ausläufern überdauert die Standestradition sogar bis in unser Jahrhundert: beim deutschstämmigen baltischen Adel, der nicht Rußland, sondern dem Zaren dient und noch 1914 für ihn in den Krieg zieht. Erst die Revolution von 1917 – nicht Lenins Oktoberrevolution, sondern die Februarrevolution – bringt mit dem Sturz des Zaren auch diesen Restbestand des alten Europa zum Einsturz.

Pommern und Preußen

Am 10. März des Jahres 1637 starb Bogislaw XIV., der letzte Pommernherzog aus dem Greifengeschlecht. Er starb ohne männliche Nachkommen, und der Erbvertrag mit den Hohenzollern trat in Kraft. Mit Brandenburg also kam der moderne Staat in das Land an der Ostsee.

Freilich handelte es sich um eine Ankunft mit Verzögerungen. Zunächst einmal regierten nicht die Kurfürsten aus der Mark, sondern die Schrecken des Dreißigjährigen Krieges, die das Land abgründig und langfristig ruinierten. Und im Westfälischen Frieden konnte der Große Kurfürst zwar Hinterpommern in Besitz nehmen, 1658 auch Lauenburg, Bütow und die Starostei Draheim. Aber Vorpommern mit Stettin blieb bis 1720 schwedisch, nördlich der Peene gar bis zum Wiener Kongreß, 1815. Doch jedenfalls und vorab für Hinterpommern trug die neuere Zeit bald einen schicksalsträchtigen Namen: Preußen.

Preußen: ein merkwürdiges, durch und durch künstliches Gebilde, dem weder die Natur mit Meeren, Strömen, Gebirgen, noch die geschichtliche Prägung, die landsmannschaftliche Bindung oder eine nationale Bestimmung seine Gestalt vorgegeben hat. Eben darum wird Preußen ganz Staat, ganz Wille und Leistung, in einer Anstrengung sondergleichen emporgekämpft zur Großmacht.

Wahrhaft ernst wird es mit diesem Staat, als 1713 Friedrich Wilhelm I., der »Soldatenkönig«, den Thron besteigt.

Er ist der große Erzieher zum Preußentum; er setzt die moderne Heeresorganisation und eine straffe Verwaltung durch; er fordert Dienst für den Staat, Leistung, Sparsamkeit, Pflichterfüllung und Rechenschaft, immerfort Rechenschaft. Europäische Abenteuer soll es für niemanden mehr geben. Jeder Eigensinn, jeder Widerstand wird unerbittlich gebrochen, nicht bloß der des empfindsamen Sohnes. Der König sagt – und er meint, was er sagt: »Ich ruiniere die Junkers ihre Autorität; ich komme zu meinem Zweck und stabilisiere la souveraineté wie einen rocher von bronce.«*

In Pommern hat man sich der strengen Königsherrschaft bald und willig gefügt, weit williger jedenfalls als in anderen Provinzen. Darum schreibt der König in seinem Politischen Testament von 1722: »Die pommerschen Wassallen seindt getreue wie goldt, sie Resonnieren wohll bißweilen, aber wen mein Successor saget, es soll sein und das Ihr Sie mit guhten zurehdet, so wierdt Keiner sich da wieder Mowiren gegen Eure Befehlle.«

In der Tat: Die Pommern erweisen sich als Musterschüler und geradezu als Modellpreußen, wohl noch vor den manchmal eigenwilligen Brandenburgern und jedenfalls weit vor den widerborstigen Ostpreußen, denen es nichts ausmacht, im Siebenjährigen Krieg der Zarin zu huldigen – zum Zorn Friedrichs, der seither die Provinz nie mehr betreten hat. »In Treue fest!« heißt der pommersche Wahlspruch, und diese Treue gilt seit dem 18. Jahrhundert dem König von Preußen – mitunter noch, als es ihn längst nicht mehr gibt:

»Nach alter Vätersitte erheben wir uns und trinken das erste Glas auf unseren obersten Kriegsherrn«, sagt ein greiser Gutsherr, »der alte Glowitzer«, bei einer Hochzeitsfeier – wohlgemerkt im Zweiten Weltkrieg, 1941. Und er fährt zur eher nur milden Verblüffung seiner Gäste fort: »Seine Majestät, der König von Preußen, er lebe hoch – hoch – hoch!« Im gleichen Jahr spielt die Militärkapelle am Grabe meines Großvaters:

> Ich bin ein Preuße, kennt ihr meine Farben?
> Die Fahne schwebt mir weiß und schwarz voran.
> Daß für die Freiheit meine Väter starben,
> das deuten, merkt es, meine Farben an.

Nie werd ich bang verzagen,
wie jene will ich's wagen.
Sei's trüber Tag, sei's heitrer Sonnenschein,
ich bin ein Preuße, will ein Preuße sein.

Aber warum eigentlich will man das sein? Woher diese rasche und willige Einordnung, die mindestens für den Adel doch Einengung, einen Verzicht auf die ältere Freiheit und Weite mit sich bringt? Vom »Stammescharakter« reden hieße sich ein X für ein U vormachen und behaupten, daß die Armut von der pauvreté kommt – womit es in der Regel ja seine Richtigkeit hat. Doch damit würde bloß verdoppelt, was man schon kennt oder vielmehr nicht kennt: Aus dem Verhalten wird der Charakter abgeleitet, der dann das Verhalten erklären soll.

Von der Armut allerdings müssen wir ausgehen. Sie führt zum Kern der Dinge, zu der alten und immerwährenden Tatsache, daß der Adel aus eigenem Vermögen nicht sich behaupten kann. Der moderne Staat aber bietet Ersatz für das europäische Abenteuer; er braucht Beamte und, vor allem, Soldaten, Offiziere. Preußen in seiner Künstlichkeit und damit Bedrohtheit, in der Anstrengung seines Emporkommens braucht besonders viele.*

Ökonomie also, wieder einmal; man gerät in Versuchung, von einem Tauschgeschäft oder sogar von Kuhhandel zu reden. Schon in der älteren Zeit, als der Adel politisch noch etwas zu sagen hatte und stolz auf seine Rechte zur Steuerbewilligung oder -verweigerung pochte, ist es immer darum gegangen. Die Vertrags- oder Geschäftsabschlüsse der Landtage, die sogenannten Rezesse, folgten stets dem gleichen Muster: Geldbewilligung für den Fürsten gegen Bestätigung und Erweiterung der Adelsprivilegien. Noch bei dem letzten brandenburgischen Rezeß von 1653 war es nicht anders. Dem Großen Kurfürsten wurden Gelder bewilligt, um Beamte und Soldaten zu bezahlen. »Andererseits regelte dieser Rezeß definitiv die rechtliche Stellung des märkischen Adels, dem nicht nur seine alten Rechte wieder zugestanden, sondern ... auch eine ganze Reihe neuer Zugeständnisse gemacht wurden. Es wird bestimmt, daß Rittergüter nur im Besitz des märkischen Adels sein dürfen; das Konnubium mit dem Bürgertum wird verpönt, der Adlige, der eine Bürgerliche heiratet, mit Vermögensverlust bedroht. Die Gutsherrlichkeit des Adels erhält ihren rechtlichen Abschluß.«*

Doch im 18. Jahrhundert, als der starke und straffe Staat den Adel längst nicht mehr fragt, wenn er neue Steuern erhebt, wird das Tauschgeschäft bloß in eine neue Form gebracht. Friedrich der Große hat die Stellung des Adels sogar nochmals verstärkt. Dem bürgerlichen Kapital wird es verwehrt, sich in Rittergüter einzukaufen; er soll sich auf Handel und Gewerbe konzentrieren. Ebenso untersagt eine Anordnung aus dem Jahre 1748 die Ausdehnung staatlicher Domänen auf Kosten der adligen Grundbesitzer. »Denn«, so schreibt der König, »ihre Söhne sind es, die das Land defendieren, davon die Race so gut ist, daß sie auf alle Weise meritieret, conserviert zu werden.«

Dieser Satz beleuchtet so knapp wie klar das Staatsinteresse: Der Adel stellt die höheren Beamten – und mehr noch und schlechthin unentbehrlich tüchtige Offiziere für die Armee. Im Feuer der Schlesischen Kriege und des Siebenjährigen Krieges wird das schicksalsschwere Bündnis zwischen dem preußischen Staat und seinen »Junkern« endgültig gehärtet.*

Betrachtet man die Sache in umgekehrter Blickrichtung, so liegt das Interesse nicht weniger klar zutage. Bei aller Eingrenzung und Unterordnung, die gefordert wurde, bot der Staat nun einmal die naheliegende, zuverlässige und vergleichsweise sogar bequeme Alternative zu den ritterlichen Kreuz- und Querzügen früherer Jahrhunderte. Er gab Offizieren und Beamten die Möglichkeiten einer standesgemäßen Versorgung.

Dabei lag der Nachdruck auf »standesgemäß« ebenso wie auf »Versorgung«; das Ansehen in »des Königs Rock« hob schon den jüngsten Fähnrich über den gewöhnlichen Bürger hinaus. Aber auch die Versorgung geriet durchaus nicht so knapp, wie es später in patriotischer Verklärung oft dargestellt worden ist. In den hohen Rängen der Beamtenschaft überstieg sie im 18. Jahrhundert bei weitem, was man heute in vergleichbaren Stellungen für angemessen halten würde, von Vergleichen mit dem Einkommen zeitgenössischer Bauern oder Handwerker gar nicht erst zu reden. Überdies war es vielfach möglich, durch Ämterhäufung – wenn nicht gar durch Bestechlichkeit, die ausgerechnet unter dem strengen »Soldatenkönig« noch gang und gäbe war – beträchtliche

Vermögen zu erwirtschaften, die dann in neuem Güterbesitz angelegt werden konnten.

Sogar der Offizier, wenn er es nur erst zum Kompanie-Inhaber gebracht hatte, war zu beneiden. Denn bis zum Zusammenbruch des alten Staates bei Jena und Auerstedt, 1806, wurden ihm alle Mittel für den Unterhalt seiner Soldaten pauschal überwiesen. Die meisten Soldaten wurden jedoch für etwa zehn Monate im Jahr beurlaubt, um in der Landwirtschaft, als Heim- oder Manufakturarbeiter sich ihren Lebensunterhalt selbst zu verdienen. Auch wenn diese Tatsache bei den Zuweisungen zum Teil schon berücksichtigt wurde, blieben noch genug Möglichkeiten für eine einträgliche Mißwirtschaft, wie der Reformer und Vater der Landwehr Hermann von Boyen es rückblickend beschrieben hat: »Anstatt daß ein solcher Vorgesetzter als der Vater seiner Soldaten erscheinen soll, bekam er hier die Stelle eines wuchernden Krämers.« Erst die Neuorganisation des Heeres nach 1807 brachte Abhilfe.

Alles in allem: Die Tatsache, daß der Adel sich willig zum Staatsdienst und zur Königstreue umerziehen ließ, gibt bei genauerem Hinsehen wenig Rätsel auf. Das gilt besonders in Gebieten, in denen der Wohlstand so wenig zu Hause war wie in Pommern. Übrigens wußte man sich kräftig zu wehren, sobald die eigenen Interessen bedroht schienen. »Und der König absolut, wenn er uns den Willen tut«, hieß ein geläufiges Sprichwort. Genau darum blieb der in vielem schon exemplarisch moderne Staat des 18. Jahrhunderts zugleich doch seltsam starr und altertümlich. Zum Beispiel konnte er an Leibeigenschaft und Fron der Bauern wenig ändern. Denn auf der Garantie der ländlichen Eigentums- und Herrschaftsverhältnisse beruhte nun einmal das Bündnis von Thron und Adel. Ohnehin endete der Staat auf dem Lande beim Landrat, der in der Regel selbst aus dem Familienkreis des Landadels stammte. Der Gutsbesitzer war deshalb nicht nur im wirtschaftlichen, sondern auch im rechtlichen Sinne der Herr der Bauern – kein reicher, aber ein mächtiger Mann: der König im kleinen.

Gewiß: Der Zusammenbruch des Staates unter Napoleons Schlägen erzwang schließlich die Bauernbefreiung. Aber viele der alten Vorrechte dauerten noch lange fort oder wurden sogar neu begründet. Es gab eine strenge Gesindeordnung, und ein Landarbeitergesetz vom 24. April 1854 stellte jeden

Bruch des Arbeitsvertrages unter Strafe, erlaubte die polizeiliche Rückführung Vertragsbrüchiger und verbot, natürlich, den Streik. Gesindeordnung und Landarbeitergesetz fielen erst im November 1918.

Auch die Gutsbezirke als Verwaltungseinheiten blieben: »Der Gutsherr, in der Eigenschaft eines vom Landrat und Kreisausschuß bestätigten Amtsvorstehers, übte weiterhin die Polizeigewalt in seinem Bezirk aus und verkörperte die Selbstverwaltung des Bezirks in seiner eigenen Person.« Dies war »ein Relikt feudaler Verwaltungsstruktur, das den Gutsherren weit über ihre ökonomische Bedeutung hinaus politische Macht und den ›Hindersassen‹ dauernde politische und wirtschaftliche Unselbständigkeit zuwies.« Es handelt sich hierbei nicht etwa um eine Schilderung von Verhältnissen im frühen 19. Jahrhundert, sondern aus der Zeit der Weimarer Republik. Nur gegen den erbitterten Widerstand der Rechtsparteien wurde schließlich im Jahre 1927 von der sozialdemokratischen Regierung Otto Brauns ein Gesetz zur Aufhebung dieser Verhältnisse durchgebracht und die Verwaltungsreform bis 1930 im wesentlichen abgeschlossen.*

Aber nicht erst in der Zeit der Republik, sondern seit jeher galt die Regel: Wehe denen, die die agrarischen Sonderinteressen mißachteten! Das bekamen die preußischen Reformer nach 1815 ebenso zu spüren, wie die Liberalen nach der verlorenen Revolution von 1848. Das traf den Nachfolger Bismarcks, Leo von Caprivi, der es wagte, die Schutzzölle für das Getreide herabzusetzen. Er wurde als »der Mann ohne Ar und Halm« verunglimpft, so als sei bereits dies die verkörperte Ehrlosigkeit. Und 1893 wurde der »Bund der Landwirte« gegründet, dessen hemmungslose Agitation schon etwas von den Dämonen des kommenden Jahrhunderts ahnen ließ.*

Einst, in den sagenumwobenen Zeiten Joachims I. (1499 bis 1535), sollen aufsässige Raubritter dem Kurfürsten nächtens an die Tür geschrieben haben: »Jochimke, Jochimke, hüte dy, fange wy dy, so hange wy dy.« Das blieb bei allem Wandel ein Menetekel für die Zukunft, eine heimliche, unheimliche Flammenschrift an brandenburgisch-preußischen Mauern; ungewiß nur, wem sie am Ende gelten würde: Wehe und abermals wehe!

»Wedel? – Wo ist Wedel?«

Der das ruft und fragt und abermals ruft, einsamer Reiter durch die Nacht nach dem blutigen Kampf – und bang um die Antwort –, ist der König, der große Friedrich auf der Suche nach dem jungen Offizier, der ihm ans Herz wuchs. Aus der Nacht, aus den Reihen der Opfer, die das Schlachtfeld bedecken, kommt schließlich die Antwort, sehr jung noch die Stimme und schon unterwegs in das Sterben:

»Majestät, hier liegen lauter Wedels.«

Später, nach dem Siebenjährigen Krieg, durchreist der König das Gebiet der Wedels und fragt, wo sie denn alle geblieben seien, früher sei doch hinter jedem Ginsterbusch einer hervorgekrochen? Der Landrat, der den König begleitet, erwidert leise:

»Majestät, sie sind alle tot.«

Zweiundsiebzig der Wedel sind in Friedrichs Kriegen gefallen. Aber kaum eine Familie des preußischen Adels gibt es, die nicht schwere Verluste zu beklagen hat; manche gerät hart an den Rand ihrer Auslöschung. Die pommerschen Kleist müssen achtundfünfzig Gefallene zählen.*

Zu ihnen gehört der Major und Dichter Ewald Christian von Kleist, der Freund Lessings. In der Schlacht bei Kunersdorf, am 12. August 1759, stürmt er, den Degen in der Linken, weil die rechte Hand schon zerschmettert ist, mit seinem Bataillon gegen feindliche Batterien, wird tödlich verwundet, von Kosaken ausgeplündert, dann aber nach Frankfurt an der Oder gebracht, wo er am 24. August stirbt. Russische Offiziere sorgen für ein ehrenvolles Begräbnis. Am Ende seiner Ode ›An die Preußische Armee‹ hatte Kleist ahnungsvoll geschrieben:

> Auch ich, ich werde noch, vergönn es mir, o Himmel!
> einher vor wenig Helden ziehn;
> ich seh dich, stolzer Feind, den kleinen Haufen fliehn
> und find Ehr oder Tod im rasenden Getümmel.

Ökonomie des Todes im Bündnis von Thron und Adel?

Gewiß, auch dies. Und doch und zugleich noch mehr. Viel mehr. Das Blutopfer macht aus dem Bündnis, in dem die Interessen, die Vorteile des Gebens und Nehmens sich berechnen lassen, etwas weit Stärkeres: die Bindung, die in den Menschen ans Tiefste, ans dunkel Verborgene rührt, an die Größe wie das Verhängnis.

Darum sind Friedrichs Kriege so wichtig. Sie entscheiden über die Zukunft; sie schaffen ein Modell, das Muster, das dann als schlechthin gültig, als nicht mehr zerstörbar, aber auch als undurchdringlich und unbefragbar sich erweist bis zuletzt. Denn wie noch sich entziehen und verweigern vor der Unbedingtheit der Verpflichtung und des Ehrgefühls, wenn das Vorrecht zum Sterben zum Maß für das Leben geworden ist?

Das Muster, die Wiederholung: die napoleonischen Schlachten von Jena und Auerstedt bis Waterloo, die Bismarckschen Kriege, der Erste und der Zweite Weltkrieg.* Von den neun männlichen Krockows, die 1939 leben, fallen fünf als Offiziere; einer wird 1945 erschlagen.

Größe und Verhängnis: Als Maß für das Leben macht das Vorrecht zum Sterben fähig für die Pflicht, aber unfähig für die Politik, für den Kompromiß, für neue Erfordernisse und am Ende für die Zukunft überhaupt, wenn sie Vorrechte angreift und damit an die Fundamente des Selbstgefühls rührt. Der Mitbegründer der konservativen Partei in Preußen, Ernst Ludwig von Gerlach, hat dies einmal sehr genau zum Ausdruck gebracht:

»Ohne das Institut des Leutnants – so spottete neulich eine revolutionäre Zeitung – könnte nach der Meinung der Kreuzzeitungs-Partei der Preußische Staat nicht bestehen. Wir bekennen uns freudig zu dieser verspotteten Meinung. Die Leutnants sind fundamentaler als die (parlamentarischen) Kammern. Ohne die Leutnants, die bei kurzem Solde und geringem Avancement nichts weiter fordern als das in ihren Familien seit vielen Generationen einheimische Vorrecht, sich, sowie ein Krieg ausbricht, in Massen totschießen zu lassen, ohne solche Leutnants ... kann die Preußische Armee nicht bestehen. Sie muß eben, um Preußisch und um Armee zu bleiben, das Brot des Königs von Preußen essen und nicht das Brot der 2. Kammer.«*

Das wurde 1851 geschrieben, drei Jahre nach der Revolution, in der der Spruch aufkam:

> Gegen Demokraten
> helfen nur Soldaten.

Und es weist schon voraus auf das berühmt-berüchtigte Wort des Oldenburg-Januschau, wenige Jahre vor dem Ersten Weltkrieg im Reichstag gesprochen: »Der König von Preußen und der deutsche Kaiser muß jeden Moment imstande sein, zu einem Leutnant zu sagen: Nehmen Sie zehn Mann und schließen Sie den Reichstag!«*

So wird unversehens aus dem Vorrecht zum Sterben die Verweigerung gegenüber dem Recht der vielen auf Mitsprache und politische Mündigkeit, auf die parlamentarische Demokratie – eine Verweigerung, die sogar mit sich selbst in Widerspruch gerät. Denn schließlich gehört seit 1789 zu den Errungenschaften demokratischer Revolutionen die allgemeine Wehrpflicht, und nicht bloß Leutnants werden im Kriege totgeschossen.

Kein Wunder darum, daß Theodor Fontane, der die adligen Tugenden und Traditionen des alten Preußen liebevoll geschildert hat, am Ende dennoch sagt: »Preußen – und mittelbar ganz Deutschland – krankt an unsren Ost-Elbiern. Über unsren Adel muß hinweggegangen werden; man kann ihn besuchen wie das ägyptische Museum und sich vor Ramses und Amenophis verneigen, aber das Land ihm zu Liebe regieren, in dem Wahn: dieser Adel sei das Land, – das ist unser Unglück, und solange dieser Zustand fortbesteht, ist an eine Fortentwicklung deutscher Macht und deutschen Ansehens nach außen hin nicht zu denken. Worin unser Kaiser die Säule sieht, das sind nur thönerne Füße. Wir brauchen einen ganz anderen Unterbau.«*

Anderswo bleibt es nicht beim respektvoll melancholischen Abschied. Haß springt auf – und als abgründige Antwort auf die Höhen des Stolzes im Vorrecht zum Sterben ein Drang des Verfolgens, Vertreibens, Totschlagens, die Mordgier. Das gibt der neueren Geschichte des Adels im Untergang noch einmal etwas von seinen europäischen Dimensionen zurück: von Spanien bis Rußland und von der Guillotine in Paris bis zum Galgen oder Schafott in Berlin-Plötzensee.

Dort übrigens starb, am 9. April 1945, noch einmal ein Ewald von Kleist aus Pommern, unbeugsamer Gegner der Gewaltherrschaft nicht aus demokratischer, sondern aus altadliger Gesinnung. Sein Sohn, der Leutnant Ewald Heinrich von Kleist, hatte ihn einmal gefragt, ob er Stauffenberg folgen und sich an einem Attentat auf den Obersten Kriegsherrn, auf Adolf Hitler, beteiligen solle. Die Antwort des Vaters war gewesen: »Ja, du mußt es tun. Jeder, der eine Gelegenheit wie diese vorübergehen läßt, wird in seinem Leben nie mehr glücklich sein können.«*

Ein Glück, das dem Tod sich verschwistert. Und wie eigentlich sah es in dieser Männerwelt für die Frauen aus? Wie für die Mütter? Ach, sie haben geschrien, wie Mütter überall und zu allen Zeiten um den Tod ihrer Kinder. Ich höre sie noch, diese Schreie der Mutter nach der Nachricht vom Tod des erstgeborenen, des zweiten Sohnes.

Aber wie bald dann das Wegschließen des Schmerzes in einer nicht mehr ergründbaren Tiefe. Sich disziplinieren, nicht wehleidig sein, Haltung bewahren und sogar Heiterkeit zeigen: das gehörte für die Frauen zur ererbten Verpflichtung. Das ergab oft Herbheit und Härte, aber auch Stärke und Form – noch über Abgründen.

Es sei hier eine geborgte Geschichte erzählt. Sie stammt von Marion Gräfin Dönhoff*, und sie spielt, kurz vor dem Ende, in dem Bismarckschen Varzin, Kreis Rummelsburg:

»Damals lebte noch die Schwiegertochter des Kanzlers, eine kleine, feingliedrige, höchst amüsante, uralte Dame, die in ihrer Jugend oft Anlaß zu mancherlei Stirnrunzeln gewesen war: Sie hatte Jagden geritten, Zigaretten geraucht und sich durch Witz und Schlagfertigkeit ausgezeichnet.

Und sie war auch jetzt noch ungemein fesselnd, so fesselnd, daß ich mich nicht entschließen konnte – was durchaus geboten schien –, am nächsten Tag weiterzuziehen. Also blieben wir zwei Tage. Zwei denkwürdige Tage. Draußen zogen die Flüchtlinge langsam durch das Land, und immer, wenn die letzten vorüber waren, schlossen sich Einheimische an und wurden selbst zu Flüchtlingen. Auch hier war man gerade an diesem Wendepunkt angelangt. Der Trecker, den wir hatten stehen sehen, war bereits ohne die alte Gräfin losgefahren, die nicht dazu zu bewegen war, Varzin zu verlassen. Alle Warnungen und Vorstellungen fruchteten nichts. Sie war sich ganz klar darüber, daß sie den Einmarsch

Warcino, mit einer Schule für Forsteleven, einst das Bismarcksche Varzin. Siehe hierzu Seite 164f. und Seite 203f.

der Russen nicht überleben würde. Sie wollte ihn auch nicht überleben, und darum hatte sie im Park ein Grab ausheben lassen (weil dazu nachher niemand mehr Zeit haben würde).

Sie wollte in Varzin bleiben und sich bis zum letzten Moment an der Heimat erfreuen. Und das tat sie mit großer Grandezza. In ihrer Umgebung war alles wie immer. Der alte Diener, der auch nicht weg wollte, servierte bei Tisch. Es gab einen herrlichen Rotwein nach dem anderen – Jahrgänge, von denen man sonst nur in Ehrfurcht träumt. Mit keinem Wort wurde das, was draußen geschah und noch bevorstand, erwähnt. Sie erzählte lebhaft und nuanciert von alten Zeiten, von ihrem Schwiegervater, vom kaiserlichen Hof und von der Zeit, da ihr Mann, Bill Bismarck, Oberpräsident von Ostpreußen gewesen war.

Als ich dann schließlich Abschied nahm und wir weiterritten, sah ich mich auf halbem Weg zum Gartentor noch einmal um. Sie stand gedankenverloren in der Haustür und winkte noch einmal mit einem sehr kleinen Taschentuch. Ich glaube, sie lächelte sogar – genau konnte ich es nicht sehen.«

Wo stammen denn all die Kaschuben her?

> Wer, wenn ich schrie, hörte mich denn aus der Engel
> Ordnungen? und gesetzt selbst, es nähme
> einer mich plötzlich ans Herz: ich verginge von seinem
> stärkeren Dasein. Denn das Schöne ist nichts
> als des Schrecklichen Anfang, den wir noch grade
> ertragen,
> und wir bewundern es so, weil es gelassen verschmäht,
> uns zu zerstören. Ein jeder Engel ist schrecklich.

Anfang der ersten von Rilkes Duineser Elegien: Anfang und Ende im Schrecken. Wir nähern uns den Zonen des Unheils, wir geraten an Grenzen, buchstäblich: Menschen wollen, was ihr Herz zur Liebe bewegt, für sich, gesichert und eingezäunt – und geraten, genau darum, in den Haß, in Zerstörung und Tod; sie erschlagen einander wie Kain den Bruder Abel.

Verständlich darum der Traum von der wahrhaften Brüderlichkeit, vom Grenzenlosen, der Traum vom vergangenen Glück, das dereinst zurückkehren wird. Jean-Jacques Rousseau, der Prophet des Ursprünglichen, hat geschrieben: »Der erste, der ein Stück Land eingezäunt hatte und frech behauptete: ›Das ist mein!‹ – und Leute fand, einfältig genug, ihm zu glauben, wurde zum wahren Begründer der bürgerlichen Gesellschaft. Wieviele Verbrechen, Kriege, Leiden und Schrecken würde der dem Menschengeschlecht erspart haben, der die Pfähle herausgerissen oder den Graben zugeschüttet und seinesgleichen zugerufen hätte: ›Hört nicht auf den Betrüger. Ihr seid verloren, wenn ihr vergeßt, daß die Früchte allen gehören und die Erde niemandem!‹ «*

Nur leider: Es geht nicht bloß ums Stück Land, um Haus und Hof, Geld oder Gut. Es geht ums Leben überhaupt, das zur Form drängt und eine Gestalt braucht: seine »Identität«, wie wir heute das nennen. Form aber ist ohne Umriß, also ohne die Grenze, nicht zu haben. Und alles Schöne, das wir lieben, meint niemals das Ungefähre, sondern das Genaue, das Unverwechselbare. Wie anders fänden wir unser Zuhause, wie eine Heimat?

Die neuere Zeit aber verspricht politische Heimat, Begründung der Heimat durch Politik. Sie soll ihre Erfüllung finden im Nationalstaat. Ausgerechnet die Revolutionäre von 1789, die sich als Erben Rousseaus empfinden, proklamieren diesen Nationalstaat; sie machen den Nationalismus geschichtsmächtig. Die Frage allerdings, was denn die Nation eigentlich sei, findet viele Antworten, manchmal auch gar keine. Sie führt auf schwankenden Boden – zumal für die Deutschen. Je größer indessen die Unsicherheit, desto stärker die Versuchung, auf die Abgrenzung gegen »die anderen« zu bauen, die angeblich so anders sind als »wir«.

Von den deutschen Schwierigkeiten hat schon Heinrich Heine erzählt: »Sonderbar! trotz ihrer Unwissenheit hatten die sogenannten Altdeutschen von der deutschen Gelahrtheit einen gewissen Pedantismus geborgt, der ebenso widerwärtig wie lächerlich war. Mit welchem kleinseligen Silbenstechen und Auspünkteln diskutierten sie über die Kennzeichen deutscher Nationalität! Wo fängt der Germane an, wo hört er auf? Darf ein Deutscher Tabak rauchen? Nein, behauptete die Mehrheit. Darf ein Deutscher Handschuhe tragen? Ja, jedoch von Büffelhaut. Aber Bier trinken darf ein

Deutscher, und er soll es als echter Sohn Germanias; denn Tacitus spricht ganz bestimmt von deutscher Cerevisia. Im Bierkeller zu Göttingen mußte ich einst bewundern, mit welcher Gründlichkeit meine altdeutschen Freunde die Proskriptionslisten anfertigten, für den Tag, wo sie zur Herrschaft gelangen würden. Wer nur im siebenten Glied von einem Franzosen, Juden oder Slawen abstammte, ward zum Exil verurteilt. Wer nur im mindesten etwas gegen Jahn (den ›Turnvater‹) oder überhaupt gegen altdeutsche Lächerlichkeiten geschrieben hatte, konnte sich auf den Tod gefaßt machen, und zwar auf den Tod durchs Beil, nicht durch die Guillotine, obgleich diese ursprünglich eine deutsche Erfindung und schon im Mittelalter bekannt war, unter dem Namen ›die welsche Falle‹.«*

Das klingt komisch, doch unser Lachen gefriert, sobald wir bedenken, was hundert Jahre später geschah. Und vollends unheimlich liest sich, was der Franzose Ernest Renan in der Zeit des deutsch-französischen Krieges, 1870/71, seinem deutschen Briefpartner David Friedrich Strauß sagte. Es ging um die Abtretung des Elsaß und Lothringens unter Berufung auf die »ursprüngliche« Zugehörigkeit zum Volkstum, und Renan schrieb:

»Ihr (Deutschen) habt an Stelle der liberalen Politik das Banner archäologischer und ethnographischer Politik entfaltet; diese Politik wird euch zum Verhängnis werden. Die vergleichende Philosophie, die ihr geschaffen und zu Unrecht auf das Feld der Politik übertragen habt, wird euch übel mitspielen. Die Slawen werden sich dafür begeistern; ... wie könnt ihr glauben, die Slawen würden euch nicht zufügen, was ihr andern antut? ... Wenn eines Tages die Slawen Anspruch auf das eigentliche Preußen, auf Pommern, Schlesien und Berlin erheben werden, und zwar deswegen, weil alle diese Namen slawischen Ursprungs sind, wenn sie an Elbe oder Oder das tun, was ihr an der Mosel getan habt, wenn sie auf der Karte den Finger auf die wendischen oder obotritischen Dörfer legen, was werdet ihr dann zu sagen haben? Nation ist nicht gleich Rasse.«*

In der Tat. Halb Deutschland kann man unter Berufung aufs einstige Volkstum aus Deutschland herausoperieren. Und nicht bloß das Gebiet, sondern ebenso oder erst recht die Menschen. Überall haben die Stämme sich überlagert, ineinander geschoben, durchmischt, noch im 19., im

20. Jahrhundert mit der großen Wanderung von Ost nach West. Woher stammen denn die »Brüder aus der kalten Heimat«, ohne die die Entstehung des Ruhrgebiets und seiner Bevölkerung nicht zu denken ist?

Und wie steht es mit Pommern? Was »ursprünglich« einmal war, verliert sich im Dunkeln und ist allenfalls von archäologischem Interesse; nichts, rein gar nichts, läßt sich politisch daraus ableiten. Ins Licht der Geschichte tritt ein wendisch-slawisches Gebiet: Pomorje, das »Land am Meer«. Es wächst dann zum eigenen Herzogtum heran, freilich oftmals geteilt und rasch wechselnden Einflüssen oder zeitweiligen Eroberungen ausgesetzt, bei denen die Dänen und die Schweden ebenso eine Rolle spielen wie die Polen und die Brandenburger. Die Belehnung des Herzogs Bogislaw I. durch den Hohenstaufenkaiser Friedrich Barbarossa im Jahre 1181 fügt Pommern in das Heilige Römische Reich Deutscher Nation ein – wobei man gegen Mißverständnisse gleich hinzufügen muß, daß dieses Reich ein Nationalstaat im modernen Sinne gerade nicht war.

Ans alte Erbe erinnerten die vielen Namen, von denen schon am Anfang dieses Buches die Rede war. Stolp hieß einmal Słupsk oder ähnlich; Dörfer hießen Wendisch-Silkow, Sorchow, Gutzmerow, Bandsechow oder Karzin, Klenzin, Zemmin, Warbelin. Wälder trugen Namen wie Wossek, Lechow, Dombrow, Iserge, Kaschnowz, Bojenk. Auch die meisten der alten Adelsfamilien waren wendisch-slawischen Ursprungs. Denn anders als beim Ordensland Preußen handelte es sich nicht um ein erobertes und von den Eroberern unterworfenes Land.

Im hinteren Pommern und von dort bis vor die Tore Danzigs siedelte übrigens ein Stamm, der besonders zäh sich erhalten hat: die Kaschuben. Allen Stolpern war der Spruch geläufig, mit dem sie oftmals empfangen und geneckt wurden:

> Wo stammen denn all die Kaschuben her?
> Es sind so viele wie Sand am Meer.
> Von Stolp, von Stolp, von Stolp.

Nicht selten wurde dabei statt »Stolp« auch »Słupsk« gesagt. Noch im 18. und bis ins 19. Jahrhundert hinein ist in Teilen des Kreises Stolp kaschubisch gesprochen und in den Kirchen kaschubisch gepredigt worden, zuletzt in den Moorgebieten um den Garder See und den Lebasee. In Familiennamen wie Pigorsch oder Dargusch blieb die Erinnerung ans Kaschubische aufbewahrt.

Die deutschen Einflüsse haben zunächst auf zwei Wegen sich geltend gemacht. Einmal durch die Christianisierung. In den Jahren 1124 und 1128 unternahm der Pommern-Apostel Otto von Bamberg seine Missionsreisen; 1140 stiftete Papst Innocenz II. das Bistum Wollin, das 1176 nach Cammin verlegt wurde. Zur Strategie der Christianisierung gehörten Klostergründungen, zu deren Unterhalt wiederum Dörfer mit Zuwanderern aus dem Westen, mit deutschstämmigen Bauern angelegt wurden.

Zum anderen sind die Städtegründungen wichtig. Sie erfolgten meist im dreizehnten und vierzehnten Jahrhundert, vom vorpommerschen Stralsund im Jahre 1234 über Stettin, 1243, bis Stolp 1310. Und überall spielte bei den Gründungen deutsches Stadtrecht eine wichtige Rolle. Das lübische breitete sich längs der Ostsee aus; das von Magdeburg wanderte im Landesinneren über Breslau und Krakau bis ins ferne, ukrainische Kiew. Und mit den Städtegründungen und mit ihrem Recht wanderten deutsche Kaufleute und Handwerker, oft von den einheimischen Fürsten dringend gerufen, um die Wirtschaftsentwicklung zu fördern.

In Pommern entstand also ein slawisch-germanisches Mischgebiet, in dem sich allmählich, über lange Zeiträume hin, der deutsche Einfluß als der prägende durchsetzte. Das geschah durchweg friedlich, ohne schwerwiegende Kämpfe zwischen den verschiedenen Gruppen des Volkstums. Natürlich gab es viele Konflikte, etwa zwischen dem einheimischen Adel und den aufkommenden Städten. Die Krockows zum Beispiel gerieten mehr als einmal mit dem mächtigen Danzig hart aneinander; ein Hans von Krockow wurde am 15. Januar 1516 vor dem Hohen Tore hingerichtet. Aber bei alledem handelte es sich um die üblichen Fehden zwischen Rittertum und Städten, nicht um Gegensätze, die aus den unterschiedlichen Wurzeln des Volkstums hervorwuchsen. Man kann diese Fehden in Franken, in Württemberg oder im Rheinland ebenso studieren wie im Osten.

Liest man nun allerdings die neuere Literatur, so gewinnt man in der Regel einen völlig anderen Eindruck.* Entweder soll Pommern beinahe seit je oder jedenfalls seit Jahrhunderten nichts als deutsch, deutsch, deutsch gewesen sein, und die »höhere«, deutsche Kultur hat die »niedere«, slawisch-polnische – zu deren Heil – völlig ausgelöscht, als habe es sie nie gegeben. Oder, umgekehrt, es handelt sich gegen zähen Widerstand um blutige Eroberung und barbarische Unterdrückung.

Aber das eine wie das andere ist, mit Verlaub, grober Unfug und blanker Unsinn, nachträgliche Konstruktion aus dem Geist oder vielmehr Ungeist eines nationalistischen Wahns. Die Grenzlinien, die seit dem 16. Jahrhundert entstehen und erst viel später einen Gegensatz zwischen Deutschen und Polen markieren, haben ursprünglich mit sogenannter Rasse, mit Volkstum und Sprache und mit der damit angeblich verbundenen höheren oder niederen Kultur nichts, nein, rein gar nichts zu tun. Zentrale Bedeutung gewinnt etwas ganz anderes: die Grenze der Konfession.

Pommern findet frühzeitig, entschieden und ohne nachhaltige Gegenwehr Anschluß an die Reformation. Im Jahre 1534 verordnet der Landtag zu Treptow die Einführung der lutherischen Lehre. Die Kirchenordnung ist das Werk Johannes Bugenhagens – 1485 in Wollin geboren und daher mit dem Beinamen Pomeranus –, des großen Organisators der Reformation, nicht nur in Pommern.

Man mag spekulieren: Warum eigentlich sind die Pommern dem Ruf der »Wittenbergischen Nachtigall« so rasch gefolgt? Und warum dann so ausdauernd, mit eindeutiger Abwehr aller weiteren Neuerungen, wie ihr Kirchenlied es sagt:

> Ach Gott, es geht gar übel zu,
> auf dieser Erd ist keine Ruh;
> viel Sekten und viel Schwärmerei
> auf einen Haufen kommt herbei.
>
> Den stolzen Geistern wehre doch,
> die sich mit Macht erheben hoch
> und bringen stets was Neues her,
> zu fälschen deine rechte Lehr.

Geistliche Erleuchtung durch die rechte Lehre war gewiß nicht allein im Spiel, eher schon Handfestes und Nüchternes. Die Mützenower Kirchenchronik, die der Pastor Franz

Splittgerber 1874 verfaßte, weiß es auf ihre Weise zu berichten:

»Die Mützenower – so heißt es – hielten in hiesiger Gegend noch am längsten bei der alten Lehre aus, indem sie von den Sitten und Gebräuchen ihrer Vorfahren nicht lassen wollten, auch mit ihrem alten Meßpriester zufrieden waren, der an der katholischen Religion festhielt. Als dieser jedoch das Zeitliche gesegnet hatte, bewarb sich Joachim Wockenvoet, der bereits anderswo eine geistliche Stelle bekleidet hatte und verheiratet war, um die hiesige Pfarre und wurde durch den Landvogt zu Stolp dazu berufen. Man fürchtete nun, die Mützenower würden sich seiner Einführung widersetzen, aber sie nahmen ihn und die Einführung des lutherischen Gottesdienstes wider alles Erwarten günstig auf.

Als nach der feierlichen Einführung des neuen Pastors der Stolper Superintendent und seine Assistenten auf einem Bauernwagen zur Stadt zurückkehrten, erhob sich unter den geistlichen Herren ein lebhafter Streit darüber, wie es doch zugegangen, daß die Mützenower mit einem Male völlig andern Sinnes geworden und den lutherischen Priester durchaus willig angenommen hätten. Man kam aber schließlich zu dem Ergebnis, daß die Leute doch wohl eingesehen hätten, daß die päpstliche Lehre nicht mit der Wahrheit übereinstimme und das Evangelium die reine Lehre sei.

Da wandte sich jedoch der Bauer, der bisher schweigend auf seinem Bund Erbsstroh gesessen und die geistlichen Herren ruhig hatte reden lassen, um und erklärte folgendes: Die Sache verhalte sich anders. Von der neuen Lehre wüßten sie nicht, ob sie besser sei als die alte; das könnten sie nicht beurteilen, dazu sei der Bauer zu dumm, der müsse glauben, was sein Priester ihm lehre. Aber sie hätten den lutherischen Pastor darum willig angenommen, weil er ein Weib habe.

Erstaunt fragten nun die geistlichen Herren, warum denn gerade dieser Umstand ihnen so lieb gewesen sei und einen so wichtigen Entschluß herbeigeführt habe? Darauf antwortete der Bauer: Die früheren katholischen Priester hätten drei schlimme Fehler gehabt, sie seien nicht beweibt gewesen; sie wären allesamt ›Arfsliker‹ (Erbschleicher), ›Pottkieker‹ und den Weibern gefährlich gewesen. Von einem beweibten Priester aber hofften sie, daß er diese Untugenden nicht ausüben werde.«

Es mag im einzelnen gewesen sein wie es wolle, sicher ist jedenfalls, daß die Reformation über eine ihr selber noch ganz unbekannte Zukunft entschieden hat. Deutsch sein hieß in dieser Zukunft Protestant sein – und polnisch sein: sich katholisch bekennen. Denn Polen, in die Zange genommen von den neuen Großmächten, dem protestantischen Preußen und dem orthodoxen Rußland, von ihnen erst überschattet und bedroht, dann zerstückelt und aufgeteilt, bewahrte sich seine Identität an der Katholizität. Wohl nirgends sonst, von Irland vielleicht abgesehen, ist zwischen einer um ihre Selbstbehauptung kämpfenden Nation und der alten Kirche eine derart tiefe Bindung entstanden – um nicht zu sagen: eine Deckungsgleichheit. Die Nation wurde in der Kirche, als Kirche, bewahrt, wie die Kirche im Herzschlag des Volkes.

Die Grenze, die allmählich sich ausbildete, wurde also als die konfessionelle zur nationalen. Man kann das an manchen Familien beobachten; katholische Zweige polonisierten sich, wie die evangelischen sich germanisierten, bis die alten Bindungen allmählich ins Vergessen hinabsanken.

Mit dieser Entwicklung ging eine zweite, für die soziale und die politische Gestalt des Lebens sehr wichtige Hand in Hand: Im protestantisch-deutschen Bereich setzte sich durch, den Besitz möglichst ungeteilt zu erhalten, in der Regel für den ältesten Sohn, und die übrigen Kinder zum Verzicht, das heißt im Falle der männlichen Nachkommen zum Staatsdienst zu drängen. Jenseits der Grenze herrschte dagegen die Erbteilung vor. Sie machte das ökonomische Absinken vielfach unausweichlich; aus Gutsbesitzern wurden zwar stolze, aber ärmliche Bauern. Dies ergab ein ganz anderes Verhältnis zum Staat – oder, in der Fesselung ans Nächstliegende, gar keines. »Ich bin ein Herr, du bist ein Herr, aber wer wird die Arbeit tun?« – sagte ein katholisch-kaschubisches Sprichwort.

Die Kaschuben: In Pommern schwanden der Stamm und die Sprache kaum merklich dahin, weil es für die Protestanten im protestantischen Staat einfach keinen Anlaß dazu gab, sich im Widerstand zu behaupten. Anders in Pomerellen-Westpreußen, in dem Gebiet, das 1466 der Deutsche Orden an Polen abgetreten hatte und das daher als »Preußen königlich-polnischen Anteils« die Reformation nicht mitvollzog. Hier bewahrten die katholischen Kaschuben ihre Identität weit stärker, und als schließlich der protestantische Staat ihnen als Feind der Kirche erschien, verbanden sie sich im gemeinsamen Abwehrkampf mit den Polen. Wie eine ›Geschichte der Kaschuben‹ es berichtet:

»Stark veränderte sich die Gesinnung der Kaschuben gegen die preußische Regierung durch den 1872 beginnenden Kulturkampf. Der Kaschube ist von tiefer Religiosität, besonders die Person des Pfarrers ist ihm ein Gegenstand der Ehrfurcht und Verehrung. Bis zum Beginn des Kulturkampfes hatte er der Regierung voll vertraut, im Volke war sogar die Ansicht verbreitet, daß der König katholischer Konfession sei. Als nun das Volk den Gendarm gegen seinen Pfarrer einschreiten sah, verlor es mit einem Schlage sein bisheriges Vertrauen zur Regierung und hat es niemals wieder ganz gewonnen.«*

Im ostpreußischen Masuren wiederum hatte die Reformation für Deutschland entschieden, wie noch die Volksabstimmung vom 11. Juli 1920 mit einer Mehrheit von 97,8 Prozent bewies.

Die Gegenprobe liefern Gebiete, die einmal zu Österreich gehörten, wie zum Beispiel Oberschlesien. Weil dort die Konfession keinen Maßstab für die Grenzziehung anbot, wußten die Menschen oft nicht, wohin sie gehörten, als die Zeit von ihnen ein Entweder-Oder forderte.

Für das protestantische Pommern aber war die Grenzlinie klar. Hüben wie drüben bildeten Konfession und Kirche nicht bloß einen nebensächlichen Teil, sondern eine Hauptsache, ein Kernstück von Heimat. Darum wurden noch auf der Höhe der Krise, bei den Reichstagswahlen vom 31. Juli 1932, nur 532 Stimmen für die polnische Liste abgegeben – ein Anteil von 0,04 Prozent.

Eben darum mußte, hüben wie drüben, verheerend sich auswirken, wenn der Anspruch auf die politische Heimat und Zugehörigkeit verfälscht wurde, mit dem Pochen auf Volkstum, Sprache, Kultur oder gar Rasse – und dies noch mit einer Rückdatierung auf Ursprünge, die es in solcher Form und mit solchem Anspruch niemals gegeben hatte. In einem Satz: Der auf Fälschung und Wahn gegründete politische Zugriff auf Heimat und Zugehörigkeit hat aus der Geschichte des 20. Jahrhunderts eine Geschichte des Schrekkens gemacht, die Geschichte der Verfolgung, des Exils, der Vertreibung.

Sommermorgen und Frühstück auf der Veranda, Ferienstimmung, die großen Geschwister sind da und die Gäste aus der Stadt. Alles ist, wie es sein soll. Der Kaffee und das frische Brot duften, wie sie nur können, und der Honig lockt Scharen von Wespen herbei. Aber plötzlich stürmt jemand ins friedvolle Bild, schwenkt die Zeitung, triumphierend, ruft: »Das Schwein ist tot, das Schwein ist tot!«

Die Szene liegt um ein halbes Jahrhundert zurück, aber sie steht mir noch heute so deutlich vor Augen, als sei es gerade jetzt oder allenfalls gestern gewesen, daß sie geschah. Doch der sie miterlebte, war ein Junge von sieben Jahren; man schrieb das Jahr 1934.

Warum nur prägen einzelne Bilder aus der Kindheit unverlierbar sich ein, gestochen scharf, während rechts oder links, davor und dahinter nichts, rein gar nichts zu sehen ist? Etwas Besonderes muß wohl daran sein, Freude oder Schrecken weit übers Gewohnte hinaus. War es ein Schauder vor dem Unheimlichen, der jähe Kontrast, eine Ahnung davon, wie Willkür und Gewalt plötzlich in die Geborgenheit einbrechen und sie zerstören?

Natürlich habe ich damals die Zusammenhänge nicht verstanden, sondern viel später erst, beim immer neuen Betrachten des Bildes, das aus der Erinnerung hartnäckig auftaucht. Es handelte sich um die »Röhm-Affäre«, die Erschießung Ernst Röhms, des Stabschefs der SA – und vieler, vieler anderer – am 30. Juni 1934: um die erste unverhohlene Mordserie des Dritten Reiches.

»Das Schwein ist tot«: Man kann die Abneigung verstehen, sogar den Haß. Im ländlichen Hinterpommern blieb man konservativ, und bis zur großen Krise wählte man deutschnational, im Landkreis Stolp mit über 50 Prozent der Stimmen im Jahre 1920, mit über 67 Prozent 1924 und mit 64 Prozent 1928. Wenn man sich halbmilitärisch organisierte, dann im »Stahlhelm«, der deutschnationalen Konkurrenz zu den Leuten in Braun, die man für »Proleten und Rabauken« hielt. Ein paar Monate nach der »Machtergreifung« aber war der »Stahlhelm« zwangsweise in die SA überführt worden. Noch wenige Wochen vor seiner Erschießung war Röhm persönlich in Stolp erschienen, um dem Vorgang den

Stempel des Endgültigen zu geben, und voreilig hatte man den Friedrichsplatz zu seinen Ehren umbenannt.

Man kann manches verstehen, auch den »bewußten, ja vorsätzlichen Unwillen zur Demokratie« und die strikte Verweigerung gegenüber der Weimarer Republik. Wo man seit langem eher die Abwehr des Neuen als seine produktive Bewältigung eingeübt hatte, wo man preußisch und monarchisch dachte und ohne Seine Majestät an der Spitze des Staates wie der Kirche die von Gott gewollte Ordnung der Dinge schwerlich sich vorstellen konnte, wo man durch Generationen hin dem alten Staat die Beamten und Offiziere gestellt und so viele Blutopfer gebracht hatte, da war es gewiß nicht leicht, sich in die neuen Verhältnisse hineinzufinden.

Freilich, um von der Blindheit fürs Zeitgerechte und für die Zukunft nicht zu reden: in die Verweigerung mischten sich Züge einer Borniertheit, die tragisch zu nennen wäre, wenn sie denn übers Enge und immer bloß Abwehrende überhaupt hinausgereicht hätte. Mein Vater wurde von seinen Nachbarn und Standesgenossen zeitweilig »der rote Graf« genannt – und warum? Hatte er etwa sozialdemokratisch gewählt und das sogar kundgetan? Natürlich nicht; so etwas wäre nicht nur für die Nachbarn, sondern für ihn selber unvorstellbar gewesen. Aber er hatte einmal eine Einladung des Reichspräsidenten angenommen, der sich über die Probleme der ostdeutschen Landwirtschaft informieren wollte. Und leider hieß der Reichspräsident noch nicht Paul von Hindenburg, sondern Friedrich Ebert.

Im Gegensatz übrigens zu den katholischen Hochburgen des Zentrums und zu den Industriegebieten, die die Sozialdemokratie verteidigte, sind in der Spätzeit der Republik die ostdeutschen Agrarprovinzen dann mit fliegenden Fahnen zum Nationalsozialismus übergelaufen. In Pommern betrug der Anteil der NSDAP bei den Reichstagswahlen von 1928 1,5 Prozent und blieb damit unter dem Reichsdurchschnitt von 2,6 Prozent. Aber bald schnellten die Zahlen in die Höhe: 1930 auf 24,3, im Juli 1932 auf 48 und im März 1933 auf 56,3 Prozent. Der Reichsdurchschnitt wurde damit immer stärker überboten: um sechs, elf, zwölfeinhalb Prozentpunkte.

Selbst dies läßt sich noch verstehen. Es ging nicht bloß um unvordenklich eingeübte Haltungen, sondern um die schiere

Existenzangst; die Agrarkrise, die Verschuldung und Überschuldung der Landwirtschaft spitzte sich mit der Weltwirtschaftskrise dramatisch zu. Der Verlust des ererbten Besitzes schien vielfach schon unabwendbar zu sein. Ab 1933 jedoch stabilisierte sich die Lage; man konnte wieder auskömmlich wirtschaften. Und der rasche Aufbau der Wehrmacht verhieß neue – oder vielmehr, wie man glaubte, die alten Karrierechancen. Menschen hängen nun einmal ihr Herz an die Dinge dieser Welt; wer ohne Fehl ist, der werfe den ersten Stein.

Dazu noch hatten, schlau genug, die Machtergreifer im preußischen Erbe sich eingenistet, als sei es das ihre. Der »Tag von Potsdam« am 21. März 1933 mochte Schmierentheater sein; als wirkungsvolle Inszenierung erwies er sich dennoch. Postkarten erschienen, auf denen unter den Bildern Friedrichs des Großen, Bismarcks, Hindenburgs und Hitlers zu lesen war: »Was der König eroberte, der Fürst formte, der Feldmarschall verteidigte, rettete und einigte der Soldat.« Und Gereimtes wurde verbreitet:

> Du bist nicht gestorben, König Fritz.
> Du lebst! Und Dein Blick hat uns alle durchglüht,
> Und all das Große, das jetzt geschieht.
> Du gibst unserem Führer den Krückstock zur Hand:
> ›Da, mach Er mir Ordnung im Preußenland.
> Er kann's! Von allen nur er allein.
> Er soll meines Willens Vollstrecker sein!‹

Man kann vieles verstehen. Aber es gibt das schlechthin Unbegreifliche. Letzte Grenzen werden mißachtet, und Dämme bersten. Man muß es sich handgreiflich vorstellen: Da wird von Staats wegen gemordet; nicht einmal ein Anschein von Gerichtsverfahren und Urteil bleibt gewahrt. Der Reichskanzler selber, der Erbe Bismarcks, fuchtelt mit der Pistole herum, stellt sich an die Spitze der Mörder. Ein berühmter Jurist feiert den Vorgang unter dem perversen Titel: »Der Führer schützt das Recht.« Und man feiert mit, fühlt sich als Sieger, im Wahn, des »Schweins« und überhaupt der »Rabauken und Proleten« nun ledig zu sein. Dabei wurden nicht nur Röhm und seine SA-Führer umgebracht, sondern gezielt – und nicht selten auch wahllos – die dem Regime Unbequemen.

Niemanden schien es zu kümmern, nicht einmal die, die direkt betroffen und zum Handeln berufen waren: »Die Armee aber hatte nach dem 30. Juni 1934 ihre Ehre eingebüßt. Statt das braune Mordgesindel zu Paaren zu treiben, hatte sie als Spießgeselle Schmiere gestanden. Statt die hingemeuchelten Generale von Schleicher und von Bredow zu rächen, hatte sie bedrückt und schuldbewußt geschwiegen.«*

Doch angenommen, daß »nur« die Gefolgsleute in den braunen Uniformen umgebracht worden wären, was hätte das geändert? In jedem Falle wäre es um die Willkür und die Gewalt gegangen, in deren Triumph man einstimmte. Was aber ist ein Staat ohne Gerechtigkeit, wer darf sich noch sicher fühlen, was wiegt alte Macht und was zählen ererbte Vorrechte ohne das Recht? Gab es im übrigen ein Vorspiel, eine fatale Gewöhnung an die Gewalt? Wie zum Beispiel war es gewesen, wie hatte man reagiert, als fast auf den Tag zwölf Jahre zuvor, 1922, Walther Rathenau unter den Kugeln seiner Mörder starb? Einst gründete preußischer Stolz nicht allein auf dem Schwert, sondern ebenso auf dem Rechtsstaat; wie konnte man ihn verabschieden, als hätte es ihn nie gegeben – und dann noch ohne Scham vom Preußentum schwärmen?

Fragen über Fragen, Fragen vor Abgründen. Beim Propheten Jesaja heißt es: »Wie geht das zu, daß die fromme Stadt zur Hure geworden ist? Sie war voll Rechts, Gerechtigkeit wohnte darin, nun aber – Mörder.«

Zu den Vorrechten und Pflichten des Adels gehörte es einmal, Witwen und Waisen, die Verfolgten zu schützen. Darum drängt noch eine Frage sich auf: Was wurde aus dem Juden, dem Händler, mit dem man zu tun hatte? Geschichten wurden von ihm erzählt, wie die von dem Pferd, das besonders preisgünstig sein sollte.

»Aber, Michalowski, das Tier ist ja auf einem Auge blind!«

»Gott der Gerechte, Herr Graf, was soll das Pferd denn tun? Soll es arbeiten oder soll es lesen die Zeitung?«

Erzählt wurde auch von Michalowskis Gruß zum Abschied: »Der Gott Abrahams, Isaaks und Jakobs soll Ihnen segnen und Ihre Kinderchen!« Aber ich habe den jüdischen Händler schon nicht mehr gekannt; es gab ihn nicht mehr, bloß diesen Nachklang. Der Nachfolger war »arisch«, wie man das jetzt nannte. Er war, natürlich, Parteigenosse. Und sein Gruß hieß »Heil Hitler!«

Geschichten geraten ineinander, in Wahrheit war nicht der Pferdehändler Michalowski, sondern der Fellhändler Lewin Jude. Aber die Frage verschiebt sich bloß – und bleibt: Was wurde aus ihm?

»Da sprach der Herr zu Kain: Wo ist Dein Bruder Abel? Er sprach: Ich weiß es nicht. Soll ich meines Bruders Hüter sein?«

Ach, immer gerät man am Ende in solch alte Geschichten. Immer kann man lesen, was war und was sein wird. Abraham handelte mit Gott um die Gerechten in Sodom, handelte von fünfzig herab bis auf zehn. Und Gott sprach zu Abraham: »Ich will sie nicht verderben um der zehn willen.«

Es gab die Gerechten, freilich einsam genug wie Lot in Sodom, die Männer im Widerstand: Ewald von Kleist-Schmenzin, der auf dem Schafott starb, seinen Vetter Hans-Jürgen von Kleist-Retzow auf Kieckow, die Zwillingsbrüder Vollrath und Eberhard von Braunschweig in Standemin, Kreis Belgard, und Lübzow, Kreis Stolp.

Es gab noch manche andere. Was als Hoffnung uns bleibt, gründet in ihnen.

Blitzkrieg

»Du siehst, Vater im Himmel, die betrübten Umstände Deines Knechtes Belling, beschere ihm daher bald einen gelinden Krieg, damit er sich verbessern könne und Deinen Namen weiterhin preise. Amen.« So hatte der fromme General einst gebetet, der nach dem Hubertusburger Frieden, 1763, mit seinen Husaren in Stolp einzog.

So hat im 20. Jahrhundert wohl niemand mehr gebetet, nicht jedenfalls nach den Erfahrungen mit dem Weltkrieg, der nun bald der Erste genannt werden sollte, nicht 1939. Keine begeisterte Menge mehr, die – wie noch 1914 vor dem Berliner Schloß – bei der Nachricht von der Mobilmachung den Choral anstimmte: »Nun danket alle Gott«. Die Angst regierte beim Abschied der Männer und eine bange Ahnung vom kommenden Unheil, freilich rasch verdrängt im Dröhnen der Siegesfanfaren.

Kein sanfter Krieg mehr, wenn es denn je ihn gegeben hat, sondern Maschinenkrieg: der »Blitzkrieg«, wie er – auf Widerruf – nun hieß. Am 1. September 1939 überflogen Sturzkampfbomber niedrig unser Haus. Sie kamen herauf aus der Danziger Bucht, zurück von ihrem Angriff auf Gdingen oder die Westerplatte. Ich kletterte aufs Dach, um sie besser zu sehen. Ich winkte ihnen zu.

Etwas später die Bilder: Bilder von ineinander verkeilten Militär- und Flüchtlingskolonnen der Polen, über die der höllische Sturz der Bomben gekommen war. Bilder von der Vernichtung, zum Triumph gedeutet. Denn unter ihnen stand zu lesen, was schon der Sprecher in der Wochenschau verkündet hatte:

> Mit Mann und Roß und Wagen
> hat sie der Herr geschlagen.

Etwas später die bitteren Tränen: Mein ältester Bruder war tot. Als junger Offizier des Stolper Reiterregiments fiel er am 20. September 1939 vor Warschau. Der andere Bruder sollte bald ihm folgen.

Auch für mich brachte der Krieg eine einschneidende Veränderung. Denn der Privatunterricht, nur durch die jährliche Prüfung in Stolp oder Lauenburg mit dem öffentlichen Schulsystem verbunden, erschien fortan als unzulässiger Luxus. Die Hauslehrerin, in ihrer Angst vor der nahen Grenze, war aus den Sommerferien ohnehin nicht zurückgekehrt, und so schickte man den Zwölfjährigen ins Internat.

Das lag eine Tagesreise entfernt in Misdroy, dem Badeort an der Ostsee, ein paar Kilometer östlich von Swinemünde. Viertausend Einwohner, ein Schein von Idylle zwischen dem Meer und dem Stettiner Haff, zwischen Steilküste und weitem Wald. Die Schule hatten nach dem Ersten Weltkrieg Flüchtlinge aus Lettland und Estland gegründet. Darum hieß sie die Baltenschule.

Meine erste Schulstunde dort gehört in die Schatz- und Schreckenskammer des Unvergeßlichen. Angespannte Erwartung im Neuartigen und Fremden: Wie wird es sein? Die Lehrerin tritt herein, etwas verwachsen, fast halslos, sackartiges Kleid, doch mit einer Kette beinahe bis zum Knie. Sie tritt ans Katheder, möchte reden – und beginnt zu weinen. Weint, minutenlang, bis sie schließlich, unterm immer neuen Schluchzen, herausbringen kann, was sie sagen will: »Siebenhundert Jahre haben wir in Riga, in Mitau, in Reval gelebt. Und nun müssen alle fort. Die Heimat – die Heimat ist verloren.«

Es handelte sich um eine Frucht des deutsch-russischen Diktatorenpakts, der die baltischen Länder an die Sowjetunion preisgab. Bald kamen in Swinemünde Schiffe mit der Menschenfracht an, für die in Misdroy Hotels beschlagnahmt wurden, bis zum Weiterversand in das Gebiet, das jetzt der »Warthegau« hieß. Dort mußten dann andere den Platz für sie räumen, die Unerwünschten, die »Untermenschen«. Das Zeitalter des Vertreibens und Flüchtens hatte begonnen. Man nannte es bloß noch nicht so, man sprach von einer »Heimkehr« und von den »Rücksiedlern«.

Die erste Lektion bei dem wunderlich imponierenden Fräulein Grambkau ging rasch vorüber, und der Alltag trat in sein Recht. Diesen Alltag aber prägte die Baltenschule weit weniger als vielmehr das zugehörige Internat. Das »Dünenschloß« nannte es sich, doch dieser Schein der Idylle zwischen dem Meer und dem Haff, der meine Mutter gegen das Arndt-Gymnasium in Berlin-Dahlem hatte entscheiden lassen, das die Brüder besuchten – dieser Schein trog.

Internat: das bedeutete zunächst einmal einen pedantisch eingeteilten Tagesablauf, der kaum noch Zeit für das Eigene ließ, keinen Raum für den Rückzug. Wehe den Träumern! Und es bedeutete eine Ordnung, die die militärische äffte: Appelle, Exerzieren und Strafexerzieren, Rennen aufs Klingelzeichen, Scheuchen »dreimal ums Haus«, Antreten morgens, mittags und abends; noch zum Speisesaal wurde marschiert. Vorgesetzte waren für uns Jüngere die älteren Schüler. Manchmal waren sie nachsichtig oder gleichgültig, mitunter fast Freunde; nur zu oft indessen genossen sie die ihnen übertragene Macht. Die brüllten herum, schikanierten, wie sie nur konnten. Die Stichworte, die sich aus der Erinnerung aufdrängen, heißen: Willkür und Gewalt – und die Angst davor.

Das hatte Folgen schon im Verhältnis der Gleichaltrigen. Das Erlittene mußte abreagiert werden – gegen die Schwachen, Ungeschickten oder Unansehnlichen, gegen Mißliebige und Außenseiter. Plötzlich, aus geringem oder überhaupt keinem Anlaß, brach es gegen sie los, das Verhöhnen, Demütigen, Peinigen, Prügeln. Die Erzieher – oder wer davon im Kriege noch übrig war – nahmen es hin, sahen weg; es gehörte zum System. Erst sehr viel später habe ich in einem Buch von solchen Verhältnissen gelesen – Robert Musil, ›Die Verwirrungen des Zöglings Törleß‹ – und auf die Lektüre aufgewühlt reagiert: So war es.

Die Schule dagegen bedeutete beinahe schon Schutz oder sogar Vergnügen, jedenfalls für mich, den notorisch Klassenbesten, dessen Zeugnisse zur Auszeichnung nicht mit blauer, sondern mit roter Tinte geschrieben wurden. Aber die Schule dauerte ein paar Vormittagsstunden, das Internat vom Erwachen bis zum Einschlafen, den Sonntag dazu.

Was immer blieb, war das Heimweh. Es half, noch unter seinen Schmerzen und heimlichen Tränen. Denn es erinnerte ans Zuhause, ans Geborgensein in einer anderen Welt. Ich lebte auf die Ferien hin, ich erlebte sie mit einer frühen, im Kontrast zum Schrecken geschärften Bewußtheit. Unterm Vorwand, mit dem Tesching auf Wildtauben zu passen oder, etwas später, mit der Flinte auf Kaninchen, mit der Büchse auf den Rehbock, konnte ich halbe Tage, ganze Nachmittage und Abende vom Waldrand ins Feld hinausschauen, den Hummeln und dem Habicht zuschauen, dem Hasen und dem Fuchs, der Ricke mit ihrem Kitz. Die Sonne verglüht; in der Ferne entschwinden Mensch und Gespann in ihren Feierabend; Enten ziehen zum Moorsee hinüber; im Dämmern winken Ginsterbusch und Wacholder als freundlich vertraute Gespenster.

Ja, und wie oft und wie lange, manchmal für Stunden, habe ich am Schlafzimmerfenster gestanden, habe hinuntergeschaut in den Park, als sei in ihm meine Zuflucht, habe gelauscht in den Atem der Nacht aus dem Laub uralter Bäume, in die Stille, die der Ruf des Käuzchens nicht stört, sondern vollkommen macht. Ich habe mir gesagt: Halte es fest, präge dies ein, damit im Heimweh das Erinnern dich trägt; es ist nicht selbstverständlich.

Das Ende der Ferien sollte mir dann immer durch eins meiner Lieblingsessen versüßt werden. Das blieb verlorene Mühe. Denn längst schon war mir speiübel, und noch vor der Abfahrt oder bald danach mußte ich mich übergeben.

Der Krieg rückte in die Ferne. Pommern, so schien es, blieb verschont oder wurde sogar zur Stätte der Zuflucht. Die Sommerbesucher aus Berlin und Hamburg verwandelten sich allmählich in Dauergäste; später füllten sich alle verfügbaren Quartiere mit Frauen und Kindern aus dem Ruhrgebiet.

Franzosen, die Kriegsgefangenen von 1940, ersetzten die eingezogenen Männer. Sie mischten ihre Sprache mit dem pommerschen Platt, rückten in Vertrauensstellungen auf, wurden Gespann- und Dampfpflugführer. Zu Weihnachten erhielten sie ihren Hasenbraten wie der Pastor in Glowitz oder die Großmutter in Stolp. Und aus den Beständen der Bibliothek wurden sie mit Büchern versorgt; mancher hat sich ausgerechnet in Rumbske die klassische Bildung angelesen, zu der er sonst schwerlich gekommen wäre, von Racine und Molière bis Stendhal und Balzac.

Von den politischen Verhältnissen wurde kaum gesprochen, auch im Internat nicht. Denn hier versammelten sich Söhne des ostdeutschen Adels, und so stimmten Elternhaus und Internat wenigstens in einer Hinsicht überein: Auf Nationalsozialisten sah man herab mit der Verachtung einer alten Elite für die Emporkömmlinge, für die Leute ohne Manieren, die an ihrer Macht sich berauschen und bereichern. Jungvolk und Hitlerjugend lernte ich überhaupt erst im Internat kennen, als höchst lästige Verpflichtung an den Mittwoch- und Sonnabend-Nachmittagen. Zu Hause hatte es das noch gar nicht gegeben. Aber auch in Misdroy bekam der Zögling aus einer Aufsteigerfamilie, der das HJ-Abzeichen trug, zu hören und zu spüren: »Das bindet man bei uns den Hunden ans Halsband.«

Wirkliche Nationalsozialisten gab es allenfalls unter den Lehrern. Bei Schulfeiern fielen Aussprüche, die sich kaum noch überbieten ließen, etwa: »Adolf Hitler ist der größte Deutsche seit Karl dem Großen.« Wir nahmen es hin, falls wir uns überhaupt etwas dabei dachten. In die Tiefe drang es kaum.

Mit dem Geist des Widerstandes hatte unsere Haltung freilich nichts zu tun. Woher hätte der auch kommen sollen? Nie, von niemandem habe ich vor 1945 je nur Andeutungen über das Unheil der Gewaltherrschaft gehört. Oder doch: von meinem Hauslehrer in der Vorkriegszeit, 1937 und 1938. Ja, er sprach davon, wieder und wieder; ich war wohl der einzige, mit dem er zu reden wagte. Und eindringlich, beschwörend warnte er mich vor dem Weitererzählen, verpflichtete mich zum Schweigen und Ableugnen, zum erstaunten Unwissen, wenn vielleicht die Polizei mich befragen sollte. Doch damals war ich zehn, elf Jahre alt. Wie hätte ich wirklich verstehen sollen? Wie begreifen, daß es sich um einen Mann auf der Flucht handelte, der in der ländlichen Beschaulichkeit das Versteck suchte? Übrigens war er plötzlich verschwunden, und keiner erwähnte ihn mehr, so als hätte es ihn nie gegeben.

Worüber aber sprachen denn die Jungen untereinander, wenn nicht vom Alltag der Schule und des Internats? Natürlich von dem, was sie zu Hause beschäftigte. Sie sprachen von Rebhühnern, Rehböcken, Reitpferden. Und vom Militär. Sie bastelten Flugzeuge, Panzer, Schiffe. Das ›Taschenbuch der Kriegsflotten‹ bildete eine Hauptlektüre; noch heute könnte ich wahrscheinlich nicht bloß die deutschen, sondern sogar die britischen Schlachtschiffe des Kriegsbeginns beim Namen aufzählen und in den Einzelheiten beschreiben.

Es war selbstverständlich, daß wir unsere Pflicht tun würden, daß wir Offiziere werden mußten, werden wollten, wie unsere Väter oder älteren Brüder. Dabei war die Ahnung kaum mehr abzuweisen, was das bedeutete. Wie meine Brüder 1939 und 1941 gefallen waren, so gerieten im Internat die Verlustlisten täglich länger. Und immer häufiger standen darauf die Namen derer, die wir noch gekannt hatten.

Das Unheil kehrte sich um, es brandete zurück. Auf Stalingrad folgte die Proklamation des totalen Krieges. Schon im März 1943 wurden wir, kaum sechzehnjährig, als Soldatenersatz einberufen: als Marinehelfer zur Fliegerabwehr im Bereich der Hafenfestung Swinemünde. Wir gerieten in Verhältnisse hinein, die die verzweifelte Lage spiegelten. Von den Offizieren sagten wir bald: Die taugen eben nicht auf Schiffen oder an der Kanalküste. Als »Stamm«-Mannschaften blieben Elsässer oder Oberschlesier, von denen man wohl zu Recht annahm, daß sie an der Front nicht zuverlässig sein würden. Die körperliche Schwerarbeit an den Geschützen leisteten Russen, und die Nachrichtendienste übernahmen Frauen. Es gab auch Italiener; die durften allerdings nur Nebeltonnen auf- und zudrehen.

Für viele meiner Jahrgangsgenossen gilt die Einberufung zur Flak als einschneidendes Erlebnis. Deshalb spricht man von der Flakhelfergeneration. Für mich handelte es sich eigentlich nur um eine Verschärfung des vom Internat her Gewohnten. Die Schule geriet noch mehr zur Nebensache, und der Urlaub, der an die Stelle der Ferien trat, wurde spürbar knapper: zweimal vierzehn Tage im Jahr, dazu ab und an ein »Kurzurlaub«, der angesichts der Entfernungen fast zur Hälfte der Bahnfahrt geopfert werden mußte. Die Willkür blieb ohnehin. Und vor allem regierte der Stumpfsinn: Skatspiel als Dauerbeschäftigung.

Irgendwann im Ablauf der Zeit keimten eine Einsicht und ein Wunsch, schattenhaft erst, dann deutlicher, am Ende unmißverständlich. Die Einsicht hieß: Der Krieg ist verloren, er kann nur in der völligen deutschen Niederlage enden.

Niemand sprach das aus, mit niemandem wagte man darüber zu reden. Es gab ja nur Durchhalteparolen und Gerüchte von Wunderwaffen, dazu finstere Drohungen gegen jede Art von »Wehrkraftzersetzung«. Dennoch keimte und wuchs diese Einsicht wie ein zähes Gestrüpp, nicht auszurotten.

Der Wunsch, vielmehr die mit Angst erfüllte Sehnsucht war: Ich will nicht sterben. Nicht jetzt noch, nicht ganz und gar sinnlos.

Einsicht und Angst zusammen ergaben so etwas wie ein Wettrennen zweier Zeitabläufe: des Krieges und des eigenen Älterwerdens. Würde dieser Krieg noch rechtzeitig an sein Ende kommen oder würde er dauern und mich in seinen Abgrund reißen?

Die Angst vor dem Sterben und die Hoffnung aufs Überleben gerieten in den Schraubstock verzweifelter Scham: Wie konnten sie bestehen vor den soldatischen, den preußischen Traditionen, in denen ich aufgewachsen war? Vor allem, was eben noch galt? Scham: Du bist feige, pflichtvergessen, eigentlich ein Verräter.

Trauer trat hinzu. Als ich zuletzt in den Urlaub fuhr, konnte ich sehen, wie zwischen Schlawe und Stolp an Verschanzungen gearbeitet wurde. Die Heimat also, ostwärts, war schon preisgegeben. Und als ich am nächtlichen Fenster stand, wußte ich: Dies wird es bald nicht mehr geben.

Nichts wird bleiben, nur die Erinnerung. Fülle noch einmal sie auf, bis an den Rand ihres Vermögens. Sieh hin, höre, behalte. Du mußt Abschied nehmen, Abschied für immer.

Der Vorhang der Nacht

Die Nacht sinkt auf Stolp herab. Im Geviert ihrer Kasernen sind unter dem eisigen, sternfunkelnden Januarhimmel die Schwadronen aufmarschiert: ungeduldig hufscharrende Pferde und junge, blutjunge Soldaten – die letzten, die siebzehnjährigen. Eine Trompete ruft zum Abschied und Aufbruch. Noch einmal führt der Weg durch die Stadt, am Blücherdenkmal vorüber durch das Neue Tor hinaus auf die Schlawer Chaussee. Die Bürger von Stolp bemerken wohl kaum, daß ihre Reiter sie verlassen; vor der Kälte und mit der Angst haben sie in den Häusern sich eingeschlossen, hinter verdunkelten Fenstern.

Reiten durch Pommern, an Schlawe und Köslin vorbei bis Belgard. Dort wird in Eisenbahnwaggons verladen, zum Transport nach Stargard, dann südlich bis Pyritz.

Pyritz: eine behagliche Kleinstadt in der Mitte des fruchtbaren Weizackers, elftausend Einwohner. Hier hat im Jahre des Herrn 1124 Otto von Bamberg den Pommern zuerst das Christentum gepredigt. Die alte Stadtmauer und die Wehrtürme haben sich erhalten wie nirgendwo sonst im Lande, darum spricht man vom »pommerschen Rothenburg«. Auf einmal ist der Feind da, Rudel von Panzern mit aufgesessenen Scharfschützen. Blitzkrieg, zweieinhalb Wochen bloß für den Wintervormarsch über vierhundert Kilometer von der Weichsel bei Warschau bis hierher.

Die Siebzehnjährigen kämpfen, wie sie können und wie ältere Soldaten schon kaum mehr es tun. Sie kämpfen und sterben. Aber wenigstens die Pferde sollen gerettet werden; darum wird schließlich die »Verlegung zur Neuaufstellung« befohlen.

Abermals der Ritt in die Dunkelheit, der letzte im östlichen Pommern. Jeder, der noch dabei ist, führt ein oder zwei Pferde mit leerem Sattel neben sich. Wer sich zurückwendet, sieht den Himmel gerötet: Dörfer als Fackeln.

»Nicht umdrehen!« sagt eine Stimme. »Weiter!«

Die Oderbrücke vor Stettin rückt heran. Flugzeuge, unsichtbar, kreisen und suchen ihr Ziel. Im fahlen Schein einer Leuchtbombe erkennt man den Tod: Leiber von Tieren und Menschen, hingeschmettert, aufgerissen. Und Trümmer überall, Trümmer von Wagen, hastig zur Seite geräumt. Dann fällt wieder der Vorhang der Nacht.

Wo nur sah man das schon? Ich komme nicht darauf. Doch die andere Stimme kehrt zurück. Sie sagt:

> Mit Mann und Roß und Wagen
> hat sie der Herr geschlagen.

Weiter, nur weiter!

Pomorze: Die Reise nach Pommern – Zweiter Teil

Was für ein Land!

Die Reise nach Pommern, in die Tiefen oder Untiefen des Erinnerns, ist abgeschlossen, das Erinnerte zu Papier gebracht, und die Gefahr scheint gebannt, daß Altes und Neues sich vermischen. So kann die zweite Reise nach Pommern beginnen – oder vielmehr die Fahrt nach Pomorze, in die Gegenwart. Meine Schwester wird mich begleiten.

Die Reise ist wohlvorbereitet. Gespräche wurden in der polnischen Botschaft geführt; »Interpress«, die für ausländische Journalisten und Publizisten hilfreiche Organisation, übernimmt die Betreuung. Aus Warschau kommt der Dolmetscher, den wir in Szczecin (Stettin)* treffen.

Dennoch die gespannte Erwartung: Wie wird es sein? Werden wir alles zu sehen bekommen, was wir sehen wollen? Und dann sogar Herzklopfen: die Oderbrücken, nach beinahe vierzig Jahren.

Nichts scheint ungewöhnlich. Zwei Brücken eben, über die beiden Arme des Stroms, zwischen denen das Bruch heraufscheint. Der Wagen rumpelt, wie seit Berlin schon, seit die zwischen Marienborn und Drewitz erneuerte Autobahn zurückblieb. Die Fahrbahnen verengen sich; nur halbseitig wurden die gesprengten Brücken wieder aufgebaut, dem spärlichen Verkehr angemessen.

Nichts Ungewöhnliches? Niedrig, auf ihren breiten Schwingen, segeln Störche heran und ganz nahe vorüber, segeln hinab ins Bruch. Störche: wie lange nicht mehr gesehen und fast schon zur Sage entrückt? Hier sind sie noch zu Hause, sie unterscheiden nicht zwischen Pomorze und Pommern; das Land ist ihre Heimat geblieben. Von hier an werden sie uns begleiten, nicht vereinzelt und mühsam gehegt, sondern in Scharen. Sie stehen in den Moorwiesen, sie schreiten hinterm Mähdrescher über die Felder, hinter dem Pflug in der gerade aufgeworfenen Furche.

Den Wohnsitz freilich haben sie gewechselt. Einst gab es überall noch Strohdächer, auf denen die Nester sich sicher

Das »Berliner Tor« in Szczecin-Stettin. Obwohl es an den Machtantritt Preußens im Jahre 1720 erinnert, ist es wohlerhalten.

Gotische Glaubensburgen aus Backstein, sorgsam restauriert. Hier St. Jakobi in Szczecin-Stettin, im Krieg stark beschädigt.

begründen ließen. Jetzt sind sie verschwunden, die Neubauten meist flach und die Altbauten mit Blech eingedeckt. Da hält nichts, oder es wird zu heiß. Aber Telegraphenmasten gibt es wie je, und in den Dörfern, wo die Drähte sich verzweigen, sind sie inzwischen aus Beton, am Ende mit einer Platte abgedeckt. Also werden die Nester nun dort angelegt, direkt über Leitungen und Lampen.

Hinter Dąbie (Altdamm) ist Hitlers morsche Autobahn rasch am Ende. Sie geht über in die große Straße, die in ihrem weiten Bogen über Goleniów (Gollnow), Nowogard (Naugard), Płoty (Plathe), Karlino (Körlin), Koszalin (Köslin) und Sławno (Schlawe) nach Słupsk (Stolp) schwingt. Eine Straße wahrhaft ersten Ranges, teils sogar vierspurig ausgebaut, in vorzüglichem Zustand und nur mäßig befahren. Hier und dort wird neu geteert, an Begradigungen oder Ortsumgehungen gearbeitet. Doch nach Schlaglöchern muß man suchen. Gemächlich, um nicht zu sagen behaglich rollt man dahin – kein Vergleich mit der Hektik auf bundesdeutschen Pisten. Das gilt erst recht, sobald man von dieser einen Hauptstraße auf andere Straßen, auf Nebenwege kreuz und quer durchs Land abzweigt. Eigentlich überall sind sie tadellos gehalten und um den überteerten einstigen Sommerweg breiter gemacht. Dabei nimmt der Verkehr in der Regel noch weiter ab; manchmal dauert es fünf oder mehr Minuten, bis man wieder einmal einem Auto, einem Lastwagen, einem Traktor begegnet.

Übrigens drängt es sich auf, altmodisch von Chausseen zu sprechen. Denn oft werden diese Straßen von mächtigen Bäumen gesäumt, Kilometer um Kilometer, bis an den Horizont. Bisweilen, in den Mooren, sind es Birken, meist aber alte Linden, Jahrhundertbäume, die in der Morgenfrische und am Abend betörend duften. Wie zu Torbogen wölben sie sich zusammen, Paar um Paar die Kronen ineinander verschränkt, Schatten und Licht im stetigen Wechsel.

Zwischen Karlino und Koszalin, in Biesiekirz (Biziker), zwingt ein Denkmal zu unvermutetem Halt. Denkmäler! Sie werden für die Dauer gemacht, beinahe für die Ewigkeit, Merkzeichen und Mahnung für die künftigen Generationen: Erinnert euch, denkt an uns. In der Regel handelt es sich um mehr oder minder Scheußliches, Martialisches, um das Imponiergehabe der Lebenden gegenüber der Zukunft. Doch die menschliche Dauer bleibt den Umständen unterworfen;

Das Land, dem eine Erdfrucht die Fruchtbarkeit brachte: Kartoffel-Denkmal in Biesiekirz (Biziker).

die deutschen Denkmäler sind natürlich längst verschwunden. Kein Blücher mehr auf dem Marktplatz von Stolp, und am Bismarckplatz, sonst unverändert, hat der eiserne Kanzler für einen polnischen Patrioten und Dichter den Sockel geräumt: für Henryk Sienkiewicz. Im übrigen gibt es keine Stadt ohne das Ehrenmal für die Befreier, für die Helden der Roten Armee. »Unsere Pflicht-Denkmäler«, sagen die Polen. Welche Dauer denen beschieden sein wird, steht dahin.

Aber nun hier, in Biesiekirz, am Eingang zum hinteren Hinterpommern, etwas ganz anderes: von drei Stahlträgern gehalten und emporgehoben, überlebensgroß und bronziert, eine Kartoffel.* Sei es für das einstige Pommern, sei's für Pomorze: etwas Sinnvolleres läßt sich schwerlich erdenken in dem Land, dem diese Frucht die Fruchtbarkeit brachte. Möge darum dem Kartoffel-Denkmal Dauer beschieden sein, möge es uns erinnern, mahnen an das Unscheinbare, das wir zum Leben und Überleben brauchen.

Es lohnt sich, gemächlich dahinzurollen, um die Landschaft aufzunehmen – oder, mehr noch, um sie wirken zu lassen. Denn Ruhe geht von ihr aus. Nichts Schroffes nimmt gefangen; weder Bergesgewalten noch jähe Abgründe machen schwindeln und schaudern. Der Blick wird in die Weite geführt. Aber er ermüdet nicht. Stets gibt es Bewegung, langhin in diese Weite hinein; die Felder heben sich, senken sich, steigen erneut, und der Wind wiederum kräuselt Wellen ins Korn, als sei es die nahe See. Bäume, einzeln, in kleinen Gruppen, malen behutsame Zeichen; eine Allee weist zu dem Dorf oder Vorwerk, das sonst sich entzieht. Ein klarer Bach, ein kleiner Fluß schlängelt hinter Weiden dahin, unterm überhängenden Gezweig fast verborgen. Aber in der Abenddämmerung und bis in die Morgenfrühe steigen weiße Schleier von ihm herauf. Ein See schmiegt sich in die nächste Senkung, schilfumstanden, von Libellen überschwirrt, von der weißen Wasserrose geziert. Und dann als Halt und als Grenze des Blicks immer wieder der Wald, kieferndunkel und birkenhell.

Wo das Land wirklich flach wird, beginnt das Moor. Erst noch vom Menschen gebändigt, gräbendurchzogen, Wiese und Weide, überall vom Jungvieh und von den Kuhherden schwarz-weiß übertupft. Doch dann wie im Atem des Ursprünglichen, kaum zu betreten, es sei denn im vorsichtigen Tasten oder im kühnen Sprung von Grassode zu Grassode. Buschgruppen, Erlen- und Birkenanflug. Ein Botaniker-Paradies: verschwenderische Vielfalt der Gräser, Kräuter und

»Kartoffellegen«, eine Aufnahme aus der Vorkriegszeit.

Farne, alle aber überstrahlt von der purpurnen Pracht des Blut-Weiderich. An den Gräben und an den Moorkuhlen stehen unbeweglich die Fischreiher. Und neben den Störchen entdeckt man sogar Kraniche. Freilich auch Stechmükken gibt es in Schwärmen, und Pferdebremsen, die die Pferde überdauert haben, stürzen sich um so blutrünstiger auf die Menschen, die sich hierher wagen.

In der Tiefe des Leba-Moores liegt Kluki, früher Klucken, das Dorf der Fischer und Wilderer. Ein altes Gehöft ist zum Museum geworden. Da kann man sehen, wie die Menschen sich dem Moor anpaßten. Für die Pferde zum Beispiel gab es breitflächige Holzschuhe, die über die Hufe gezogen wurden. Sie machten erst möglich, daß die Tiere auf dem weichen Boden überhaupt sich bewegen konnten und nicht immer gleich bis an den Bauch einsanken. Arbeitet man sich dann bis an den See vor, auf schmalem Pfad, über wacklige Stege durch die Schilf-Barriere hindurch, so sieht man in der Ferne, hinter der blauen Fläche des Wassers die helle, fast weiß schimmernde Kette der Dünen, die den See von der Ostsee trennt. Am höchsten ragt die noch immer wandernde Lonske-Düne.

Ach, was für ein Land!

Słupsk nun also ...

Als im Februar und März 1945 der Krieg über dieses Land hereinbrach und Pommern unterging, haben die Städte am schwersten gelitten. Einige, wie Pyritz oder Kolberg, wurden im verbissenen Kampf fast völlig zerstört. In andere warfen die Sieger ihre Brandfackel. In Stolp zum Beispiel versank der Stadtkern um die Marienkirche mit Markt und Neutorstraße in Schutt und Asche.

Słupsk* nun also, 100000 Einwohner, fast genau die verdoppelte Zahl von 1939. Wenn man von Westen her in die Stadt einfährt, irrt man zunächst einmal an Umleitungsschildern entlang, ohne eine Spur von Erinnerungsvermögen durch neue Viertel, an riesigen Wohnblöcken vorüber, die so billig und trist wirken wie überall – nicht bloß in Polen und nicht bloß in den Ländern des real existierenden Sozialismus. Doch dann setzt die Erinnerung wieder ein: Das ist doch der Bismarckplatz? In der Tat. Und gleich um die Ecke das angeblich erste Haus am Platze, das Hotel »Piast«. Drei Sterne. Früher hieß es »Zum Franziskaner«, und halboffiziell heißt es immer noch so; der freundlich lächelnde Mönch über der Tür wurde neu bemalt. Sonst freilich scheint das Haus einer Renovierung dringend bedürftig zu sein – man möchte meinen: seit den Tagen, da Mackensen hier abstieg. Im einen Teil des Gebäudes hat die Instandsetzung sogar schon begonnen – oder, genauer: Er ist mit der Absicht künftiger Renovierung geschlossen.

Orientierung: Der Bismarck- oder Sienkiewicz-Platz ist geblieben, wie er war, vom Mann auf dem Denkmal einmal abgesehen. Blumenschmuck und Bänke, und die Bäume sind noch höher gewachsen. Allabendlich tragen ganze Heerscharen von Dohlen und Staren mit schrillem Kampfgeschrei wahre Luftschlachten um sie aus, im Streit um die besten Schlafplätze. Nur wenige Schritte vom Hotel das Haus, in dem einmal die gefürchtete Großmutter wohnte, die »eiserne Gräfin«. Heute ist es das Haus der Partei.

Gleich hinter dem Platz die Bahnhofstraße, noch immer oder schon wieder mit einer schattigen Baumreihe in der Mitte, die eine Fahrbahn den Fußgängern vorbehalten, heute die wichtigste Geschäfts- und Einkaufsstraße.

In der anderen Richtung führt der Weg zum Platz vor dem Rathaus. Das ist geblieben, wie es war. Die alten Wappen prangen an der Fassade, im Ratssaal leuchten die Glasmalereien mit den Zeichen der Zünfte, und die Turmuhr sagt, was die Stunde geschlagen hat.

Auch das Kaufhaus gegenüber zeigt sich unverändert und in der gewohnten Funktion. Sogar das Entzücken aus Kindertagen gibt es noch: den Fahrstuhl mit seinen zierlichen Jugendstil-Gittern. Ein Rundgang durchs Haus stimmt allerdings trübsinnig; er demonstriert die Ergebnisse bürokratischer Zwangswirtschaft. Mangel an Auswahl, Mangel an Qualität, Mangel überhaupt. Dazu wie zum Hohn oft Preise, die der Durchschnittspole kaum bezahlen kann. Wie lange wohl wird man die Menschen noch auf die Fata Morgana einer besseren Zukunft vertrösten müssen, von Krise zu Krise?

An der Schmalseite des Platzes reckt sich jetzt das Denk-

Die Schloßkirche und das Schloß in Słupsk-Stolp. In der Kirche wird noch restauriert, aber schon wieder gebetet.

Das Schloß, jetzt Museum, wurde 1496 vom Herzog aus dem Greifengeschlecht Bogislaw X. erbaut.

mal für die Befreier, von Bäumen flankiert. Aber dadurch erhält das Geviert immerhin einen Abschluß, der ihm früher fehlte.

Hinter dem Neuen Tor dann der Wiederaufbau des Stadtkerns, der keinen Vergleich mehr zuläßt. Er verblüfft: Überall Grünanlagen und Bäume, um die sich ruhige Wohnquartiere gruppieren. Wenn man schon von vorn anfangen muß, dann so. Hier läßt es sich leben, sogar für die Kinder. Und die gibt es in Mengen; offenbar reagieren die Polen auf die Krise ihrer Gegenwart mit einem festen Glauben an die Zukunft.

Nur der Marktplatz ist den Stadtplanern gründlich mißlungen. Mit Beton-Brutalität drängt sich ein Kinopalast vor, und ein über den Platz hinaus lang hingestreckter Wohnblock zerstört die Eingrenzung ganz und gar.

Der Erinnerung bleibt genug: der Hexenturm am gepflegten Stolpe-Ufer, das Mühlentor und das Schloß, der Rosengarten, das Postamt, das Heinrich von Stephan einweihte, der Waldkater mit der großen Sportanlage, die einmal Hindenburg-Kampfbahn hieß und jetzt dem Sportklub »Gryf« gehört, sogar die alten Kasernen, mit neuen, sehr jungen Soldaten davor.

Und es bleiben, natürlich, die Kirchen, diese Gottesburgen aus Backstein, hier wie überall im Lande. Wo sie zerstört oder beschädigt waren, hat man sie restauriert. In der Schloßkirche von Słupsk wird noch gearbeitet, aber schon wieder gebetet. Ein frommes Volk, in seiner Kirche bewahrt; immer gibt es die Beter, junge wie alte, auch Männer. Soldaten gehen wie selbstverständlich zur Beichte; Kerzen flackern vor blumengeschmückten Holzkreuzen neben den Kirchen.

Katholizität: Überall sieht man, in Nachbildungen oder Variationen, die Schutzheilige Polens, die Schwarze Mutter Gottes von Tschenstochau. »Luther hat den Krieg verloren«, soll Papst Benedikt XV. im Jahre 1918 gesagt haben. Wie wahr dann 1945.

Oder doch nicht so ganz? Es ist seltsam: Gerade die sorgsam restaurierten Kirchen, aus denen man die Zu- und Untaten späterer Jahrhunderte entfernt hat, wirken von der Jakobikirche in Szczecin bis zur Marienkirche in Słupsk in der kühnen Nüchternheit ihrer Backsteingotik beinahe protestantischer als je zuvor. Das mag ja ein Vorurteil sein, schon

Altar mit der alten Lutherbibel für die evangelisch-deutsche Restgemeinde in Główczyce-Glowitz, Kreis Stolp.

historisch schwerlich zu halten. Aber jedenfalls fällt es leicht, in diesen Gottesburgen sich heimisch zu fühlen.

Übrigens gibt es noch protestantische Gottesdienste, in Słupsk ebenso wie nach dem Bedarf auf dem Lande. Es gibt sie sogar in deutscher Sprache. In Główczyce zum Beispiel – meinem früheren Kirchdorf Glowitz – ist der Betsaal auf dem Pfarrhof dafür reserviert. Die Gemeinde mag sehr klein geworden sein: dreiundzwanzig Seelen, meist Frauen, die Polen geheiratet haben. Aber die Gottesdienste finden statt, und auf dem Altar liegt die alte Lutherbibel, aufgeschlagen beim 67. Psalm, dem Preis des göttlichen Segens über alle Völker. Von der hierzulande vielberedeten Unterdrückung vermag ich nicht zu berichten.

Perspektiven einer Woiwodschaft

Polen ist eingeteilt in Woiwodschaften, unseren Regierungsbezirken vergleichbar, 49 sind es insgesamt. Zu Pomorze gehören drei: Szczecin, Koszalin und Słupsk. Die Woiwodschaft Słupsk reicht etwa von Sławno (Schlawe) im Westen bis Lębork (Lauenburg) im Osten und von der Küste im Norden über Bytów (Bütow) und Miastko (Rummelsburg) bis Człuchów (Schlochau) im Süden. Die Verwaltung ist im alten Kreishaus untergebracht. Dort führen wir ein Gespräch mit dem Vize-Woiwoden.

Zahlen vorweg: In der Woiwodschaft leben 386000 Menschen; sie leben zu 54 Prozent in den Städten und zu 46 Prozent in Landgemeinden. Die Landwirtschaft spielt noch immer eine zentrale Rolle; fast 45 Prozent aller Arbeitskräfte werden in der Land- und Forstwirtschaft beschäftigt. Dabei herrschen die Großbetriebe – meist Staatsgüter – vor; sie bearbeiten 58 Prozent der landwirtschaftlichen Nutzfläche. Die umfangreichen Forsten werden ohnehin durchweg staatlich verwaltet. Die Höfe der Bauern haben eine Durchschnittsgröße von neun Hektar.

Diese Zahlen spiegeln ein doppeltes Erbe. Auf der einen Seite hat die Vorherrschaft der Großbetriebe – im Bezirk von Szczecin gar mit 70 Prozent der landwirtschaftlichen

Nutzfläche – mit der einstigen Bedeutung deutscher Gutswirtschaften zu tun, deren Aufsiedlung schon an den fehlenden Mitteln scheiterte, soweit sie überhaupt versucht wurde. Dazu noch hat man den bäuerlichen Streubesitz kurzweg »eingemeindet«.

Auf der anderen Seite stellt die geringe Größe der Bauernhöfe ein polnisches Erbe dar, das den Fortschritt hemmt, weil Kleinbetriebe kaum rationell bewirtschaftet werden können und über eine mühsame Selbstversorgung hinaus nur geringe Marktleistungen erbringen. Dabei ist man in Słupsk stolz auf die erreichten neun Hektar. Vor fünf Jahren lag die Durchschnittsgröße noch bei sieben Hektar, und im polnischen Gesamtdurchschnitt verharrt sie bei fünf Hektar. Angestrebt wird aber eine Größe von fünfzehn bis zwanzig Hektar.

Die Industrie zählt 600 Betriebe – Reparaturwerkstätten freilich mitgerechnet. Ausrüstungen für den Schiffbau, Landmaschinen, Schuhe und Möbel gehören zu den Produkten der Großbetriebe.

Eine überraschend große Rolle spielt in dem Gespräch der Umweltschutz. Mit ihrer langgezogenen Küste, den weiten Wäldern und achthundert Seen bildet die Woiwodschaft schon heute ein wichtiges Urlaubs- und Erholungsgebiet, und für die Zukunft läßt sich die Bedeutung dieses Natur-Kapitals kaum hoch genug veranschlagen. Damit es nicht verschleudert wird, sondern sich verzinst, muß man investieren. So möchte man nur umweltfreundliche Industrien ansiedeln und die vorhandenen zähmen. Vorläufig freilich qualmen alle Schornsteine noch schwarz; die Steinkohle stellt einen der wenigen Reichtümer Polens dar. Aber auch von Problemen der Landwirtschaft ist die Rede, von den Gefahren für das Grundwasser durch übermäßige Düngung und durch Pestizide. Bis 1990 sollen die Flüsse gereinigt werden und wieder sauberes Wasser führen. Die Lupawa (Lupow) wurde schon mit vierzehn neuen Kläranlagen ausgestattet, jetzt ist die Słupia (Stolpe) an der Reihe, die Łeba (Leba) soll folgen, dann die Wieprza (Wipper). Einen besonderen Rang haben die Naturschutzgebiete, vor allem das große, international ausgewiesene an der Küste, das den Garder- und den Lebasee und einen Teil der angrenzenden Moore umfaßt.

Polen ist ein armes Land und seit einigen Jahren ein Land

in der Krise. Dabei drängen überall die Aufgaben. Die Wohnungsnot ist groß; für die Woiwodschaft errechnet die Statistik 1,09 Prozent pro Wohnraum. Und die Bevölkerung wächst. Altersheime, Kindergärten und stets mehr und stets größere Schulen müssen gebaut werden. Eine Pädagogische Hochschule mit inzwischen 2600 Studenten gibt es bereits.* Neben den 54 Gesundheitszentren, die auf dem Lande schon vorhanden sind, werden weitere gebraucht. In den Städten reichen die Krankenhäuser nicht mehr aus. Im nächsten Jahr soll in Słupsk der Bau einer großen Klinik mit 650 Betten begonnen werden. Auf dem Lande braucht man Wasserleitungen; 510 Dörfer – 45 Prozent – wurden bisher versorgt; bis 1990 soll keines mehr ausgeschlossen sein. Wiederum heißt es mit deutlichem Stolz, daß man dem polnischen Durchschnitt weit voraus sei. Und noch nie habe man, trotz der Krise, so viel investiert wie gerade jetzt.

Wiegen in den neu erworbenen Gebieten, in denen man nach den Schrecken und Zerstörungen der Eroberung, nach dem Austausch der Bevölkerung und nach den Demontagen des großen Verbündeten beinahe ganz von vorn anfangen mußte, die Lasten der Tradition womöglich geringer? Wenden sich die Menschen mit stärkerer Energie der Zukunft zu als in Alt- und Zentralpolen? Dort, sagt unser Dolmetscher aus Warschau, sind jedenfalls die Straßen oft in einem schlechteren Zustand als in Pomorze.

Reisebilder und russisches Roulette

Vor den Fahrten ins Land steht die Sorge ums leibliche Wohl. Im Hotel kann man ab acht Uhr leidlich frühstücken. Sonst gibt es die Milchbar in der nahen Bahnhofstraße, die um sechs Uhr dreißig öffnet. Für die Hauptmahlzeiten bieten sich Restaurants an, die rasch an den Fingern aufzuzählen sind. Den ersten Rang nimmt das »Kluka« ein, an der Straße nach Główczyce und Łeba, nahe am »Waldkater«. Hier bestellen wir den Tisch für das Abendessen.

In einer Stadt mit 100000 Einwohnern genügen die paar Lokale offenbar; polnische Familien können sich das Essen im Restaurant kaum leisten. Beschämt rechnet der Besucher nach: Zum Straßenkurs der D-Mark gegen Złoty gerechnet – den sogar die Verbraucherzeitung diskret umschreibt –, hat er fürs Abendessen zwischen fünf und sechs Mark ausgegeben, wohlgemerkt: für das Essen samt Getränken und Trinkgeld, mit Suppe, Hauptgericht und dem Nachtisch, köstlich waldfrischen Blaubeeren in Schlagsahne. Es war ein Essen für drei Personen!

Wieder und wieder weisen die Straßenschilder in Słupsk den Weg nach Ustka. Denn das frühere Stolpmünde gilt als bedeutendes Ferienzentrum. Wahrhaftig: Der Strand ist kilometerweit bedeckt von Menschen. Wie viele mögen es wohl sein? Zwanzigtausend? Oder mehr? Menschentrauben auch überall in der kleinen Stadt, lange Schlangen vor jedem Kiosk an der Kurpromenade. Wo kommen sie alle nur unter? Dicht an dicht auf dem Campingplatz? Oder sonst in Massenquartieren? Und was tun sie, wenn es regnet?

Wir fahren weiter nach Rowy (Rowe). Das war einmal ein weltabgeschiedenes Fischerdorf an der Mündung der Lupow zwischen dem Garder See und der Ostsee, idyllisch, das heißt bitterarm, die strohgedeckten Katen in die Dünen geduckt. 1942 bin ich zuletzt dort gewesen, mit dem Freunde Ursus von Zitzewitz, der schon so bald als Soldat fiel. Wir fuhren im Faltboot die Lupow herab und von Groß Garde her über den See. Sonst fand nur selten jemand nach Rowe. Ein paar Künstler kamen vielleicht; Max Pechstein hat hier gemalt.

Inzwischen mauserte sich sogar Rowy zum Badeort, mit Ferienheimen, Campingplatz und Pfadfinderlager. Immerhin: Im Vergleich zu Ustka geht es noch halbwegs gemütlich zu. Allenfalls zwei- bis dreitausend Leute sind am Strand, nicht die zehnfache Zahl. Und anzumerken bleibt, daß noch nirgends die Betonfestungen entstanden sind, die Schleswig-Holsteins Küsten zieren. Außerdem klaffen zwischen den einzelnen Badeorten an der langen Küste riesige Lücken. Welche Möglichkeiten für Spekulanten, falls die Polen einmal südländisch-italienischer oder spanischer Geschäftstüchtigkeit verfallen sollten!

Fahrten übers Land, Fahrten durch die Dörfer: Die älteren Häuser leiden an der chronischen Krankheit des Sozialismus, dem Mangel an Farbe. Die neueren sind oft zweistöckige Kästen mit flachem Dach. Sie mögen preiswert und praktisch sein, Standardprodukte, wie die Wohnungsnot sie erzwingt. Aber, um es mit einer altmodischen Wendung zu umschreiben: Die Schönheit drückt sie nicht.

An Farben herrscht dennoch kein Mangel. Die polnischen Bewohner lieben Blumen, wie ihre Vorgänger. Überall in den Vorgärten blüht und glüht es, nach der Zeit der »Bauern-« oder Pfingstrosen besonders von der Stockrose, Althea rosea aus der Gattung der Malvazeen. Im übrigen leuchtet es weiß, sobald beim Dorf nur etwas Wasser ist, sei es Bach, See, Teich oder Tümpel, und daneben grüne Weide; denn dort gedeihen die Gänse. Pommersche Traditionen!

»Interpress«, die hilfreiche Reiseorganisation, hat – von Warschau her – unserem Dolmetscher einen Hinweis mitgegeben: In der alten Dorfkirche von Charbowo, früher Degendorf, Kreis Lauenburg, an der Straße nach Łeba, sollen Krockowsche Wappen zu finden sein. Ich habe sie noch nie gesehen, nie von ihnen gehört und keine Vorstellung davon, wie sie hierher gekommen sein mögen. Aber sie schmücken tatsächlich den Altarraum, in einer offenbar sehr alten Form. Wie in aller Welt hat man in Warschau das herausgefunden?

Einmal auf der Spur, fahren wir weiter nach Osten, über die alte Landesgrenze noch etwas hinaus, ins »Preußen königlich polnischen Anteils«, später Westpreußen und noch später »der Korridor« genannt. Hier liegt, zwischen der Küste, dem Zarnowitzer See und Puck (Putzig): Krokowa, früher Krockow und bis 1945 Stammsitz der Familie.

Dem alten Schloß hat die Zeit zwar übel mitgespielt, aber es wird jetzt restauriert, mit Expertenhilfe aus Danzig. Überall Gerüste; das Dach ist schon neu eingedeckt. Man darf erwarten, daß dieses Haus bald in einem Glanz wiedererstehen wird, wie kaum jemals zuvor. Denn bessere Restauratoren als die polnischen gibt es nicht. Über der Tür sieht man das Familienwappen.

Die stattliche Kirche gleich nebenan hat ihre eigene Geschichte, von der eine Tafel am Eingang berichtet. Unter anderem ist von Reinhold von Krockow die Rede – und von dem »unglücklichen Ereignis« des Jahres 1572. Damit ist allerdings nicht die Pariser Bartholomäusnacht gemeint, sondern gewissermaßen der umgekehrte Vorgang: Der aus Frankreich heimgekehrte Hugenottengeneral führte die Reformation ein.

In der Kirche steht über dem früheren Patronatsgestühl

getreulich verzeichnet, daß Karol Gustaw Adolf von Krokkow dieses Gotteshaus zwischen 1833 und 1850 erbaute. Ebenso steht zu lesen, daß sein Vorfahr Wawrzyniec Krokowski im Jahre 1498 die ältere, bescheidene Feldsteinkirche errichtete.

Die Patronatsherren verschwanden, aber nicht unbedingt ihre Privilegien. Am Gestühl sind auf einer sorgsam mit Plastik abgedeckten Karteikarte die Namen derer vermerkt, die heute – gegen entsprechende Bezahlung – das Vorrecht haben, hier zu sitzen. Kirche im Sozialismus!

Oder, um den Stand der Dinge etwas anders zu beleuchten: Kommunismus mit Handkuß. »Ich bin ein Herr, du bist ein Herr, aber wer wird die Arbeit tun?« – hieß der alte kaschubische Spruch. Mindestens sein erster Teil hat Gültigkeit behalten. Jeder Mann ist ein Herr, jede Frau eine Dame. Also küßt unser Dolmetscher der jungen Bäuerin, die aus dem Kuhstall kommt, ebenso selbstverständlich die Hand, wie der verschwitzte, mit nacktem Oberkörper vom Feld heimkehrende Bauer meiner Schwester. Wahrlich ein steiniger Acker für alle, die die Leute endlich von der Erblast ihres Rollenzwangs befreien und die Dame und den Herrn durch die Genossin, den Genossen ersetzen möchten.

Das Schicksal der Gutshäuser und Schlösser glich russischem Roulette. Einige sind von den Eroberern gleich 1945 niedergebrannt worden. Andere starben langsam, mit zerbrochenen Fenstern und Türen der Witterung preisgegeben. Wo sie aber überdauerten, versucht man inzwischen nach Kräften, sie zu retten, zu restaurieren und sinnvoll zu nutzen. Sie dienen als Jugendheime, als Sanatorien. Oder die Güterverwaltungen sind darin untergebracht, samt Gemeinschaftsräumen, Küchen und Kindergärten für die Mitarbeiter. Allein im Bereich der Güterdirektion von Główczyce habe ich drei Gutshäuser gesehen, an deren Wiederherstellung gearbeitet wird, teils mit eigenen Mitteln, teils mit staatlicher Hilfe und mit den Experten aus Danzig. In Karzcino, dem großelterlichen Karzin, ist zwar vom Altbau nichts mehr zu sehen, außer seinem gespenstergleichen Abdruck an der Mauer des später errichteten Teils. Doch der steht aufrecht und wird jetzt erneuert.

Auch in Warcino, dem Bismarckschen Varzin, steht das Schloß noch. Eine Schule für Forsteleven ist darin untergebracht. Der Putz blättert von den Wänden, mancher Stein bröckelt, der Park wirkt verwildert. »Das wird anders werden«, versichert die energische Direktorin, die uns freundlich herumführt, »es ist schon geplant.« Man glaubt es ihr.

Freilich: Keine Tafel, kein Hinweis, nichts mehr erinnert an den Reichsgründer. Ob den jungen Forsteleven wohl je erzählt wird, wer in ihrer Schule einmal der Hausherr war?

»Bitte, noch eine Frage: Im Park soll ein Grab sein, das Grab der letzten Gräfin Bismarck, die hier gewohnt hat. Gibt es das noch?«

»Ja«, sagt die Direktorin, »ich habe davon gehört. Aber ich bin erst seit zwei Jahren hier und habe es nie gesehen. Ich fürchte, es ist nicht mehr zu finden.«

Auf den heimischen Höfen und Feldern

Eine seltsame Scheu, ein Zögern und Zaudern: Das eigentliche Ziel unserer Reise blieb bisher ausgespart. So vieles hängt von nur einer Begegnung ab: Wenn wir auf den heimischen Höfen und Feldern uns umsehen wollen, in Rumsko, Równo und Siodłonie (Rumbske, Rowen und Zedlin), dann brauchen wir das Einverständnis, die Genehmigung des zuständigen Güterdirektors. Oder handelt es sich womöglich um eine andere Art von Scheu, um die Begegnung mit dem eigenen Herzen?

Wir brechen also auf nach Główczyce; dort, in dem Gutshaus, in dem einmal Onkel Gerhard, »der alte Glowitzer«, regierte, empfängt uns Herr Melka, ein kräftiger, energischer Mann, kaum vierzig Jahre alt und seit sechs Jahren hier der Direktor. Unsere Besorgnis wird rasch zerstreut; es entwikkelt sich ein Gespräch, in dem wir zunächst einen allgemeinen Überblick erhalten.

Die Güterdirektion umfaßt eine Gesamtfläche von 9000 Hektar, unterteilt in zehn Einzelbetriebe, die im Rahmen allgemeiner Richtlinien von ihren Verwaltern selbständig geführt werden. »Das ist eine vernünftige Einteilung. Die Betriebe bleiben übersichtlich, aber die größeren Vorhaben können wir zentral steuern, von der Kultivierung im Moor bis zum Wohnungsbau für die Mitarbeiter. Auch eine Arbeitsteilung wird möglich. Der Saatkartoffelanbau zum Beispiel ist in Siodłonie konzentriert.«

»Vor allem: Wir sind unsere eigenen Herren. Und in den letzten Jahren haben wir den Ertrag schon um 240 Millionen Złoty gesteigert! Wenn es so bleibt, sind wir bald über den Berg.«

Wenn es so bleibt: Erst seit drei Jahren ist es so, wie es ist. »Früher gab es eine Kombinatsleitung in Słupsk. Alles war schwerfällig und überzentralisiert. Und oft sinnlos übersteigert. Es gab elftausend Stück Rindvieh, viel zuviel, dafür fehlte jede vernünftige Futtergrundlage.«

Heute sind es 5000 Rinder, 3000 Schweine, 1000 Schafe. Die Fläche unter dem Pflug beträgt 4600 Hektar, davon wird die Hälfte mit Getreide bestellt. Zur übrigen Fläche gehören vor allem Wiesen und Weiden. Denn weit erstreckt sich der Güterbereich in die Tiefe und Weite des Leba-Moores hinein. Einiges muß überhaupt erst noch kultiviert werden.

Weitere Zahlen folgen: Es gibt 1100 Mitarbeiter, davon 140 Angestellte – eine sehr hohe Zahl, die, an der landwirtschaftlichen Nutzfläche gemessen, den deutschen Vorkriegsstand erreicht oder noch übertrifft. Das Durchschnittseinkommen beträgt 15 000 Złoty im Monat. Dazu kommt dann das Deputat, 25 Ar für Kartoffeln, 5 für den Hausgarten, Milch, Heizmaterial, Viehhaltung ... Dieses Deputat dürfte doppelt wertvoll sein in einer Zeit, in der höchst ungewiß bleibt, was man fürs Geld eigentlich kaufen kann. (Der offizielle Kurs für die D-Mark liegt zwischen 38 und 39 Złoty, der Straßenkurs bei 200 Złoty. Doch jeder Vergleich versagt angesichts der Tatsache, daß einerseits die Preise für Mieten, Brot und andere Grundbedürfnisse zwar niedrig bleiben, es andererseits aber Rationierungen gibt und vieles gar nicht zu haben ist.)

Herr Melka gerät in Eifer, doch mein Blick wird abgelenkt: Auf dem Schrank stehen – Erntekronen, von den früheren kaum zu unterscheiden. »Aber natürlich feiern wir Erntefeste! Kommen Sie wieder, wenn es soweit ist.«

»Herzlichen Dank. Nur, für den Augenblick ist unsere Bitte, daß wir uns in Ihren Betrieben umschauen dürfen.«

»Warum denn nicht? Oder, besser: Kommen Sie doch am Montag, acht Uhr, dann fahre ich mit Ihnen herum und zeige Ihnen, was Sie sehen wollen.«

Diesen Montag werde ich so bald nicht vergessen. Wir

Was war und was blieb, im alten Pommern wie im neuen Pomorze: Gänse, mit Wasser und grüner Weide vertraut; Störche, die nur den Wohnsitz wechselten.

steigen in den betagten »Wolga« des Direktors; dreihunderttausend Kilometer hat er schon auf dem Buckel. Aber er ist hochbeinig und kommt noch auf Wegen voran, auf denen unser Mercedes längst aufsetzen würde. Es beginnt eine Besichtigung höchster Intensität, Stunde um Stunde, bis in den Nachmittag hinein.

Was wir zu sehen bekommen, ist eine moderne und lei-

Kuhherde in Rumsko-Rumbske 1984.

stungsfähige Landwirtschaft. Pferde gibt es längst nicht mehr, bloß noch Maschinen, Traktoren, Mähdrescher. Die stecken gerade im Raps. »Das ist unser bestes Geschäft; 540 Hektar und 27 Doppelzentner vom Hektar.«

»Und sonst?«

»36 Doppelzentner Getreide, 260 Doppelzentner Kartoffeln. 3700 Liter Milchleistung pro Kuh. Bei der besten Herde, in Rumsko, sind es 4100 Liter. Aber bitte bedenken Sie: Wir sind erst unterwegs, nur Mittelmaß, ein Durchschnittsbetrieb.«

Das haben wir bereits vom Vize-Woiwoden in Słupsk zu hören bekommen, als wir von der Absicht sprachen, nach Główczyce zu fahren. Um so besser! Mit Paradestücken und Vorzeigebetrieben ist wenig gedient. Doch man spürt den Eifer, den Ehrgeiz, den Drang zum Erfolg, bei dem Direktor ebenso wie bei seinen in der Regel noch sehr jungen Betriebsleitern. »Ja, in ein paar Jahren ... Besuchen Sie uns dann wieder! Dann wollen wir ein Spitzenbetrieb sein. Dann werden wir einer sein.«

Hinweise auf die schweren Anfänge fehlen nicht. Keine Pferde, kein Vieh, keine Maschinen. Alles haben »die Sieger« von 1945 abtransportiert. Und demontiert. Auch die Kreisbahn, die für die Land- und die Forstwirtschaft noch heute höchst nützlich wäre.

Aber zurück in die Gegenwart: »Natürlich kommt es aufs Saatgut an und auf die genau richtige Düngung.« Freilich läßt sich die Landwirtschaft nie bis zum letzten ausklügeln; man kann auch überreizen – um es in der Skatsprache zu sagen. Wie hieß es doch in unserem alten Spruch zum Erntefest:

Im Frühjahr sah es traurig aus,
die Felder standen kahl und blaus;
wie sieht dann wohl die Ernte aus?

Dieses Frühjahr 1984 war ungewöhnlich trocken, und weder Winter- noch Sommergetreide gediehen. Darum hat man zur Anregung des Wachstums noch einmal ganz speziell gedüngt. Es folgte jedoch der gründlich verregnete Sommer, brachte ein Übermaß an Wachstum, drückte das Korn auf den Boden. Wir fahren durch Felder, die wie gewalzt wirken, längst vom Unkraut grün durchschossen. Einer allerdings, der Verwalter von Siodłonie-Zedlin, hat bei der Zusatzdüngung nicht mitgemacht und wurde dafür gerügt. Jetzt schmunzelt er; seine Gerste steht prächtig.

Besonderen Respekt verdient die Moor-Kultivierung. Sie wurde mit der Hilfe niederländischer Experten und nach deren Lizenzen angelegt, mit Pumpstationen, mit verzweigten Kanal- und Schleusensystemen zur genauen Regulierung des Wasserstandes. Eigener Erfindung entsprang eine preiswerte Wegebefestigung mit speziellen Betonplatten, die nur für die beiden Reifenspuren der Traktoren und sonstigen Maschinen ausgelegt werden. Anders wäre hier gar nicht zu wirtschaften, und es soll sich ja nicht nur um Wiesen und Weiden, sondern im genau geplanten Wechsel zugleich um Ackerland handeln.

Dann die Futtergewinnung, beim erzwungenen Verzicht auf devisenzehrendes Kraftfutter aus dem Ausland ein zentrales Problem. Wir sehen Trocknungsanlagen, die das gehäckselte Grünfutter in ein nährstoffreiches Trockenfutter verwandeln, außerdem eine zentrale Mischanlage, von der aus die Einzelbetriebe versorgt werden.

Wir sehen die Viehherden, die Schweinemast und die Schafzucht. Mit der wird experimentiert: Ist sie bei reiner Stallhaltung, ganz ohne Weide möglich und rentabel? Wir sehen die alten und die neuen Stallanlagen, die Spiritusbrennerei und die Flockenfabrik, die Werkstätten zur Pflege und zur Reparatur der Maschinen. Und, nicht zu vergessen, die sozialen Leistungen: Kindergärten und Spielplätze, Gemeinschaftsräume. Wir hören, was getan werden muß, um die jungen Leute auf dem Lande zu halten. Der Wohnungsbau ist wichtig; in Główczyce entsteht gerade eine größere, ansprechende Siedlung mit Drei- und Vierzimmerwohnungen.

Kurzum: Es ist ein Erlebnis, mit Herrn Melka in der vertrauten Umgebung die Landwirtschaft neu kennenzulernen. Sie ist in guten Händen, und das Herz geht einem auf, wenn man das Engagement des Direktors verspürt.

Es scheint sich auf die Mitarbeiter zu übertragen. Einer, mit dem wir bei anderer Gelegenheit sprechen und der einen Mähdrescher steuert, berichtet mit offensichtlichem Stolz, daß er am Sonntag von sechs Uhr morgens bis beinahe Mitternacht auf den Beinen war. Unwillkürlich fiebert man mit: Wird das Wetter halten? Was hängt in einem armen Land wie Polen nicht alles von ein paar guten Ernten ab, die ohne Verluste eingebracht werden können!

Ausblick aufs Feld in Równo-Rowen.

Gerührtes Wiedersehen mit Anneliese, verheiratete Frau Żak, geborene Pupp. Als ich drei, vier Jahre alt war, hat sie, nur wenig älter, mit mir gespielt. Sie ist geblieben, weil sie zu den deutschen Frauen gehört, die einen Polen geheiratet haben. Ihr Mann, inzwischen pensioniert und ein eifriger Imker, arbeitete in der Güterverwaltung.

Natürlich geht es erst einmal ans »Nötigen«: zum zweiten Frühstück, dann am nächsten Tag zum Mittagessen, schließlich zu Kaffee und Kuchen. Natürlich werden auch gleich die drei Schicksalsgefährtinnen in Rumbske informiert. Und leicht ist es wahrhaftig nicht, wieder loszukommen. Was gibt es nicht alles zu erzählen, zu erinnern!

Anneliese hat Courage. Jeder kennt sie, sie sagt ihre Meinung, etwa dem Pastor, denn sie gehört zum Kirchenvorstand der evangelisch-deutschen Restgemeinde. Und sie verteidigt entschlossen, wenn es sein muß im Zorn, die paar deutschen Gräber, die es in Główczyce noch gibt. Mit Anneliese machen wir uns dann auch auf diesen Weg: auf den Weg zu den Gräbern.

Der alte Dorffriedhof von Rumbske und Rowen am Gorkenberg gleicht einer Wildnis. Disteln und Dornen, Gestrüpp; die Grabsteine verschwunden, umgestürzt, überwuchert. Am Platz, an dem die Großeltern begraben wurden, steht zwar noch das große Kreuz aus Granit. Aber nichts, keine Inschrift mehr ist zu sehen und zu entziffern, nirgends. Nur ein unscheinbares Holzkreuz hat, seltsam genug, überdauert. »Emil Priedigkeit« steht darauf. Das war der freundliche Mann, in dessen Laden hinter dem Schild »Kolonialwaren« einst die Kindheitsgerüche sich so wunderbar mischten.

Kaum anders sieht es einige hundert Meter weiter beim Erbbegräbnis aus. Mit einiger Mühe läßt es sich noch entdecken. Überall Trümmer. In einem der halb verfallenen Gewölbe erkennt man Reste von Särgen. Keine Spur mehr von den Namenstafeln. Allerdings etwas abseits stößt der Fuß im dichten Laub unversehens auf ein Kreuz. Freigescharrt wird der Name sichtbar: Jochmus. Also wenigstens sie hat überdauert – sie, die halb Ausgestoßene und vom Verfasser der Familiengeschichte prüde Übergangene!

Wiedersehen 1984 in Rumsko-Rumbske. Links Anneliese (S. 210), Bildmitte der Verfasser, zweite von rechts dessen Schwester.

Überall sieht es ähnlich aus. In Karzin blieb vom Puttkamerschen Erbbegräbnis bloß das Gestein der eingestürzten Gewölbe. Nur wiederum, merkwürdig: ein einzelner Grabstein liegt zwar am Boden, aber er, nur dieser eine läßt sich genau entziffern: »Jesko, Robert, Karl, Ernst von Puttkamer – Leutnant im 1. Bad. Leib-Dragoner Regiment No. 20. Kommandiert zur Feld-Flieger Abteilung 14. – geb. 14. Mai 1896, fürs Vaterland gefallen am 24. Juli 1917«. Ausgerechnet in diesem Falle fehlt jede Vorstellung von der verwandtschaftlichen Beziehung.

Widerstreitende Gefühle, Gefühle nicht bloß des Abschieds. Gewiß, die Überlegung sagt: Gräber und Friedhöfe verfallen rasch, wenn sie nicht mehr gepflegt werden. Die Natur erweist ihre Macht, sobald die Menschen fortgehen. Und sogar hierzulande werden Grabstellen in der Regel nach dreißig Jahren aufgelassen und beseitigt. Aber so, in dieser Form, schmerzt es denn doch.

Eine erste oder letzte Station der Reise nach Pommern wartet noch immer: das Haus, in dem ich geboren wurde und aufgewachsen bin. Gleich nach der Besetzung, im März 1945, haben die Russen Benzinfässer hineingerollt und es niedergebrannt. Inzwischen hat auch hier die Natur ihr Werk getan. Kraut und Gestrüpp überdecken den Schutt; sogar Bäume sind schon herangewachsen und überdunkeln den Ort. In dem allen aber bleiben bizarre Zeichen: vermooste Säulen, die Schale des Springbrunnens, laubgefüllt. Und über halb nur verschüttetem

Was vom Gutshaus in Rumbske vierzig Jahre nach der Zerstörung noch blieb: Unter Bäumen und wucherndem Gestrüpp bizarre Zeichen: vermooste Säulen und über halb nur verschüttetem Gewölbe eine Treppe ins Nichts.

Kellergewölbe eine Treppe ins Nichts. Lichtete man bloß um weniges das Gestrüpp, so ließe hier eine Pantomime, ein Schatten-Schauspiel sich aufführen: Sic transit gloria mundi.

Der Park scheint sich selbst überantwortet, den Teichen entrann das Wasser. Was bleibt, sind die Bäume: die große Kastanie, die weit ausladende Blutbuche und die Eichen, sogar die eine, uralte. Vor Jahrzehnten schon hat man sie ausgemauert, um sie zu stützen. Dieses Menschenwerk ist längst dahin, aber der Baum steht und treibt neben verdorrtem Geäst sein frisches Grün.

Später, bei Kaffee und Kuchen, erzählt Anneliese eine seltsame Geschichte: Die »olle Elisabeth«, die »eiserne Gräfin«, geht im Park um. Ja, wirklich! Und nicht nur alte Frauen haben sie gesehen, die vielleicht nicht mehr ganz richtig im

Kopf sind, sondern auch jüngere, handfeste Männer, am hellichten Tag. Ganz außer Atem kamen sie gelaufen und blaß vom Schrecken: »Die Gräfin, die Gräfin!« Stets in der gleichen Gestalt, schwarzgekleidet, mit schwarzer Haube, einen kleinen schwarzen Hund an der Leine.

Um nachzurechnen: Als meine Mutter nach Rumbske heiratete, im Ersten Weltkrieg, zog die Vorgängerin fort, erst nach Klenzin, dann nach Stolp. Das ist fast siebzig Jahre her; seitdem – meine Schwester ist sich sicher – hat die »eiserne Gräfin« bestimmt keinen Hund mehr gehabt, und bei Besuchen ist sie nie, schon gar nicht allein, durch den Park spaziert. Wessen Erinnerung also reicht weit genug zurück, um in dieser Gestalt ihr tatsächlich begegnet zu sein? Da finde eine Erklärung, wer kann.

Und mir bleibt im Grunde nichts als die verlegene Bestätigung, zwar nicht vom hellichten Tage, sondern aus der Nacht. Zwar nicht aus dem Park, sondern aus den Ruinen. Im Mondenschein steigt aus dem Kellergewölbe unter der Treppe ins Nichts »die Eiserne« leibhaftig herauf, schwarz, ihren Hund an der Leine. Glocken dröhnen.

Ich erwache, im Hotel von Słupsk, vierzig Meter nur vom Haus der Großmutter und dem der Partei entfernt, und die Glocken tönen vom nahen Rathaus herüber. Es ist genau Mitternacht.

Zwei Geschichten zum Abschied

Wie eigentlich soll man am Ende zu allem sich stellen? Wie mit den eigenen Gefühlen ins reine kommen? Ist es überhaupt möglich, zwischen Pommern und Pomorze genau zu unterscheiden, geraten das Vergangene und die Gegenwart einander nicht doch und vielleicht hoffnungslos in die Quere?

Zur Genauigkeit des Erinnerns muß vor allem eines gehören, und man muß es wieder und wieder sich klarmachen: Das Unheil hat nicht mit der Flucht oder Vertreibung der Deutschen 1945 begonnen, sondern viel früher; seine Ursachen liegen tiefer. Es war der deutsche Wahn vom angeblichen »Volk ohne Raum«, von der deutschen Kultur und der polnischen Unkultur, von einer germanischen Herrenrasse und den slawischen Untermenschen, der die Schleusen öffnete. Es gab eine Hybris, eine Überhebung, die sich schrecklich gerächt hat. Der Eroberungskrieg ging von Deutschland aus, wie das Radieren auf der Landkarte, das Umbenennen und das Vertreiben.

Und dann: Kein Volk, die Juden ausgenommen, hat unter den Schrecken des Zweiten Weltkriegs so furchtbar gelitten wie das polnische. Denn dieser Krieg wurde noch gegen die Besiegten weiter und weiter geführt. Der zeitweilige Herr auf der alten Königsburg zu Krakau, der sogenannte Generalgouverneur Hans Frank, hat einmal gesagt:

»Was wir jetzt als Führungsschicht festgestellt haben, das ist zu liquidieren; was wieder nachwächst, ist von nun an sicherzustellen und in einem entsprechenden Zeitraum wieder wegzuschaffen.«*

Das waren nicht bloß Worte. Das war die Wirklichkeit.

Was also 1945 über den deutschen Osten hereinbrach – und dann, wie immer, in erster Linie die Unschuldigen traf und kaum die Schuldigen, die sich durch feige Flucht oder durch den Selbstmord ihrer Verantwortung entzogen –, was über die Menschen in Ostpreußen, Schlesien, Pommern hereinbrach und sie die Heimat kostete, das kam von weit her. Das war die Konsequenz des eigenen, des deutschen Wahns.

Im übrigen muß man daran erinnern, daß Polens neuer Westen zum großen Teil von Menschen besiedelt worden ist, die selber vertrieben waren, nämlich aus den östlichen Gebieten, die Stalin den Polen abforderte. Sieht man die Landkarte an, so stellt man fest, daß Warschau heute beinahe so weit an den östlichen Rand Polens verschoben ist – wie Berlin an den Rand Deutschlands.

Wenn wir aber von der bitteren Vergangenheit uns losreißen, wenn wir den Blick auf die Gegenwart und, vor allem, auf die Zukunft richten, dann ist noch eines nötig: Wir müssen einen Schlußstrich ziehen unter jegliches Auf- und Abrechnen. Wir müssen anerkennen – und dies nicht bloß mit Worten oder Verträgen, sondern wir müssen uns gleichsam von innen her, in unseren Herzen, dazu durchringen, daß 1945 eine unwiderrufliche Entscheidung gefallen ist. Wir müssen anerkennen, daß aus Pommern Pomorze wurde,

Heimat für die Menschen, die heute dort leben und arbeiten, die auf den Frieden und etwas Wohlstand hoffen, schon in der zweiten, der dritten Generation. Anerkennen im Interesse der eigenen Kinder, der Enkel und der weiteren, noch ungeborenen Generationen, damit sie von neuem Unheil verschont bleiben.

Jahrhunderte hindurch haben Polen und Deutsche friedlich miteinander gelebt. Wenn es wieder so werden und ein neues Miteinander das Mißtrauen überwinden soll, wenn wir das Land im Osten wirklich lieben und dorthin so unbefangen reisen wollen, wie wir entsprechend unbefangen empfangen werden möchten, dann gibt es tatsächlich keinen anderen Weg: Wir müssen uns ganz und wahrhaftig zur Anerkennung dessen durchringen, was ist. Grenzen verhärten und verschließen sich, sobald man sie antastet; sie können zu Brücken werden, wenn man sie bejaht.

Ich weiß und beeile mich, es für mich selbst zu bekennen: Dies ist leichter gesagt als getan. Zu tief waren – hüben wie drüben – die Verwundungen. Sie sind kaum vernarbt, sie bereiten noch Schmerzen; schon ein einziges unbedachtes Wort kann sie neu aufreißen. Und was vermag man denn gegen die eigenen Gefühle? Um nicht im Abstrakten mich zu verlieren oder gar ins Predigen zu geraten, möchte ich am Ende zum Bericht meiner Reise zurückkehren und noch zwei Geschichten erzählen.

Die erste: Wir stehen in Siodłonie-Zedlin auf einer Anhöhe. Der Verwalter ist uns in seinem Geländewagen gefolgt, weder aus Mißtrauen noch zur Überwachung, sondern weil er fürchtet, daß wir uns festfahren könnten. Wir schauen über die weiten Felder, die der Wald umgrenzt. Das Gespräch kommt auf die Jagd, der Verwalter ist selber ein Jäger; er sagt, daß es die Rehe und besonders das Rot- und das Schwarzwild so reichlich gibt wie je.

»Und wie ist das eigentlich mit den Wilderern?«

»Ja, auch die gibt es, aber nicht hier, sondern drüben, zum Moor hin ... Die Kerle aus Kluki.«

Die Kluckener, der alte Ärger! Beinahe hätte ich den Herrn Verwalter dafür umarmt, gewiß zu seinem Unverständnis. Aber welch ein Trost, welch eine Verheißung fürs Überdauern liegt doch darin, daß die Landschaften, die Bedingungen der Natur solche Kraft haben, Menschen zu dem zu formen, was sie sind. Unwillkürlich erinnere ich mich:

»Da, dort drüben, an der Waldkante nach Bandsechow hin, da habe ich als Junge meinen ersten Rehbock geschossen. Und am nächsten Tag bin ich stolz noch einmal hingeritten, aber mein Vater hat die Hufspuren im Hafer entdeckt, und es gab ein furchtbares Donnerwetter.«

Was folgt, kommt unverhofft, nämlich die Frage: »Wie wäre es denn, hätten Sie nicht Lust, hier wieder einmal auf die Jagd zu gehen?«

»Nein, das ist vorbei. Höchstens mit der Kamera.«

»Aber zum Herbst haben sich schon drei Herren aus der Bundesrepublik angemeldet. Die werden hier Hirsche schießen.«

Seltsam: Das wirkt wie ein Schlag in die Magengrube. Und meiner Schwester – so stellen wir nachher fest – ergeht es ähnlich. Den Polen, die heute hier leben, gönnen wir gewiß, daß sie genießen, was sie haben, also ganz und gar auch die Jagd. Aber was in aller Welt haben diese Pfeffersäcke aus dem Westen hier zu suchen, diese feisten Herren Landsleute, wie kommen die dazu, meine Hirsche zu schießen?

Natürlich ist das eine unsinnige Reaktion. Wahrscheinlich handelt es sich um redliche Leute, die sich ihr Geld und ihr Waidwerk hart erarbeitet haben. Im übrigen sind es nicht »meine« Hirsche, und Polen kann die Devisen sehr gut gebrauchen, die man den Jagdgesellen aus der Bundesrepublik abnimmt. Aber Anstrengung, ein Durchatmen kostet es eben doch, um die eigenen, spontanen Gefühle durch Einsicht zu bändigen.

Die zweite Geschichte: Zum Abschied stehe ich noch einmal zwischen den Ruinen des Hauses, in dem ich geboren wurde, zwischen Sträuchern und Bäumen, neben der Treppe ins Nichts. Ich suche noch etwas, das sich versteckt hält, doch ich weiß nicht recht was. Wehmut erwacht, wie vor Tagen an den überwachsenen Gräbern.

Aber auf einmal ist das Gesuchte da, aufgetaucht aus dem Erinnern. Es ist ein Gedicht, schon vor anderthalb Jahrhunderten geschrieben – von einem Flüchtling aus Frankreich, der zum deutschen Dichter wurde, von Adelbert von Chamisso.* Es heißt: ›Das Schloß Boncourt‹ und beginnt mit den Worten:

Ich träum' als Kind mich zurücke
Und schüttle mein greises Haupt;
Wie sucht ihr mich heim, ihr Bilder,
Die lang' ich vergessen geglaubt?

Und es sagt gegen sein Ende hin, was genauer, angemessener nicht gesagt werden kann:

So stehst du, o Schloß meiner Väter,
Mir treu und fest in dem Sinn,
Und bist von der Erde verschwunden,
Der Pflug geht über dich hin.

Sei fruchtbar, o teurer Boden!
Ich segne dich mild und gerührt
Und segn' ihn zwiefach, wer immer
Den Pflug nun über dich führt.

Anhang

Kurze Chronik von Pommern

1. bis 2. Jahrhundert n. Chr.: Von Skandinavien her besiedeln oder durchziehen germanische Stämme, Goten und Gepiden, das Gebiet zwischen der unteren Weichsel und der Oder.

Zeit der Völkerwanderung, bis etwa zum 6. oder 7. Jahrhundert: Slawische Stämme besiedeln Pomorje, das »Land am Meer«. Westlich der Oder entwickeln sich lutizische Stämme, östlich der Oder die Pomoranen.

Um 950: Die Dänen unter Harald Blauzahn beherrschen die pommersche Küste.

10. Jahrhundert: Polnisches Vordringen nach Hinterpommern.

Um 1120: Boleslaw von Polen erobert das Land bis über die Peene. Mit seiner Hilfe kann Wartislaw I. als erster Herzog aus dem Greifenhause seine Herrschaft auf den größten Teil Pommerns ausdehnen. Es beginnt die Entwicklung zu einem eigenständigen Herzogtum.

1124 und 1128: Missionsreisen des Bischofs Otto von Bamberg nach Pommern.

1140: Papst Innocenz II. gründet das Bistum Wollin, das 1176 nach Cammin verlegt wird.

1153: Erste Klostergründung in Stolpe bei Anklam, der bald weitere folgen. Mit den Klostergründungen beginnt der Zuzug deutscher Siedler.

1168: Der Dänenkönig Waldemar I. erobert die Insel Rügen und führt dort das Christentum ein. Es folgt ein weiteres Vordringen der Dänen, die jedoch mit der Schlacht von Bornhöved, 1227, die Vorherrschaft über Vorpommern – bis auf Rügen – wieder verlieren.

1181: Belehnung des Herzogs Bogislaw I. durch Kaiser Friedrich I.

13. Jahrhundert: Verstärkter Zustrom deutscher Siedler durch Kloster- und Städtegründungen. Die Jahreszahlen einiger Städtegründungen: Stralsund 1234, Stettin 1243, Greifswald 1250, Kolberg 1255, Köslin 1266, Stolp und Neustettin 1310.

1295: Teilung Pommerns in die Herzogtümer Pommern-Stettin und Pommern-Wolgast. Weitere Teilungen und Erbstreitigkeiten schwächen das Land; um 1400 bestehen vorübergehend fünf Teilherrschaften.

1317 und 1325: Die »Lande« Schlawe und Stolp im Osten, das Fürstentum Rügen im Westen fallen an Pommern-Wolgast.

14. bis 16. Jahrhundert: Wiederholte Auseinandersetzungen mit Brandenburg, das die Lehnsherrschaft beansprucht. 1338 wird Pommern nach dem Verzicht Brandenburgs kaiserliches Lehen. Brandenburg erhält dafür das Recht der Erbfolge. Diese Entscheidung wird in weiteren Auseinandersetzungen noch mehrfach bestätigt.

1456: Gründung der pommerschen Landesuniversität Greifswald durch Bürgermeister Heinrich Rubenow.

1466: Im zweiten Thorner Frieden tritt der Deutsche Ritterorden die »Lande« Lauenburg und Bütow als polnisches Lehen an Pommern ab.

1474–1523: Regierungszeit Bogislaws X., des bedeutendsten Herzogs aus dem Greifengeschlecht. Er einigt das Land, setzt Verwaltungsreformen durch und sorgt für geordnete Finanzen.

1534: Der Landtag zu Treptow beschließt die Einführung der lutherischen Lehre. Johannes Bugenhagen, 1485 in Wollin geboren und mit dem Beinamen »Pomeranus«, wird der Organisator der Reformation.

1627: Der Dreißigjährige Krieg erreicht Pommern; ein Vertrag gibt den kaiserlichen Truppen Besatzungsrechte zum Schutz gegen Schweden. Stralsund lehnt die Einquartierung ab und wird von Wallenstein vergeblich belagert.

1630: Landung der Schweden unter Gustav Adolf. In den weiteren Kriegsjahren wird Pommern schwer verwüstet.

1637: Tod Bogislaws XIV. und damit Aussterben des Greifengeschlechts; Eintritt der brandenburgischen Erbfolge.

1648: Im Westfälischen Frieden fallen Vorpommern, Stettin, die Inseln Usedom, Wollin und noch ein Landstreifen östlich der Oder an Schweden; Friedrich Wilhelm, der Große Kurfürst, erhält nur Hinterpommern, zunächst auch ohne Lauenburg und Bütow. Diese »Lande« fallen 1657 an Brandenburg.

1720: Im Frieden von Stockholm, der den Nordischen Krieg beendet, werden Stettin und Vorpommern bis zur Peene an Preußen abgetreten.

18. Jahrhundert: Unter den preußischen Königen, besonders Friedrich Wilhelm I., dem »Soldatenkönig«, und Friedrich II., dem »Großen«, werden Verwaltungs- und Justizreformen durchgeführt, Moore urbar gemacht und viele Dörfer neu angelegt.

1756 bis 1763: Der Siebenjährige Krieg. Russische Truppen dringen mehrfach ins Land ein. Kolberg wird dreimal belagert und 1761 eingenommen.

1807: Französische Truppen besetzen das Land. Kolberg wird von Gneisenau und Nettelbeck erfolgreich verteidigt.

Ab 1807: Die Zeit der preußischen Reformen, zu der die Bauernbefreiung, die Städtereform, die Gewerbefreiheit und die Judenemanzipation gehören.

1815: Mit dem Wiener Kongreß fällt Schwedisch-Vorpommern an Preußen; seither ist ganz Pommern eine preußische Provinz.

19. Jahrhundert: Bedeutende Oberpräsidenten (Johann August Sack, 1816–1831) fördern die Landesentwicklung. Stettin entwickelt sich zu einer wichtigen Hafenstadt mit starker Werftindustrie. Pommern bleibt im übrigen ein Agrarland. Aber die Verkehrserschließung mit dem Bau befestigter Straßen seit 1822 und dem Bau der Eisenbahnen (erste Linie von Berlin nach Stettin 1843), neue Methoden natürlicher und künstlicher Düngung, verbesserte Saatzuchten, der Siegeszug der Kartoffel und der Beginn moderner Agrartechnik bringen der Landwirtschaft einen großen Aufschwung. Während die Städte wachsen, strömt in der zweiten Jahrhunderthälfte die Überschußbevölkerung vom Lande in die neuen industriellen Ballungsräume des Westens ab.

1919: Durch den Friedensvertrag von Versailles wird Pommern zum Grenzland. Die ungünstige, marktferne Lage führt in der Folgezeit zu einer Agrarkrise, die sich in den späteren Jahren der Weimarer Republik dramatisch zuspitzt.

1930–1933: Bei den Wahlen steigt der Stimmenanteil der Nationalsozialisten sprunghaft an und erreicht bei den Märzwahlen von 1933 56,3 Prozent (Reichsdurchschnitt: 43,9 Prozent).

1945: Ende Januar erreicht die Rote Armee Hinterpommern, das sie bis Mitte März erobert. Der Durchstoß zur Küste bei Kolberg schneidet die Masse der Bevölkerung im östlichen Landesteil von Fluchtmöglichkeiten ab. Verspätete Räumungsbefehle führen aber auch sonst vielfach dazu, daß die Bevölkerung noch in ihren Heimatorten oder auf dem Treck überrollt wird und große Verluste erleidet.

Die Potsdamer Konferenz der Siegermächte vom 17. Juli bis zum 2. August 1945 übergibt das nördliche Ostpreußen an die Sowjetunion, die übrigen Gebiete östlich der Oder und Neiße an Polen. In Pommern erhält Polen zusätzlich einen Gebietsstreifen westlich der Oder mit Stettin und Swinemünde. Außerdem stimmt die Konferenz einer Aussiedlung der noch vorhandenen deutschen Bevölkerung zu.

Als Folge der Kriegshandlungen, der Zerstörungen nach der Eroberung und rigoroser russischer Demontagen übernehmen die Polen ein weitgehend verwüstetes Gebiet. Die Besiedlung erfolgt in erheblichem Maße durch Menschen, die infolge der von Stalin erzwungenen Westverschiebung Polens selber aus ihren angestammten Gebieten vertrieben worden sind.

Gegenwart: Das zur DDR gehörende Vorpommern ist aufgeteilt auf die Bezirke Rostock, Neubrandenburg und Frankfurt an der Oder. Das östliche Pommern, nunmehr Pomorze, gliedert sich in die Woiwodschaften Szczecin (Stettin), Koszalin (Köslin) und Słupsk (Stolp). Die Einwohnerzahlen der Vorkriegszeit werden heute durchweg wieder erreicht, zum Teil sogar erheblich übertroffen. Szczecin verfügt über die bedeutendste Werftindustrie Polens. In der Landwirtschaft überwiegen – im Gegensatz zu den altpolnischen Gebieten – die staatlichen Großbetriebe.

Anmerkungen

Die Zahlenangaben jeweils am Anfang der Anmerkungen beziehen sich auf die Textseiten.

8ff.: Die Fahr- und die Abfahrtszeiten entsprechen den Angaben des Reichskursbuches vom Sommer 1938.

12: Über das Klima heißt es in einem Bericht: »Auf dem Landrücken dauert die Wintertemperatur sehr lange an, um dann häufig in krassem Wechsel der sommerlichen Wärme zu weichen. Ein eigentliches Frühjahr fehlt fast ganz. Die Wärme tritt häufig ganz unvermittelt ein, wird aber nur zu oft von gefährlichen Nachtfrösten unterbrochen. Im südöstlichen Teile Hinterpommerns dauern die Spätfröste regelmäßig bis in den Mai hinein. Nachtfröste im Juni, ja selbst im Juli sind keine Seltenheit. Ausnahmsweise, z.B. im Jahre 1924, ist es sogar vorgekommen, daß bis in den Mai hinein Schnee gelegen hat. Vereinzelte Schneefälle im April und Mai sind an der Tagesordnung. Die ersten Herbstfröste setzen regelmäßig bereits in der ersten Oktoberhälfte ein. Etwas günstiger liegen die Verhältnisse in der Nähe der Küste.« (Meißner-Zuckers: Die Landwirtschaft. In: Hinterpommern. Wirtschafts- und Kulturaufgaben eines Grenzbezirks. Herausgegeben von Curt Cronau. Stettin 1929, S. 32.)

14ff.: Über Stolp unterrichtet eingehend das Buch von Karl-Heinz Pagel: Stolp in Pommern – eine ostdeutsche Stadt. Herausgegeben im Auftrage des Heimatkreises Stolp. Lübeck 1977. – Eine interessante Momentaufnahme aus den zwanziger Jahren liefert: Edwin R. Hasenjaeger: Die Verwaltung der Stadt Stolp. In: Hinterpommern, a.a.O., S. 451ff. – Als polnische Darstellung sei genannt: Historia Słupska. Herausgegeben von Stanisław Gierszewski. Poznań 1981. Dieses Buch nennt in seiner ausführlichen Bibliographie auch zahlreiche deutsche Quellen.

23: Die Holzpantinen oder »Schlurren« haben ihre eigene Geschichte. Sie kamen mit den französischen Emigranten, den Hugenotten, nach Preußen – ursprünglich ganz aus Holz, wie heute noch in den Niederlanden. Sie wurden rasch populär, weil sie billig und sogar eigenhändig hergestellt werden konnten. Aber die Schuster, die um ihr Einkommen fürchteten, rebellierten. Die Regierung griff ein; es hagelte königliche Edikte, Verbote und Strafandrohungen auf die Holzpantinen. Die preußisch-pommerschen »Schlurren« mit ihrem Oberteil aus Leder stellen daher den schließlich erzielten Kompromiß zwischen den Schusterinteressen und dem Interesse der Menschen an preiswert praktischer Fußbekleidung dar. Siehe zum Sachverhalt: »Holzschuhe oder Ziviler Ungehorsam«, in: Wolfgang Menge: So lebten sie alle Tage – Bericht aus dem alten Preußen. Berlin 1984, S. 88ff. – In Pommern wurden die »Schlurren« hauptsächlich in Labes hergestellt, weshalb die Stadt auch »Schlurr-Labs« genannt wurde.

24: Die »Rummeln« kamen nur auf Gütern zum Einsatz, wo die Kartoffeln im Akkord gesammelt wurden. Für jede gefüllte Rummel gab es eine Marke. Die Marken wurden dann – wie Rabattmarken beim Kaufmann – in ein Heft eingeklebt und im Gutsbüro gegen Bargeld eingelöst.

29: Zum »Alten«, zu den mit ihm verbundenen Vorstellungen und zu den Gedichten, die bei seiner Übergabe aufgesagt wurden, siehe: Klaus Granzow: Sie wußten die Feste zu feiern – Pommersches Brauchtum. Leer 1982, S. 100ff.

30: Im Jahresdurchschnitt betrug die Niederschlagsmenge in Hinterpommern (Regierungsbezirk Köslin) 707 mm. Dabei lag das Maximum in den Erntemonaten Juli und August; von Juli bis September fielen 36 Prozent der Gesamtmenge. In den Frühjahrsmonaten März bis Mai waren es dagegen nur 18 bis 22 Prozent. – Im Harz liegt die Niederschlagsmenge mehr als doppelt so hoch (1600 mm), noch höher im Schwarzwald und in den Alpen.

35ff.: Über die Einkommens- und Produktionsverhältnisse der Landwirtschaft unterrichtet: Hermann Schmidt unter Mitarbeit von Georg Blohm: Die Landwirtschaft von Ostpreußen und Pommern, 1914/18 bis 1939. Marburg/Lahn 1978 (Marburger Ostforschungen, Band 36).

41: Es handelt sich um preußische Morgen mit genau genommen 25,53 Ar. Neben dem preußischen gab es sächsische, hannoversche, hamburgische, oldenburgische, württembergische, badische und noch manche andere Morgen – immer mit unterschiedlicher Größe. Überhaupt bereiten die alten Maße und Gewichte Schwierigkeiten beim Umrechnen. Am schlimmsten ist es mit dem Geld, weil es nicht nur überall anderes Geld mit anderen Bezeichnungen gab, sondern weil die Werte über die Zeit hin großen Schwankungen unterlagen. Eine Berechnung der Einkommensverhältnisse wird dadurch fast unmöglich. Man muß auf Naturalumrechnungen zurückgreifen, etwa auf eine »Eierwährung«, so wie nach 1945 auf die »Zigarettenwährung«. Zu älteren Löhnen, Preisen und Maßen siehe die Angaben und die anschauliche Problemschilderung bei Wolfgang Menge, a.a.O., S. 104ff.

43: Zum Postverkehr nach Stolpmünde: Ostseebad Stolpmünde in Pommern. Herausgegeben vom Deutschen Städte-Verlag, Hannover, Augsburg, Dresden 1930, S. 4.

44: Im 18. Jahrhundert war sogar Berlin noch eine ländliche Stadt: »Als Friedrich der Große den französischen Gesandten Marquis de Valory einmal fragte, ob sich Berlin an Größe nicht mit Paris messen könne, erwiderte dieser: Gewiß, nur mit dem Unterschied, daß wir in Paris weder säen noch ernten. Berlin hatte nämlich, selbst als es bereits zur größten Gewerbestadt Deutschlands geworden war, seinen ländlichen Charakter bewahrt.« Vergleiche Wolfgang Menge, a.a.O., S. 40.

Mit dem späteren Industriegebiet an der Ruhr lassen sich die pommerschen Verhältnisse sogar bis weit ins 19. Jahrhundert hinein vergleichen. Im Jahre 1840 hatte Solingen 5500 Einwohner, Mühlheim an der Ruhr 8800, Essen 6300.

Ackerbürger charakterisierten viele pommersche Kleinstädte noch im 20. Jahrhundert. So heißt es in einem Bericht über die Kreisstadt Schivelbein aus dem Jahre 1928, als die Stadt 9117 Einwohner zählte: »Im äußeren Bilde und in der Zusammensetzung der Bevölkerung ist Schivelbein die typische pommersche Kreisstadt ohne jede nennenswerte Industrie. Neben den Kaufleuten und Handwerkern sind die Ackerbürger mit etwa 10200 Morgen landwirtschaftlich genutzter Fläche beachtlich.« (Landrat Schuelke: Der kleine Kreis Schivelbein. In: Hinterpommern. Herausgegeben von Curt Cronau. Stettin 1929, S. 431.)

44ff.: Wie es um die Transportmöglichkeiten vor dem Bau der Eisenbahnen bestellt war, schildert anschaulich ein Bericht der Stolper Kaufmannschaft: »Bisher war unsere Verbindung mit der Außenwelt nach Schluß der Schiffahrt so gut wie unterbrochen, wenigstens blieb uns alsdann nur als Kommunikationsmittel der teure und träge Transport auf Lastfuhrwerk übrig, der in bezug auf Schleunigkeit und Billigkeit den Ansprüchen der modernen Zeit bei weitem nicht mehr genügte. Der Kaufmann war daher gezwungen, die ihm im Winter von dem Landmann zugeführten Produkte aufzuspeichern und bis zur Wiedereröffnung der Schiffahrt zu warten, um sie in den Handel und zum Versand zu bringen. Es liegt wohl auf der Hand, daß durch die Aufspeicherung dem Kaufmann Zinsen und Unkosten erwuchsen, die lediglich der Produzent allein, also in dem angezogenen Falle der Landmann, bei Berechnung des Wertes seiner Lieferungen tragen mußte. Ebenso war auch der Geschäftsmann, der sich die Heranschaffung und den Verkauf der von außerhalb zu beziehenden Bedarfsgegenstände zum Erwerbszweig erkoren hatte, genötigt, für seine Kunden im Winter ein besonderes Warenlager hinzulegen und die darauf ruhenden Spesen den Konsumenten natürlich im Preise anzurechnen.« (Dr. Sievers: Handel und Industrie mit besonderer Berücksichtigung des Verkehrswesens. In: Hinterpommern, a.a.O., S. 84f.) Weiter südlich, etwa im Gebiet um Neustettin, gab es nicht einmal die Schiffahrtsmöglichkeiten, über die Stolp mit Stolpmünde verfügte.

46: Der fabulierende Chronist ist Thomas Kantzow: ›Des Thomas Kantzow Chronik von Pommern in hochdeutscher Mundart‹, Band II, Stettin 1908, S. 163.

50ff.: Für die Verhältnisse in der älteren Zeit sind besonders wertvoll die Studien und Berechnungen eines erfahrenen pommerschen Landwirts: Friedrich Karl von Zitzewitz-Muttrin: Bausteine aus dem Osten – Pommersche Persönlichkeiten im Dienste ihres Landes und der Geschichte ihrer Zeit. Leer 1967, vor allem S. 65 ff.: Der Bauer und die ritterliche Eigenwirtschaft.

52: Drei Zentner Zuwachs stellen eher die obere Grenze bei guten Ernten dar. Bei Marion Gräfin Dönhoff, die die Verhältnisse im ostpreußischen Friedrichstein untersucht hat, heißt es: »Bis zum 19. Jahrhundert wurde kaum je mehr als das zweite oder dritte Korn geerntet, also die doppelte oder dreifache Menge der Aussaat.« Vgl. Marion Gräfin Dönhoff: Namen die keiner mehr nennt. Ostpreußen – Menschen und Geschichte. 15. Auflage, München 1984, Taschenbuchausgabe, S. 83.

53: Zu den Berichten aus dem Jahre 1756: Wolfgang Menge, a.a.O., S. 78f. – Es war ein Verdienst der preußischen Könige, daß sie planmäßig Getreidemagazine anlegen ließen, um in solchen Notlagen wenigstens halbwegs Ausgleich zu schaffen. Ein Hauptproblem blieb freilich immer der Transport in abgelegene Gebiete. Und natürlich muß man sich daran erinnern, daß 1756 der Siebenjährige Krieg begann, der dem Staat ganz andere Existenzfragen – und Hinterpommern mehrfach russische Besatzung brachte. Kolberg zum Beispiel wurde dreimal belagert und 1761 erobert. Selbstverständlich ernährten sich die fremden Truppen in erster Linie aus dem Lande.

54f.: Das Gebet, nach Johann Arndt (1555–1621), findet man in älteren Gesangbüchern.

58: Der Bericht aus dem Jahre 1799 stammt von J. D. Nicolai: Ueber Hofedienste der Unterthanen auf dem Lande und deren Abschaffung. Hauptsächlich in Beziehung auf die preußischen Staaten (erschienen in Berlin).

58: Der Erfahrungsbericht aus Pommern, 1820, wird zitiert nach: Georg Friedrich Knapp: Die Bauernbefreiung und der Ursprung der Landarbeiter in den älteren Theilen Preußens. 2. Auflage, Band I, München und Leipzig 1927 (Ausgewählte Werke, Bd. II).

60: Die kurze Zeitspanne für den Aufschwung der Landwirtschaft nach dem Bau der Eisenbahnen: In der Zeit der Weimarer Republik, als Hinterpommern zum Grenzland geworden war, spielte wiederum die Transportfrage, genauer: die Frage der Frachttarife, eine Schicksalsrolle. Sie zieht sich wie ein roter Faden durch alle zeitgenössischen Berichte. »Die Frachtenfrage ist zur Lebensfrage des Landes geworden«, heißt es in dem Sammelband ›Hinterpommern – Wirtschafts- und Kulturaufgaben eines Grenzbezirks‹, herausgegeben von Curt Cronau, Stettin 1929, S. 13. Siehe dort auch: Handel und Industrie mit besonderer Berücksichtigung des Verkehrswesens, S. 81ff.

Der Landrat des Kreises Lauenburg schildert den Sachverhalt drastisch: »Als Beispiel, wie sich die Frachtenvorausbelastung auswirkt, sei hier noch eine statistische Feststellung des Jahres 1925 erwähnt, nach der der Kartoffelerzeuger etwa 12 km nordwestlich der Stadt Lauenburg gegenüber dem Kartoffelerzeuger bei Stettin mit einer Fracht von 1,30 RM., der Kartoffelerzeuger in dem nordöstlichen Teil des Kreises mit einer solchen von 1,80 RM. pro Zentner voraus belastet war, zu einer Zeit, als die Kartoffeln selbst nur 1,25 RM. pro Zentner brachten, die ganze Kartoffelernte mithin unverkäuflich war.« (A.a.O., S. 320.)

Von Stolp betrug die Entfernung in Eisenbahnkilometern: nach Stettin 236, nach Berlin 370, nach Magdeburg 517, nach Dortmund 838, nach Köln 925, nach Oppeln 638.

Zur Wirtschaftslage in den Krisenjahren siehe auch: Friedrich Karl von Zitzewitz: Wirtschaftliche Betrachtungen zur Osthilfe. Berlin 1932.

61: Max Eyth, Ingenieur und Schriftsteller, 1836–1906, wirkte 1861 bei J. Fowlers Konstruktion des Dampfpflugs mit, dessen einfallsreicher Propagandist er dann in vielen Ländern wurde. Im Bemühen um die Verbindung von Landwirtschaft und moderner Technik gründete er 1885 in Berlin die »Deutsche Landwirtschaftsgesellschaft«. Er war außerdem ein erfolgreicher Schriftsteller.

63: Max Weber: Der Nationalstaat und die Volkswirtschaftspolitik, 1895. Abgedruckt in: Gesammelte Politische Schriften. 2. Auflage, Tübingen 1958, S. 1ff. Zitate S. 6 und 9.

64: Daß von einer Entvölkerung des Landes nicht die Rede sein kann, zeigt die Statistik für Hinterpommern, hier für den Regierungsbezirk Köslin: Zunächst einmal stieg die Bevölkerung steil an: von 234421 im Jahre 1816 auf 550000 im Jahre 1867 – eine Zunahme um 135 Prozent in einem halben Jahrhundert! Zwischen 1870 und 1900 sieht es dann anders aus: »In diese Zeit fällt der tiefe Einschnitt des Beginns der neuesten Zeit, herbeigeführt durch Kohle, Eisen und Dampf. – Der Dampferverkehr mit Amerika und anderen überseeischen Ländern, der sich stark ausdehnte, und der Aufstieg der Industrie im übrigen Deutschland ließ die stark aufgestaute Bevölkerung des platten Landes abströmen.« (Hinterpommern. Herausgegeben von Curt Cronau. Stettin 1929, S. 85.)

Es handelte sich also mehr um das buchstäblich notgedrungene Ablassen eines Überdrucks als um eine allgemeine Landflucht; dazu noch ging es um den weiteren Überschuß und im übrigen eher um ein Rinnsal als um ein »Abströmen«: Die ländliche Bevölkerung des Bezirks ging zwischen 1870 und 1900 von 430000 auf 417000 zurück, während die Städte weiter von 124000 auf 170000 zunahmen. Nach diesem »Aderlaß« stabilisierte sich auch die ländliche Bevölkerung; 1910 war sie wieder auf 424338 gewachsen, die städtische auf 195005. Im übrigen weisen die Wahlergebnisse stetig aus, daß von einer polnischen »Unterwanderung« jedenfalls in Pommern nicht die Rede sein kann.

67: Die Köchin als Persönlichkeit gab es natürlich auch in großen Bürgerhäusern. Siehe als Beispiel das Porträt von Josepha Kaluza bei Nicolaus Sombart: Jugend in Berlin. München und Wien 1984, S. 82ff.

72ff.: Zum Hochzeitsbitter und zu den Versen, die er aufsagt: Klaus Granzow: Sie wußten die Feste zu feiern – Pommersches Brauchtum. Leer 1982, S. 119ff.

78: E. v. Oertzen, geb. v. Thadden: Entenrike und andere Hinterpommersche Geschichten. 3. Auflage, Hildesheim 1902, S. 24ff.

84: Die Zeitangabe für das Räuchern der Spickgans bezieht sich auf die alten Räucherkammern in pommerschen Häusern. Für moderne Einrichtungen werden oft sehr viel kürzere Zeiten genannt. Ob solche Schnellverfahren der Spickgans guttun, bleibe dahingestellt. Aber man muß sich mit dem abfinden, was zur Verfügung steht.

93: Granzow, a.a.O., S. 39.

94: Hier wird der Weihnachtsschimmel geschildert, wie er in Rumbske, Kreis Stolp, auftrat. Es gab aber viele Spielarten und wie beim Brauchtum überhaupt oft schon Unterschiede von Dorf zu Dorf.

100: Hinter den Anspielungen auf »ihn«, »den Liebsten«, steckt ein massiver Druck der Erwartungen: Wer heiratsfähig ist, soll gefälligst auch heiraten – oder wenigstens »ihn« haben, mit dem man offensichtlich »geht«. Anschaulich zeigt das ein Bericht aus älterer Zeit: »So mußte mir der beschämende Vorfall passieren, daß an meinem fünfundzwanzigsten Geburtstag das Milchmädchen mitleidig und geringschätzig zu mir sagte: ›Ach ne, ach ne, jne Frölen, Sei sünd nu all so ult un hewen noch nich 'n einzigen Brutmann, un ik war nu man irst twintig un hew all drei hett!‹« (E. v. Oertzen, a.a.O., S. 30.)

106: Zum Bericht Bismarcks aus seiner Jugend und zur Inventur auf Trieglaff: Walter Görlitz: Die Junker – Adel und Bauer im deutschen Osten. 2. Auflage Glücksburg 1957, S. 155. – Das Bismarck-Zitat, das aus dem Jahre 1850 stammt: Fürst Bismarcks Briefe an seine Braut und Gattin. Hrsg. vom Fürsten Herbert Bismarck. Stuttgart 1900, S. 191. – Zur Bescheidenheit der Lebensverhältnisse selbst auf großem Besitz siehe auch Marion Gräfin Dönhoff: Namen die keiner mehr nennt. Ostpreußen – Menschen und Geschichte. Taschenbuchausgabe, 15. Auflage, München 1984, S. 116.

108: Marx über den König: Kritik der Hegelschen Staatsphilosophie (1841/42). In: Die Frühschriften. Hrsg. von Siegfried Landshut. Stuttgart 1953, S. 11.

109: Alexis de Tocqueville: Über die Demokratie in Amerika, Erster Teil. Werke und Briefe, Band I. Stuttgart 1959, S. 8f.

110: Der Bericht aus dem alten Pommern bei E. v. Oertzen, a.a.O., S. 30 und 52.

114: Der Satz über die Landwirtsfrauen, die vom Doktern etwas verstehen müssen, bei E. v. Oertzen, a.a.O., S. 157.

120: Es gab viele vergleichbare Geschichten. Eine erzählt Marion Gräfin Dönhoff von dem ostpreußischen Grafen Lehndorff, der 1936 starb: »Im Jahr zuvor hatten die örtlichen Parteigrößen aus irgendeinem Anlaß ein großes Volksfest in Steinort veranstaltet. Carol Lehndorff, der aufgefordert wurde, eine Rede an ›sein Volk‹ und auf den ›Führer‹ zu halten, trat auf den Balkon heraus, sprach einige Worte und schloß mit dem Ruf: ›Heil ...? Donnerwetter, wie heißt der Kerl doch gleich?‹ Nach einigen Sekunden der Ratlosigkeit: ›Na, denn Waidmannsheil!‹« (A.a.O., S. 66.)

121: Zur Statistik der Besitzveränderungen und zum Altbesitz mit seinen regionalen Schwerpunkten: Walter Görlitz, a.a.O., S. 222 und 387.

123: Hegel spricht über den Kammerdiener in der Einleitung seiner ›Philosophie der Geschichte‹, Abschnitt IIb).

127: Eduard von Keyserling: Werke. Herausgegeben von Rainer Gruenter. Frankfurt a.M. 1973, S. 567. – Hasso von Knebel Doeberitz-Dietersdorf: Originale – Pommersche Jagdgeschichten und Anderes. Selbstverlag 1964, S. 27.

129: Über die Zentralfigur der pommerschen Erweckungsbewegung berichtet: Eleonore Fürstin Reuß: Adolf von Thadden-Trieglaff – ein Lebensbild. 2. Auflage, Berlin 1894.

132: Das Urteil der Geflügelmagd, der ›Entenrike‹, bei E. v. Oertzen, a.a.O., S. 10.

145: Wer der »Reichsjägermeister« wirklich war, macht die folgende Anekdote anschaulich: Der verspätete Gast entschuldigte sich; er sei eben erst von der Jagd gekommen. »Auf Tiere, wie ich hoffe«, meinte darauf trocken der Gastgeber, der britische Botschafter in Deutschland, Sir Eric Phipps. Sein verspäteter Gast: eben der Reichsjägermeister, der zugleich preußischer Ministerpräsident und Herr der preußischen Polizei war. Man schrieb das Jahr 1934, die Zeit der Morde von Staats wegen in der »Röhm-Affäre« ...

146: In seinen ›Meditationen über die Jagd‹ (Stuttgart 1953, S. 21) zählt der spanische Philosoph José Ortega y Gasset die Jagd zu den ganz wenigen immer wiederkehrenden glückhaften Beschäftigungen des Menschen. Ja er spricht sogar von der »Tatsache, daß die Jagd in dem Glücksrepertorium des Menschen stets den höchsten Rang eingenommen hat« (ebd., S. 143).

148: Bei Ortega y Gasset erscheint der Kampf um das Jagdrecht geradezu als ein Motor der Revolution: »Von überall, das heißt von allen revolutionären Zonen der Geschichte, bricht der wilde Haß der unteren Klassen gegen die oberen hervor, weil diese die Jagd beschränkt hatten. Dies zeugt von dem gewaltigen Druck zu jagen, den die unteren verspürten. Eine der Ursachen der Französischen Revolution war der Groll der Bauern, weil man sie nicht jagen ließ; aus diesem Grunde war dies auch eines der ersten Vorrechte, auf das die Adligen verzichten mußten. Bei jeder Revolution war es immer das erste, daß das ›Volk‹ über die Einfriedigungen der Gehege sprang oder sie niederriß und im Namen der sozialen Gerechtigkeit den Hasen und das Rebhuhn verfolgte. Und das, nachdem die revolutionären Zeitungen jahrelang in ihren Leitartikeln die Aristokraten angegriffen hatten, weil sie frivol seien und ... jagten.« (Ebd., S. 24.)

149: Die Größe des Lebamoores wird in der Zeit zwischen den Weltkriegen mit 142 Quadratkilometern angegeben. Der Umfang des »Operationsgebietes«, das den Kluckenern zur Verfügung stand, wird damit anschaulich.

150ff.: Die ›Geschichte der gräflich Krockow'schen Familie‹ wurde 1912 von Prof. Dr. Schulz (Danzig) herausgegeben.

154: Preußen – das ja kein Nationalstaat war – hat immer wieder Nichtpreußen in seinen Dienst gezogen, auch nach dem Zeitalter des Absolutismus. Führende Männer der Reformzeit, wie Stein, Hardenberg, Scharnhorst, waren geborene Nichtpreußen. Ein Graf Bernstorff war von 1800 bis 1810 erst dänischer und dann von 1818 bis 1832 preußischer Außenminister! Auch der Heerführer der Einigungskriege, Moltke, kam aus dänischen Diensten. Andererseits sind – besonders während der napoleonischen Zeit – viele Preußen in russische Dienste getreten. Und noch Bismarck berichtet in seinen ›Gedanken und Erinnerungen‹ (Band I, Kapitel IV) ganz geschäftsmäßig von Berufungsverhandlungen als Minister ausgerechnet nach Hannover, die sich allerdings zerschlugen.

Als im Jahre 1786 die Krockows in den Grafenstand erhoben wurden, betraf dies gleichermaßen Offiziere in preußischen wie in polnischen Diensten.

155: Friedrich Wilhelm I. hat den Satz wider die Junker 1717 den ostpreußischen Ständen ins Stammbuch geschrieben, als sie sich gegen die Einführung einer neuen Steuer sträubten. Als Erhebung einer dem Gemeinwohl verpflichteten Staatsidee über Egoismus und Kastengeist ist dieser Satz immer wieder kommentiert worden. So heißt es bei Theodor Fontane im ›Stechlin‹: »Friedrich Wilhelm I. hat nicht bloß das Königtum stabilisiert, er hat auch, was viel wichtiger ist, die Fundamente für eine neue Zeit geschaffen und an die Stelle von Zerfahrenheit, selbstischer Vielherrschaft und Willkür Ordnung und Gerechtigkeit gesetzt. Gerechtigkeit, das war sein bester rocher de bronce.«

156: Den ungewöhnlichen Soldatenbedarf Brandenburg-Preußens machen Zahlen sichtbar: 1688 umfaßte die Armee 28000, 1740 schon 83000 und 1786 sogar 200000 Mann. Rechnet man diese Zahlen als Anteile auf die Bevölkerung um, so waren das 2,8, dann 3,8 und schließlich 3,4 Prozent. Der »Soldatenkönig« unterhielt am Ende seiner Regierungszeit die viertstärkste Armee in Europa, obwohl Preußen nach seinem Gebiet erst an zehnter und nach seiner Bevölkerung sogar erst an vierzehnter Stelle stand. Wenn man sich dies an heutigen Verhältnissen anschaulich macht, dann müßte die Bundeswehr auf über zwei Millionen Mann mehr als vervierfacht werden. Dabei ist noch zu bedenken, daß der Überschuß über das Existenzminimum hinaus, das der Bürger im 18. Jahrhundert erwirtschaften konnte, um von diesem Überschuß Soldaten zu unterhalten, ungleich geringer war als unter den Bedingungen der modernen Industriegesellschaft. Folgerichtig verschlang die Armee – in Friedenszeiten! – den bei weitem größten Teil, rund 80 Prozent des gesamten Staatshaushalts.

157: Das Zitat zum brandenburgischen Rezeß des Jahres 1653 bei Gustav Schmoller: Preußische Verfassungs-, Verwaltungs- und Finanzgeschichte. Berlin 1921, S. 56.

157: Das Bündnis zwischen dem preußischen Staat und seinem Adel tritt in der Anstellungspolitik Friedrichs des Großen klar zutage. Denn nach dem Siebenjährigen Krieg hat der König nichtadlige Offiziere rigoros ausgeschieden. Dabei waren ihm Adlige auch dann willkommen, wenn sie nichtpreußischer Herkunft waren. Nicht auf die Verbundenheit mit dem Lande, sondern auf die mit dem Stande kam es wirklich an. Wenn nach einem (fälschlich) Mirabeau zugeschriebenen Satz »die Preußische Monarchie nicht ein Land (ist), das eine Armee, sondern eine Armee, die ein Land hat, in welchem sie gleichsam nur einquartiert steht«, – dann handelte es sich auf seltsame Weise um ein zugleich modernes und altertümliches Gebilde: um einen Standes-Staat.

Beim Tode Friedrichs des Großen im Jahre 1786 gab es unter 52 Generalen, 59 Obersten und 23 Oberstleutnants der preußischen Infanterie keinen einzigen Nichtadligen, dafür aber unter den Generalen 16, unter den Obersten 27 und unter den Oberstleutnants 6 nichtpreußischer Herkunft. Von insgesamt 689 Generalen und Stabsoffizieren stammten ganze 22 aus dem Bürgertum: 1 Oberst, 3 Oberstleutnants, 18 Majore. Neun von diesen bürgerlichen Offizieren gehörten zu minderrangigen Garnisonsregimentern.

Die Grenzen des Standes-Staates und seiner Armee zeigten sich 1806. Scharnhorst, selbst bürgerlicher Herkunft, formulierte dann das neue Prinzip, das in der königlichen Verordnung vom 6. August 1809 seinen Ausdruck fand: »Einen Anspruch auf Offiziersstellen sollen von nun an in Friedenszeiten nur Kenntnisse und Bildung gewähren, in Kriegszeiten ausgezeichnete Tapferkeit und Überblick. Aus der ganzen Nation können daher alle Individuen, die diese Eigenschaften besitzen, auf die höchsten Ehrenstellen im Militär Anspruch haben. Aller bisher stattgehabter Vorzug des Standes hört beim Militär ganz auf, und jeder ohne Rücksicht auf seine Herkunft hat gleiche Pflichten und gleiche Rechte.« Indessen siegte nach den Befreiungskriegen die Reaktion, und im Jahre 1865 waren von 8169 Offizieren noch immer 4172 adlig.

159: Zur Schilderung der Verhältnisse in der Weimarer Republik siehe Hagen Schulze: Otto Braun oder Preußens demokratische Sendung. Frankfurt a.M., Berlin, Wien 1977, S. 576.

159: Zur agrarisch-konservativen Interessenvertretung siehe den materialreichen Sammelband, mit zahlreichen Hinweisen zur weiteren Literatur: Dirk Stegmann, Bernd-Jürgen Wendt, Peter-Christian Witt (Herausgeber): Deutscher Konservatismus im 19. und 20. Jahrhundert – Festschrift für Fritz Fischer. Bonn 1983. Zum »Bund der Landwirte« ist vor allem zu nennen: Hans-Jürgen Puhle: Agrarische Interessenpolitik und preußischer Konservatismus im wilhelminischen Reich 1893 bis 1914. 2. Auflage, Bonn-Bad Godesberg 1975.

160: Angaben zu den Verlusten des Adels in Friedrichs Kriegen bei Walter Görlitz: Die Junker – Adel und Bauer im deutschen Osten. 2. Auflage, Glücksburg 1957, S. 110.

161: Zu den Verlusten von Adelsfamilien im Ersten und im Zweiten Weltkrieg siehe Görlitz, a.a.O., S. 319 und 410.

161: Über das Institut des Leutnants schrieb Ernst Ludwig von Gerlach in der monatlichen ›Rundschau‹ der Kreuzzeitung vom März 1851.

162: Der Leutnant und zehn Mann: Zur farbigen Schilderung des Vorgangs siehe Elard von Oldenburg-Januschau: Erinnerungen. 16.–25. Tausend, Leipzig 1936, S. 110.

162: Theodor Fontane: Briefe an Georg Friedländer. Herausgegeben von H. K. Schreinert. Heidelberg 1954, S. 310.

163: Zu Kleists Leben und Sterben siehe die Biographie von Bodo Scheurig: Ewald von Kleist-Schmenzin – Ein Konservativer gegen Hitler. Oldenburg und Hamburg 1968.

Die Antwort Kleists an seinen Sohn wird in etwas unterschiedlichen Fassungen überliefert. Bei Scheurig (S. 187) lautet sie: »Ja, das mußt du tun. – Wer in einem solchen Moment versagt, wird nie wieder froh in seinem Leben.«

163f.: Marion Gräfin Dönhoff: Namen die keiner mehr nennt. Ostpreußen – Menschen und Geschichte. A. a. O., S. 30f.

166: Jean-Jacques Rousseau: Abhandlung über den Ursprung der Ungleichheit unter den Menschen. 1755, Anfang des zweiten Teils.

167: Heinrich Heine: Ludwig Börne – Eine Denkschrift. Viertes Buch, 1840.

167: Ernest Renan: Œuvres Complètes. Band I, Paris 1947, S. 454ff.

169: Auf deutscher wie auf polnischer Seite sind wieder und wieder ebenso unsinnige wie unheilträchtige Behauptungen in Umlauf gebracht worden. Natürlich stellt Pommern kein »urpolnisches« und darum auch kein von Polen »zurückgewonnenes« Gebiet dar. Aber entsprechend Abwegiges findet man im deutschen Schrifttum. In dem Sammelband ›Hinterpommern‹, herausgegeben von Curt Cronau, Stettin 1929, schreibt Dr. rer. pol. von Eickstedt (S. 206): »Was ist Pommern anderes als altes Kolonisationsland! Um die Jahrtausendwende zogen deutsche Ritter, Dienstmannen und fleißige Mönche in unkultiviertes slavisches Gebiet, mit Pflug und Schwert und Bibel eroberten sie das Land, Arbeit und Entbehrung von Generationen schufen eine blühende Provinz!«

Daran ist nahezu alles falsch. Die Christianisierung und die Städtegründungen, die deutsche Siedler ins Land zogen, erfolgten nicht um die Jahrtausendwende, sondern vom zwölften bis vierzehnten Jahrhundert. Pommern wurde nicht, wie das Ordensland Preußen, mit dem Schwert erobert. Die Ritter und ihre Dienstmannen waren und blieben meist einheimischer, also wendisch-slawischer Herkunft. Fatal wirkt nicht zuletzt die Gegenüberstellung von deutscher Kultur und slawischer Unkultur.

Am 20. Oktober 1925 faßte der Kreistag von Lauenburg die folgende Entschließung: »Der Kreistag des Kreises Lauenburg i. Pom. hat mit Empörung Kenntnis genommen von der immer wiederkehrenden lügenhaften Entstellung, mit der in der polnischen Presse die Öffentlichkeit über das Nationalitätenverhältnis des Kreises Lauenburg irregeführt und der Kreis als kernpolnisch und als polnische Irredenta für Polen in Anspruch genommen wird, der sich sehne, in den Schoß Polens als seines geliebten Vaterlandes zurückzukehren. – Seiner Urbevölkerung nach germanisch, ist der Kreis reindeutsch und kann die Bezeichnung als polnische Irredenta nur als dreiste Anmaßung zurückweisen. Er ist sich bewußt, daß er alles nur deutschem Wesen und deutscher Kultur zu verdanken hat, und er ist stolz darauf, jetzt an der Grenze als Vorposten des Deutschtums auf der Wacht stehen zu dürfen.« (Ebd., S. 330.)

So berechtigt die Zurückweisung polnischer Ansprüche sein mochte, so anmaßend wirkt wiederum die Kulturmission, die das eigene slawische Erbe verdrängt – und so abwegig erst recht die Berufung auf eine germanische Urbevölkerung. Nur drei Seiten weiter heißt es im gleichen Sammelband in einem Beitrag des Landrats von Bütow, des Freiherrn von Wolff, zutreffend: »Mit derartigen Argumenten kann aber letzten Endes überhaupt nicht über die nationale Zugehörigkeit einer Bevölkerung in der Gegenwart ein Urteil gefällt werden. Die Sinnlosigkeiten einer solchen aus historischen Rumpelkammern gezogenen Beweisführung sind zu offenkundig. Maßgebend kann auch nicht die blutsmäßige oder sonstige Zusammensetzung der Bevölkerung sein, sondern allein ihr nationales Bekenntnis.«

Die entsprechenden polnischen Verzeichnungen wirken leider bis zur Gegenwart fort. Nur als Beispiel sei genannt: Henryk Mąka: Szczecin – gestern, heute und morgen. Warszawa 1978. Hier ist wiederum von »Urslawen« die Rede – während übrigens gleichzeitig polnische Archäologen Ausgrabungen durchführen, die den Gepiden und den Goten gelten. Slawentum wird praktisch mit Polentum gleichgesetzt und damit der Unterschied zwischen dem pommerschen Herzogtum und Polen verwischt. Unversehens entsteht eine gemeingefährliche Spielart von Rassismus – gefährlich nicht zuletzt für Polen, denn auf diese Weise könnte auch Rußland das Land zwischen Bug und Oder für sich reklamieren. Aber fatal folgerichtig entsteht das Bild von den Jahrhunderten deutscher »Fremdherrschaft«, denen dann, 1945, die »Rückkehr zum Mutterland« folgte.

Wenn die Kette des Unheils endlich gebrochen werden soll, dann ist hüben wie drüben historische Genauigkeit unerläßlich. Nur Wahrheit statt der wechselseitigen Diffamierung macht die Annäherung und Verständigung möglich; nur sie kann Mißtrauen und Feindschaft allmählich in das Miteinander zurückverwandeln, das doch durch Jahrhunderte selbstverständlich war.

173: Dr. F. Lorentz: Geschichte der Kaschuben. Berlin 1926, S. 131.

177: Das Urteil über die Armee bei Bodo Scheurig, a.a.O., S. 144. Scheurig zitiert die bitter-verzweifelten Aussprüche des preußischen Konservativen Kleist-Schmenzin: »Dumm wie ein Intellektueller, glaubenslos wie ein Pfarrer, ehrlos und feige wie ein General.« Oder: »Charakterlos wie ein deutscher Beamter, gottlos wie ein protestantischer Pfaffe, ehrlos wie ein preußischer Offizier.« (S. 182 und 145.)

187ff.: Um mit den polnischen Ortsnamen im Vergleich zu den früheren deutschen zurechtzukommen, empfiehlt sich – besonders für die Reise – das sehr nützliche Taschenbuch: Manfred Küster: Von der Oder ostwärts. Polnische Ortsnamen in Pommern, polnisch – deutsch. Reihe: ›Unsere Heimat‹, Band 28. Pommerscher Buchversand, Hamburg 1977. Mit gleichem Titel ist in der gleichen Reihe auch eine deutsch-polnische Ausgabe erschienen (Band 23, 2. Auflage 1978, von Günter Gutzmerow).

191: Das »Kartoffel-Denkmal« von Biesiekirz steht im Zusammenhang mit einem bedeutenden, hier angesiedelten Saatzuchtbetrieb.

193ff.: Zur Literatur über Słupsk – Stolp aus polnischer und deutscher Sicht siehe die Anmerkung zu S. 14ff.

200: Die Pädagogische Hochschule gibt eine eigene Schriftenreihe heraus, mit Beiträgen meist zur Geschichte und Gegenwart von Pomorze bzw. Słupsk: Wyżisza Skoła Pedagogiczna W Słupsku: Słupskie Prace Humanistyczne. Bisher erschienen die Bände 1 bis 3, Słupsk 1980, 1981 und 1984.

215: Von Hans Frank liegt dessen eigener Bericht vor: ›Im Angesicht des Galgens – Deutung Hitlers und seiner Zeit auf Grund eigener Erlebnisse und Erkenntnisse‹, 2. Auflage Neuhaus 1955. Quellenmaterial unter anderem bei: Josef Wulf: Dr. Hans Frank – Generalgouverneur im besetzten Polen. In: Aus Politik und Zeitgeschichte, Beilage zur Wochenzeitung ›Das Parlament‹ vom 2. August 1961. Siehe auch: Joachim Fest: Hans Frank – Kopie eines Gewaltmenschen. In: Joachim Fest: Das Gesicht des Dritten Reiches – Profile einer totalitären Herrschaft. München 1963, S. 286ff.; Quellenangaben S. 476ff.

217 : Adelbert von Chamisso hieß eigentlich Louis Charles Adélaïde de Chamisso de Boncourt. Er wurde 1781 auf Schloß Boncourt in der Champagne geboren, machte sich als Entdeckungsreisender und Botaniker einen Namen, wurde 1819 Custos der botanischen Sammlungen, später Vorsteher der Herbarien zu Berlin, wo er 1838 starb. Das Gedicht entstand 1827.

Ein Wort zum Dank

Wer eine schwierige Reise unternimmt, braucht den guten Rat und die tätige Unterstützung. Den Rat wie die Unterstützung habe ich bei meiner Reise nach Pommern vielfältig gefunden, und dafür möchte ich danken.

Bei der Reise in die Vergangenheit halfen alte Pommern, besonders Frieda Albrecht aus Arnshagen, Max Kreft aus Rumbske, Rudolf von Thadden aus Trieglaff und seine Frau Wiebke von Thadden.

Wege in der hürdenreichen Gegenwart ebneten Marion Gräfin Dönhoff und Peter Bender.

Das Verständnis und die Hilfe, die ich bei polnischen Institutionen und bei den Menschen in Pomorze fand, können kaum hoch genug veranschlagt werden. Stellvertretend für viele nenne ich den Dolmetscher von »Interpress«, Egbert Skowron, und den Güterdirektor Alfons Melka.

Meine Schwester, Libussa Fritz-Osner, begleitete mich durch die Vergangenheit wie durch die Gegenwart. Ohne sie hätte ich meine Reise wohl gar nicht erst angetreten.

Göttingen, im Oktober 1984 Christian Graf von Krockow

10
12
14 Östl. Länge v. Greenwich
Kopenhagen
SCHWEDEN
Malmö
Ystadt
Trelleborg
Bornholm
Seeland
Fünen
Odense
Nyborg
Korsör
Roskilde
Möen
Falster
Laaland
Langeland
Haderslében
Kolding
Apenrade
Alsen
Schleswig
Eckernförde
Friedrichsort
Fehmarn
Kiel
Oldenbg.
Neumünster
Eutin
Neustädter Bucht
Itzehoe
Segebg.
Lübeck
Glückstadt
Elmshorn
Altona
Hamburg
Stade
Harburg
Friedrichsruh
Lauenburg
Lüneburg
Lüneburger Heide
Verden
Uelzen
Celle
Hannover
Lehrte
Braunschweig
Wolfenbüttel
Hildesheim
Goslar
Holzminden
Northeim
Nordhausen
Sondershausen
Mühlhausen
Langensalza
Gotha
Erfurt
Weimar
Jena
Eisenach
Schmalkalden
Meiningen
Suhl
Hildburghsn.
Sonnebg.
Koburg
Fulda
Kissingen
Schweinfurt
Kulmbach
Bayreuth
Bamberg
Würzburg
Kitzingen
Erlangen
Pegnitz
Franken
Main
Thüringen
Wismar
Bützow
Rostock
Güstrow
Schwerin
MECKLENBURG
Parchim
Ludwigslust
Dömitz
Müritz
Waren
Neu Strelitz
Demmin
Malchin
Stralsund
Greifswald
Wolgast
Usedom
Swinemünde
Wollin
Kammin
Kolberg
Greifenberg
Stargard
Stettin
Pasewalk
Prenzlau
Neu Brandenbg.
Greifenhgn.
Pyritz
Schwedt
Angermünde
Soldin
Neumark
Eberswalde
Freienwalde
Landsberg
Küstrin
Arcona
Stubbenkammer
Sassnitz
Rügen
Bergen
Pommersche Bucht
Pommern
OST
Prignitz
Pritzwalk
Wittenberge
Salzwedel
Stendal
Altmark
Neu Ruppin
Fehrbellin
Zehdenick
Oranienbg.
Rathenow
Brandenburg
Spandau
BERLIN
Charlottenbg.
Rixdorf
Potsdam
Brandenbg.
Burg
Magdeburg
Zerbst
Halberstadt
Staßfurt
Aschersleben
Eisleben
Köthen
Dessau
Wittenbg.
Bitterfeld
Halle
Merseburg
Naumburg
Weißenfels
Zeitz
Altenburg
Leipzig
Eilenbg.
Grimma
Döbeln
Riesa
Torgau
Luckenwalde
Jüterbogk
Luckau
Finsterwalde
Elsterwerda
Großenhain
Meißen
Dresden
Pirna
Freibg.
Chemnitz
Glauchau
Zwickau
Meerane
Werdau
Greiz
Reichenbach
Plauen
Hof
Wunsiedel
Eger
Franzensb.
Karlsbad
Marienbad
SACHSEN
Sachsen
Frankfurt
Fürstenberg
Guben
Kottbus
Spremberg
Sorau
Sommerfeld
Sagan
Kohlfurt
Görlitz
Bautzen
Löbau
Lauban
Zittau
Reichenberg
B. Leipa
Aussig
Teplitz
Leitmeritz
Brüx
Kommotau
Saaz
Graslitz
Melnik
Kladno
J. Bunzlau
Gitschin
Prag
Kolin
Beraun
Pilsen
Přibram
Časlau
Humpoletz
Böhmen
Elbe
Oder
Spree
Neisse

POMMERN
im Deutschen Reich vor
dem Ersten Weltkrieg

(Kartenausschnitt aus
»Meyers Großem Konversations-Lexikon«,
Leipzig und Wien 1904)

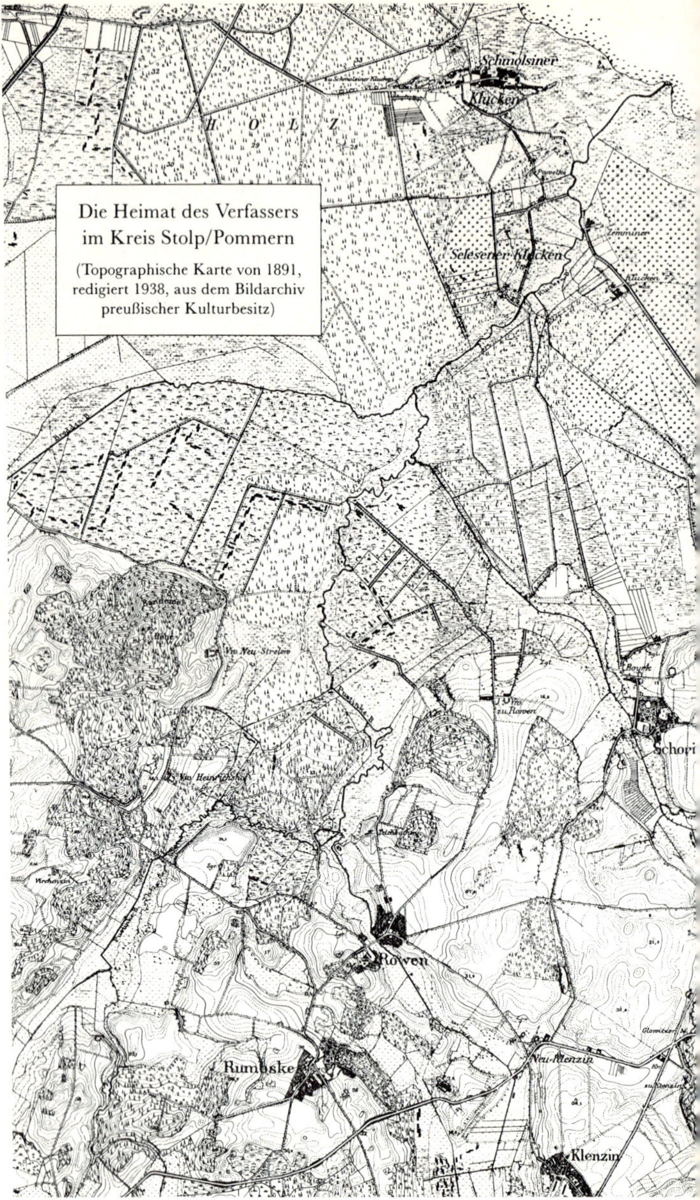

Die Heimat des Verfassers
im Kreis Stolp/Pommern

(Topographische Karte von 1891, redigiert 1938, aus dem Bildarchiv preußischer Kulturbesitz)

E B A - S E E
Giesebitz
Fuchsberg
Schlagbaum
G I E S E B I T Z E R M O O R
M o o r
Neuhof
Sophienthal
Zemmin
Ruschütz
Glowitz
Vixow

Marion Gräfin Dönhoff im dtv

Namen die keiner mehr nennt
Ostpreußen –
Menschen und Geschichte

»Dieses Buch unterscheidet sich höchst wohltuend von vielen sentimentalen Traktaten über die verlorenen Ostgebiete ... Natürlich spürt man, daß die Gräfin Dönhoff mit allen Fasern ihres Herzens an dem Land hängt, in das ihre Vorfahren vor 700 Jahren gekommen waren ... Aber sie weiß auch, daß diese 700 Jahre deutscher Kultur in Ostpreußen unwiederbringlich verloren sind – verloren durch deutsche Schuld.« (Nordd. Rundfunk)
dtv 247

Weit ist der Weg nach Osten
Berichte und Betrachtungen aus fünf Jahrzehnten

Von der Ära Stalins bis zu der Gorbatschows, von der starren Unbeweglichkeit des sowjetischen Systems bis zu »Glasnost« und »Perestrojka« hat Gräfin Dönhoff die Beziehungen der Bundesrepublik zur UdSSR und ihren Satellitenstaaten mit ihren Kommentaren begleitet. Sie hat, aus der Beobachter-Position heraus, Veränderungen wahrgenommen, die eine Reaktion des Westens, eine Neueinstellung seiner Politik möglich gemacht hätten: Stalins Tod etwa oder die Ereignisse in Ungarn, Jugoslawien, Polen, der Führungswechsel in Ost-Berlin und nicht zuletzt der in Moskau selbst. dtv 10971

Der südafrikanische Teufelskreis
Reportagen und Analysen aus drei Jahrzehnten

Gibt es einen Ausweg aus dem Teufelskreis, in den Südafrika geraten ist? Oder kommt es am Kap der einst guten Hoffnung unvermeidlich zu einer Katastrophe? Marion Gräfin Dönhoff versucht in Reportagen und Analysen von 1960 bis heute eine Antwort auf diese Fragen zu geben. Sie charakterisiert die gegenwärtige Situation in Südafrika, setzt jedoch auch heute noch auf vernünftige Einsicht auf beiden Seiten.
dtv 11110

Horst Bienek im dtv

Foto: Isolde Ohlbaum

Die erste Polka

Ein Tag vor Ausbruch des Zweiten Weltkriegs in Gleiwitz/Oberschlesien: Im Hause des Fotographen Leo Maria Piontek und seiner Frau Valeska deuten nur die einquartierten Soldaten auf die drohende Gefahr hin ... dtv 1499

Septemberlicht

Wie schon in »Die erste Polka« beschreibt Bienek mit liebevoller Genauigkeit einen Tag im Leben der Familie Piontek. Der Krieg hat begonnen. dtv 1566

Zeit ohne Glocken

»Horst Bienek ist in diesem dritten Band seiner Oberschlesien-Saga noch tiefer in die von ihrer Existenznot geprägten, oft auch korrumpierten Gestalten seiner Heimatlandschaft eingedrungen.« (Die Welt) dtv 1737

Erde und Feuer

Januar 1945 in Gleiwitz: Aus Angst vor der immer näher rückenden Roten Armee verlassen viele Bewohner die Stadt. Im letzten Augenblick entschließt sich auch Valeska Piontek zur Flucht ... dtv 10374

Gleiwitzer Tetralogie
Kassetten-Ausgabe der vier oben genannten Bände. dtv 5983

Beschreibung einer Provinz

Diese Aufzeichnungen entstanden während der zehnjährigen Arbeit an der »Gleiwitzer Tetralogie«. Sie markierten den Hintergrund, vor dem die erdachten Personen erst ihre Authensität gewinnen, sind Werkkommentar und Tagebuch in einem. dtv 10567

Königswald
Eine Novelle

Mai 1945: Im Schloß Königswald in Böhmen warten acht alte adlige Damen und eine Zofe auf das Ende des Krieges. Doch amerikanische und russische Truppen nähern sich, die Waffen-SS besetzt das Schloß ... dtv 10801

Die Zelle

Verzweifelt wehrt sich der Häftling in der Einzelzelle gegen die quälenden Bilder der Erinnerung. dtv 11212

Zeugen unseres Jahrhunderts

Schalom Ben-Chorin:
Jugend an der Isar
dtv 10937

Inge Deutschkron:
Ich trug den gelben Stern
dtv 10402

Lotte H. Eisner:
Ich hatte einst ein schönes Vaterland
Memoiren
dtv 10848

Lisa Fittko:
Mein Weg über die Pyrenäen
Erinnerungen 1940/41
dtv 11028

Ingeborg Hecht:
Als unsichtbare Mauern wuchsen
Eine deutsche Familie unter den Nürnberger Rassengesetzen
dtv 10699

Peter Krebs:
Die Kinder von Vietnam
Bilanz eines modernen Krieges
dtv 11288

Christian Graf von Krockow:
Die Reise nach Pommern
Bericht aus einem verschwiegenen Land
dtv 10885

Hans Graf v. Lehndorff:
Menschen, Pferde, weites Land
dtv 10162

Ostpreußisches Tagebuch
Aufzeichnungen eines Arztes aus den Jahren 1945 – 1947
dtv 2923

Jacques Lusseyran:
Das wiedergefundene Licht
Die Lebensgeschichte eines Blinden im französischen Widerstand
dtv/Klett-Cotta 11141

Das Leben beginnt heute
Erinnerungen und Begegnungen eines Blinden
dtv/Klett-Cotta 11311

Danièle Philippe:
Es begann in der Normandie
Eine französische Kindheit im Zweiten Weltkrieg
dtv 10634

William L. Shirer:
Das Jahrzehnt des Unheils
Meine Erlebnisse und Erfahrungen in Deutschland und Europa
1930 – 1940
dtv 11124

Vilma Sturm:
Barfuß auf Asphalt
Ein unordentlicher Lebenslauf
dtv 10404

Marion Yorck von Wartenburg:
Die Stärke der Stille
Erzählung eines Lebens aus dem deutschen Widerstand
dtv 10772

Krystyna Zywulska:
Tanz, Mädchen . . .
Vom Warschauer Getto nach Auschwitz
Ein Überlebensbericht
dtv 10983